Harriet Lerner, Ph. D.

ハリエット・レーナー 著

園田雅代 訳

# 人生の浮き輪

*Life Preservers*

*Staying Afloat in Love and Life*

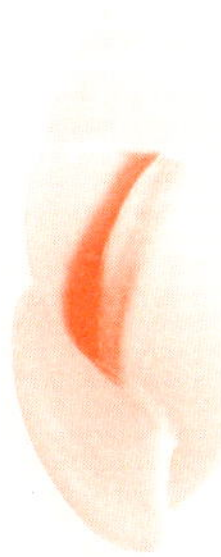

心理学者が答える98の人生相談

誠信書房

To my mother, Rose Goldhor,
life preserver, anchor, and friend

# 読者の方へ

人間に関するある問題を理解しそれに取り組むのに、異なった方法が二つだけ、などということはありません。七つの違った方法、いいえ十九の、あるいは百もの、いろいろな方法があるはずです。人生の謎や関係を解くには、想像力や非日常的な感覚さえ必要になるときもあるものです。

私は他人に援助を求めるタイプの人間でしょう。自分自身の問題に対して(誰かの問題に比べると)自分が考えられる最良の考えをいつも当てはめることができるわけではありません。自分があまりに不安だったり怒っていたりすると、落ち着いて考えることなどまったくできなくなります。そういうとき、明快な思考の持ち主である誰かの襟首をつかみ、もしあなたが私のこの状況だったらどう考えるか、どんなふうに行動するか、などとたずねます。もっと冷静なときは、ほかの誰かにも必要とされるくらい、際立って明快な考え方をする人間に自分がなれるかもしれませんが。

世の中には「何事も自分で片づけろ」といったタイプの人もいますが、情緒的に一人だけで自己充足していることは私には魅力と思えません。人間は互いに助け合うために存在していると思います。もし私たちが感情の渦に溺れ、あるいは感情をやっつけることだけに苦心しているようなとき、誰かが投げてくれた人生の浮き輪をつかむことができます。そして自分の足場が安定したとき、今度は、誰かのためにこちらから浮き輪を投げることもできるはずです。家族療法家ラケル・ヘアームスティンから聞いた、ある話を考えてみてください。

家の周りで遊び騒ぐうるさい少年たちに困らされている老人がいました。それで、その老人は少年たちを家に呼び、自分は君たちの遊ぶ声を聞くのが大好きであること、でも耳が遠くなってきていることを話しました。もし毎日遊びに来てにぎやかに遊んでくれれば、彼らに三十円ずつあげようとも話しました。

次の日、少年たちがうるさく遊ぶと老人は約束通り三十円のお金を与えました。しかし翌々日、お金が底をついてしまうだろうからと老人は二十円だけ与えました。その次の日、五円しかあげられず残念だと伝えました。少年たちは腹を立て、もう遊びに来ないと言いました。たった五円ではにぎやかに遊ぶ労力に見合わないというわけです。

さて、何と賢い老人ではないでしょうか！　私たちは欲求不満を強く感じるとき、柔軟になったり想像力を働かせたりなどもうできないと思いがちです。でも今の話は、「すべてやり尽くした」と思うときでさえ、結局はやってみるべき新しい何かがいつもあることを思い出させてくれます。

本書『人生の浮き輪』によって、古い問題を新しい角度から見つめ直すお手伝いができればと願っています。困難なときにも沈み込まずに漂っていられるように、人生が難しく予期せぬ展開を迎えたとき、あなたを浮き上がらせることができるように、本書は手助けするものです。私たちは、明確な方向性、安定した計画、よりバランスの取れた見通しを持てれば、自分をずっとより良いものと感じるものです。

本書には仕事、想像性、怒り、親密さ、友情、結婚、子ども、両親、喪失、夫や恋人の裏切り、セクシュアリティ、健康といった問題が含まれています。私は何年にもわたって数知れぬ相談を女性たちから受けてきましたが、そのなかで頻繁に相談を受けたもの、またためったにきちんとは声に出されてこなかったもの、などを選んでいます。

相談と回答の多くは、毎月の『ニュー・ウーマン』誌コラム「ハリエット博士の良きアドバイス」にすでに掲載されたものですが、一方、今回が始めてというものもいくつかあります。質問の大半は郵便で受け取ったものですが、一段落の短い文章へと凝縮しました。簡潔さということは、相談者・回答者の双方にとって、特に私が回答するうえでのひとつの挑戦です。未知の人の、しかもその人が誰かとからんでいるような複雑な問題に、簡潔に答えるというのは難しいチャレンジです。ある著者が友人に向かって「もっと短く書くべきだった。でもそれだけの時間がなかった」と語っているのを耳にしたことがあります。本当にそうです。短くまとめるのは何と難しいことでしょう。

ですから、ここにあるのは人生の大きな問題への短い回答です。本書の相談・回答の形式は、人間の広範囲のジレンマに注意を向ける好機を私に与えてくれましたし、さまざまなことに私がどんな意見を持っているかを読者の方々に聞いてもらう好機ともなりました。女性が（そして男性も）本書に自分自身を見出し、自分に役立つものは受け取り、試み、それ以外のものはうまく無視してくださると信じています。

自分について最も恥ずかしいと感じ、また自分だけのことと思う事柄は、しばしば、最も普遍的なことだったりします。他人の奮闘について聞き、人間は決定的な違いよりも共通性が多いと知るのは役に立つはずです。数多くの相談で私の仕事に対して反応をしてくれたすべての女性、ならびに男性に圧倒的な感謝を送ります。読者からの内容豊かで熱心な手紙が、私にとって人生の浮き輪ですから。

# 謝辞

本書はつぎのようにしてできたものです。一九八九年に、ステファニー・ヴォン・ヒーシュベルグが、相談へのアドバイスを与える毎月のコラムを、雑誌『ニュー・ウーマン』で担当しないかと声をかけてくれました。夫スティーブは、彼自身アドバイスをするのが決して得意な人間ではありませんが、彼女のその申し出にOKと返事をするよう励ましてくれ、後に本書を書くことまで示唆してくれました。友人のキャロル・タブリスはこの題名を考えついてくれ、一連のダンスの本（『怒りのダンス』『親密さのダンス』など）のほかへと、私の世界を押し広げてくれました。そのことに心から感謝しています。

ほかにも多くの人びとが手助けをしてくれました。親友のジェフリー・アン・グーディとトム・アヴェリルの二人は草稿に目を通し、何年にもわたって執筆を勇気づけてくれました。ここで新たな感謝の言葉を言えないぐらい、彼らには感謝のしっぱなしです。二人の励ましや編集上の惜しみない支えがなければ、自分が執筆の暮らしを送れるとは想像もつかないほどです。ハーパー・コリンズ社のピーターネル・ヴォン・アースディルは、本書の企画の最終段階から引き継ぎをし関わってくれたのですが、迅速に仕事をこなしつつ、編集者としての驚くべき「ひらめきの良さ」を実証してくれた人でした。

雑誌『ニュー・ウーマン』の副編集長であるステファニー・ヴォン・ヒーシュベルグは、彼女の知恵、まとまりの良さ、ハートをいつも特別に組み合わせてくれましたが、そのことにおいて、特別級の謝辞に値する人でしょう。そして『ニュー・ウーマン』編集長であるベッツイ・カーターは、「ハリエット博士の良きアドバイス」に今もなお、その雑誌の鑑識眼ある多くの読者とともに、熱狂的な支援をし続けてくれています。

私の本拠地であるメニンガー・クリニックでは、メアリー・アン・クリフトが、彼女の鋭い編集の見識と細部までの細やかな注意とによって、私の書くものすべてをより良いものにしてくれます。友人であり、職場でごく近くにいる同僚でもあるエレン・サフィアは、寛容にして豊富な創造性で、私に良き刺激を与えてくれます。エミリー・コフロン、ジェフリー・アン・グーディ、ジュディ・クンツ、ナンシー・マクスウェルは、皆、私の親しい友達であり、何年にもわたる忠実な読者でもある人たちですが、どんなことであれ、いつも私のために心を砕いてくれます。夫スティーブと二人の息子マットとベンは、私に現実にしっかりと足をつけることをさせてくれ、また家族がいることの幸運を思い起こさせてくれる存在です。

キャサリーン・ケントに特別の感謝を。彼女は何年にもわたって寛大にも、家族システムならびに職場システムについての専門知識を共有してくれ、私は彼女のアイデアや言葉を頻繁に引用させてもらっています。（自然）システム理論の創立者、故マレー・ボーエンの先駆的な業績にもまた感謝していますし、コンサルタントならびに教師として触発してくれる存在の、キャロライン・コンガーにも感謝します。友人で良き近隣の、ジャネット・ペイズリー、フォンダ・ローネス・シア、マージョリー・シューメーカー、リサ・リーブマン、ジョージア・コリアス、チャック・ベアード、ナネット・ガートレル、ダイアン・ラスキン・シーガル、メレディス・ティトウス、カレン・シュッス・ルウィンスキー、リビー・ローゼン、エレノア・ベル、スーザン・リーニング、マークレヴィン、スーザン・クラウス、マーク・ソマー、ジェン・ホファー、ブレンダ・ウッドワード、クリスティン・オークレアー、スザンヌ・ノーリ、リサ・デシミニ、ペニー・グラドストーンにも、また特にジョアニー・シューメーカーに、心からの感謝を捧げます。これらの人たちは皆、『人生の浮き輪』に対して、調和の取れた多様な貢献をしてくれたのです。

ジャネット・ゴールドスタインとビル・シンカーにも感謝したいのですが、この二人のおかげで本の出版を始めることができ、彼らのビジョンや洞察によって書き手としての私のキャリアはスタートもし、また育てられもしました。最後になりましたが、マネージャーで良き友人でもあるジョー・リン・ウォレイに、最大の恩義を感じていることを言い添えます。本書に関して彼女は、私の次に一生懸命に働いた人であり、私のプロジェクトすべてにおける目には見えない共同制作者です。一九九〇年秋に二人で組むようになってから、彼女の卓越した有能さ、たじろぐことのない良き判断、落ち着きはらった忍耐強さ、寛大さに対していつも感謝する思いですし、私の味方でいてくれ、また私を信じてくれることにも感謝の念で一杯です。

こんなにも長い年数を通して、そして多くの原稿を通じて、私に誠実でいてくれることで愛情や友情の確かさを実証してくれる素晴らしい人びとが身近にいるということ、これは単に幸運というのではないはずです。これからもより多くの時間、より多くの原稿を通じて、そうであって欲しいと願わずにはいられません。

# 目次

本文イラスト　小川明美

# 1 この男性は私にピッタリかハズレか

六〇年代に大学院に入る前まで、どんな男性を理想として探すかについて、私には鮮明なひとつの男性像がありました。彼は背が高く、引き締まった身体をしており、黒っぽい巻き毛と情熱的な茶色の目をしている。コロンビア大学にレース用のオートバイで通学しており、心理学か英文学を専攻。そして空き時間は核武装解除の活動をしている。彼はギターとフルートができ、詩を書き、それを毎夜私に読み上げてくれる。ベッドのなかでも外でも彼の動きは完璧な落ち着きと高貴さに充たされている。彼は情熱的でいて思慮深く、おかしくて真面目であり、知的で謙虚な人。壊れた物の修理や梱包の仕方にも長けている。グリニッジ・ビレッジのロフトで二年ほどともに暮らしてから、私たちは結婚するだろう。それからまもなく彼は最初の本を出版し、妻である私にその本を献呈してくれる……。理想のパートナーについてこれほど詳細でないにしても、どんな相手を理想として探しているか、私たちは頭ではかなりよく知っているものです。自分自身に問いかけてみるか、あるいは地方紙

の個人広告をチェックしてごらんなさい。個人の好みは違うものの、成熟し知的で、忠実で信頼に足り、愛情深く礼儀正しく、感受性豊かでオープンで、親切で養育的で、有能で責任感に富むパートナーをどうやら私たちは求めています。私はこれまで、「そうね、正直言うと私は、無責任でよそよそしくて、気質が荒くて、しょっちゅう膨れっ面をして、自分の後始末を全然しないような男性を見つけたいのよ」という女性にお目にかかったことはありません。

しかし私たちが求めていると語るタイプと、実際に惹かれていっしょになるようなタイプとがまったく違うことがあります。家具や車を選ぶときのような客観性や明確さをもって、将来のパートナーをちゃんと見ることができる人は少ないのです。そこにはあまりに多くの無意識的な要素が入り込みます。パートナー選択において、なかでも最も強力な影響を持つのは、自分の生まれ育った家族の体験、殊に両親同士の関係や、親が私たち子どもや彼らの親と築いていた関係です。私たちはまた性役割、つまりある特定の家族・階級・人種集団において繰り広げられてきた、男性もしくは女性であることに付与されてきた特別の意味づけにも、深い影響を被っています。

タイミングというのも同様に重要な要素でしょう。たとえば重要な喪失の直後といったように、情緒的に重大な困難が生じている場合、冷静に思考することができにくくなり、心ここにあらずの恋に陥りやすくなります。結局、あいつは最低の男だと思い知らされるだけになりながら、その男性との関係で自分があまりにも犠牲を払ったり、相手の男性を変えることにだけエネルギーを使い果たしたりするかもしれません。また、男性との、あるいは女性との親密な関係は、真に性平等である社会ではどのようだろうかと想像することさえ、ほとんど不可能かもしれません。歴史的に言って、女性は「私たち」のために「私」を犠牲にすることを身につけてきており、一方、男性はこれとは逆のこと、つまりほかの家族メンバーの成長を犠牲に「私」を押し出すことをよしとされてきています。多くの女性は今もなお、男性との関係を保たねばというプレッシャーのもとで、自分自身の欲求や信念、優先順位や野望などをないがしろにするような関係にはまってしまっています。もちろん、すべての関係には柔軟性や持ちつ持たれつのギブアンドテイクが必要であり、私たちは自分の求めていることをいつも得られるわけではありません。しかし五〇%以上自分を犠牲にし、無理してそれに合わせようとしていると、問題は起こりやすいでしょう。

男性との関係こそ自分の最大の喜びや充足の源であるに違いないと信じ込んでいるために、その関係があまりにも頻繁に苦痛や失意の源になっている場合、多くの女性は自分がどうにかしなくてはと悪戦苦闘しがちになります。女性たちは今でもまだ、自分があまりにも彼を愛しすぎている、十分に愛してない、間違ったように愛している、あるいは自分は愚かな選択をしているけれど、その彼を愛しているからなどと語ります。私が受け取る手紙の大半は、男性との不幸な関係において親密さを求めようとしている女性からのものです。

しかし親密さとは、それを追い求める仲間に加われと相手に無慈悲にプレッシャーをかけたなら、生じないものではないでしょうか。また、その男性を「理想の人」に仕立てることで、自分を幸福にさせたり安定させようとしたりしても、それはできない話です。親密な関係に取り組む最善の方法、それは自分自身と取り組むことです。にっちもさっちも行かないような関係で自分自身の担っている役割はどんなものか、このことを観察し、これまでの行動がうまく機能しない場合、自分の行動の新しい選択肢を生み出していくこと、そのためには、考えることが必要ですが、その考えるということを学べる（ただ反応するというのでなく）のは、激しい感情がそこに渦巻いているときなのです。すべての人間関係はいわば実験室であり、そこで私たちは問題解決をはかったり、変化への大胆かつ勇敢な行動をとったり、自分を明確に打ち出すことに向けて取り組んだりします。この方向に向けてのものなら、どんなに小さなステップであっても自分自身やパートナーをよりよく知ることにつながりますし、結局、いっしょにいることになろうとも、別れることになろうとも、それは価値ある冒険になるでしょう。

## ☆彼は問題を話そうとしないのです

【相談1】　私は怖くなったり混乱したりしたら、それについて話したり、その問題を分析したりする必要があります。でも、六カ月付き合っているボーイフレンドのティは正反対です。彼は混乱すると、そこにとどまろうとしません。映画に行ったり、本を読んだり、ボーリングに出かけたりします。ティは感情を出すのを避けているように思います。ティは、私がとことんまで分析することで、物事をかえって悪くしていると考えています。こういったことは男性と女性のあいだの、よくある違

料金受取人払

小石川局承認

5254

差出有効期間
平成15年10月
15日まで
(切手不要)

郵便はがき

112-8790

(受取人)
東京都文京区大塚3－20－6
㈱誠信書房 行

電話 03-3946-5666／FAX.03-3945-8880
http://www.seishinshobo.co.jp/

●ご購入ありがとうございます。今後の企画の資料にさせていただきますので、ご記入の上、ご投函ください。

| | | |
|---|---|---|
| フリガナ | | 男・女 |
| ご氏名 | | 歳 |
| ご住所 | 〒□□□-□□□□ | |
| 電話 | (　　　　) | |
| 職業または学校名 | | |

| | | | |
|---|---|---|---|
| **新刊PR誌**(無料)<br>**『誠信プレビュー』** | a. 現在送付を受けている(継続希望)<br>b. 新規希望　　c. 不要 | **総合図書目録**<br>(無料) | a. 希望<br>b. 不要 |

## ●愛読者カード

書　名（お買い上げの本のタイトル）

1　本書を何でお知りになりましたか

①書店の店頭で（　　　　　　　　　　書店）
②新聞・雑誌広告（紙・誌名　　　　　　　　　）
③書評・紹介（紙・誌名　　　　　　　　　）
④小社の新刊案内（誠信プレビュー）・図書目録
⑤人にすすめられて　⑥その他（　　　　　　　　）

2　定期購読新聞・雑誌をお教え下さい（いくつでも）

- 新聞（朝日・読売・毎日・日経・サンケイ・その他）
- 週刊誌（　　　　　　）　・月刊誌（　　　　　　）

3　本書に対するご意見をお聞かせ下さい

| | | | |
|---|---|---|---|
| 1. 装丁について | 良い | 普通 | 悪い |
| 2. 価格について | 安い | 普通 | 高い |
| 3. 内容について | 良い | 普通 | 悪い |

4　本書についてのご感想や小社へのご希望などをお聞かせ下さい

いだとは思うのですが。私が間違っていますか。

【答　え】　自分の感情を扱うのに「正しい方法」があるわけではありません。ストレスにさらされたとき、相手とともにいるという実感を求める人もいれば、距離を求めようとする人もいます。自分を曝け出す人もいれば、プライバシーを守ろうとする人もいます――セラピーに価値をおく人もいれば、自分一人で対処したがる人もいます――意味を探し求める人もいれば、まずは安心感を求める人もいます。

感情の扱い方は人によって違ったスタイルがあり、この違いは誰が正しく誰が間違っているかを意味するものではありません。自分がストレスをどう扱うかについて注意深く考えてみましょう。問題を分析するのが役に立つとき、役に立たないときは、それぞれどういうときでしょうか。問題にとどまっていてはお先真っ暗のとき、あなたは気を紛らわしたりボーリングに出かけたりできますか。

ティもまた、自分のストレス対処スタイルについて考えたいかもしれません。気を紛らわすのは彼にとっていつもうまく機能するでしょうか。そうすることの代償は何でしょうか。あなたが彼と話す必要があるとき、話すのが「彼のやり方」でないとしても、彼は気持ちのうえではあなたの目の前にいてくれ、話を聞こうとしてくれますか。

もちろん、ストレス対処のいかなるスタイルも、それがどんなに有効であっても、潜在的にマイナスの側面もはらんでいます。熟慮は堂堂巡りになりやすく、また、否定的な面への焦点化は人をただ落ち込ませるだけのときもあります。苦痛から気を紛らわすことが、回避、否認、感情的疎遠などの頑固なパターンに転ずることもあります。苦痛への自分の反応が苦痛を減らすものなのか、それとも余計に増悪させるものか、最良の判定者は私たち各人です。

自分自身について正直な観察者であり、古い問題に新しい解決を生み出せるよう自分の想像性や柔軟性を使うとき、私たちは最善の動きをすることができます。もし私たちのしていることがうまく機能しないのなら、それはボーリングだろうと自己反省だろうと、同じことの蒸し返しにしかなりません。苦痛に対して唯一の反応の仕方しかないというのも良いことではないでしょう。仮に、できることがただ問題に焦点化するだけ、あるいは気を紛らわすことだけであれば、早晩、私たちは行き詰まるに決まっています。

時がたつにつれ、あなたは自分とマイケルとの違いをよく分かるようになるでしょう――あなた方は互いに相手からいくばくかの恩恵を受けるようになるかもしれません。あるいは今述べたこととは違い、自分をよく表現し、個人的なことを分かち合い、多様な感情的問題について会話することなどに価値を置いているようなほかの誰か、あなたにもっと似ている誰かとともにいるほうが大切だと、あなたが決意するかもしれません。妥協だらけの関係にとどまり続けないように、あるいはパートナーを変化させようとエネルギーを浪費するだけになってしまわないように、どうぞこのことについてはっきりとさせてみてください。

ストレスにさらされると、相手とともにいる感じを求める人もいれば、距離を求めようとする人もいます。

### ☆彼は浮気をしているのでしょうか

【相談2】　私は三十歳で、社会的に成功している管理職でもあるのですが、婚約者のウォーレンが浮気をしているのでは、と気が狂うほど心配です。何度も彼に自分の疑いをぶつけ、彼は、それは私の勝手な思い過ごしだと主張しています。でも私は、彼がよそよそしく、「心ここにあらず」だと感じているのです。同じような状況で夫にないしょで私立探偵を雇った既婚の友人が二人います。彼女たちは、私も同じことをしたらいいと強く勧めます。あなただったらどうするでしょうか。

【答　え】　もし探偵を雇って調査するべきだというぐらい誰かに不信感をいだいていたら、私は結婚に向けてその人と付き合うことはしないでしょう。自分が街を離れるあいだ、飼い猫に餌をやってほしいと頼むことすら、その人にはしないと思います。まずは結婚の計画を棚上げにし、二人の関係の親密さ、正直さ、信頼感の程度についてもっとはっきりとできるまで、どれほどでも時間をかけようとするにちがいありません。

私立探偵を雇ったら、自分が浮気をしているような気持ちになるのでは、と思います。もし私がこの種の秘密やごまかしを二人の関係に持ち込んだなら、自分への敬意はおろか、親密さを取り戻すのは難しいと思うでしょう。自分に対して不誠実になったり隠し立てをしたりすることで、不信に対抗したいとは思わないはずです。

もしウォーレンがあなたのプライバシーを侵したとしたら、自分がどのように反応するかを考えてください。何かの情報を自分に隠していると彼が思い込んでいる場合に、あなたの電話を盗聴したり、あなたのオフィスに隠しマイクをセットしたり、郵便物を開けたり、あるいは誰かにあなたの尾行をさせたりすることはかまわないと思いますか。ウォーレンの「知る権利」を尊重しますか。それともあなたは、冒瀆され、裏切られ、侵入されたように感じるでしょうか。あなたの価値を確かめるための作業を心がけてください。疑惑を和らげるためにとる行動が何であれ、あなたの倫理や信念を反映しているものであって、ただあなたの恐れを反映しているものにはなりませんように。

何かがおかしいという直感は信じてください。ただしほかの選択肢も考えるようにしましょう――怒りや感情の強烈さ、言いがかりを交えずに、ウォーレンにアプローチするように。あなたが彼を愛していること、でも何かがおかしいという感覚をなくせないままでいることを彼に伝えましょう。たとえば、次のように話すといいかもしれません。「ウォーレン、二人の関係の何かが変わってしまった気がするの。私の勝手な思い過ごしだとあなたは言うけれど、何かがおかしいという私の気持ち、消え去らないのよ」。

彼を責め立てることなく、心配事をウォーレンと共有できるように。たとえば「あなたが心ここにあらずといった感じのとき、何を考えるべきか分からないまま私はただ心配になってしまうの。浮気をしているのかしら、仕事で何かトラブルがあるのだろうか、健康上の心配か、それとも婚約について疑問を抱いているのかしら、などとあれこれ考えてしまうのよ。それが何であっても、私は二人でそのことを話し合えるようになりたいの。私にとって一番苦しいのは、何かおかしいと強く感じていながら、それは勝手に想像しているだけだと言われてしまうことなの」。

こういった話のあいだ、自分の感情を穏やかに保てるように最善を尽くしてください。不安の程度が高ければ高いほど、私たちは情報を正しく受け取ったり理解したりができにくくなります。恐れによって目前のことに過剰反応や深読みをしたり、あるいは不十分にしか反応しなかったり無視してしまったりします。不安は、私たちを極端に走らせやすいのです。

ウォーレンについての理解を深め、あなたの安心感を取り戻すのに、必要なだけの時間をどうぞじっくりとかけてください。彼の家族や友人について、あなたはどれくらいよく知っていますか。彼の過去の異性関係について、これまで彼にたずねたりしましたか。正直さや忠誠心に関して、これまで彼はどうだったのでしょうか。自分の人生における困難な感情的な問題について、彼は通常はオープンですか、それとも内にこもろうとするタイプですか。そしてあなたは自分を嫉妬しやすい人間だと思いますか。誰かについてよく知るのに探偵は必要ありません。一番必要なのは、もしあなたがウォーレンは嘘をついているのではと信頼できないなら、彼と結婚すべきではないということです。

他者を正確に「読み取る」ように心がけてください。とはいっても、言葉であれ沈黙であれ、その人が嘘をつくことを防ぐことは誰にもできません。相手が真実を語ってくれているかどうかも私たちには分かりません。けれど、できる限り感受性豊かであるようにし、自分の信ずるところに従い、本物の自分として高潔に生きてゆくようにしたいものです。私の考えでは、私立探偵を雇うのはこの方向に向けての一歩ではないと思います。

その嘘が言葉によるものであれ、沈黙によるものであれ、相手が私たちに嘘をつくのを防ぐことはできません。

## ☆親密さとは何でしょうか

【相談3】 私は現在、ロブという男性と付き合っており、彼に情熱的に夢中になっている自分を感じています。誇張ではなく、いつも彼のことを考えています。粗暴でよそよそしく利己的な人だと知っているのですが、だからといって彼へのこの思いが弱まるわけではありません。友人たちは、情熱は本物の親密さとは違うと語り、彼との関係を絶つようにと勧めます。本物の親密さとは何でしょう？　私がロブに感じているこの信じ難い情熱はどこから来るものなのでしょう？　そして、彼から離れるようにという友人たちからのプレッシャーを、どうやったら払い除けられるのですか。

【答　え】　親密さとは幅広い概念の言葉です。すべてを言い尽くせるような、決まったひとつの定義があるわけではありません。私の考えでは、親密さは相互性、つまり互いの価値づけ、互いのエンパワーメント、互いの尊重、互いの共感を必要としています。本当に親しい関係は、互いの成長を滋養するものであり、どちらか片方だけが成長するものではありません。

精神科医ジーン・ベーカー・ミラーは、互いの成長を滋養する人間関係には、もしくは成長を滋養する会話においてですら、以下の五つの「良い事柄」があると指摘しています。

（1）各人がバイタリティやエネルギーといった強い「熱意」を感じます。
（2）各人がもっと行動できるように感じ、実際に行動もします。
（3）各人が自分自身や相手についてのより正確な像を描けるようになります。
（4）各人が自分には価値があると強く感じられます。
（5）各人が相手とのより強いつながりを感じ、二人だけの特定の関係を超えてほかの人びととのつながりも大切にしようという強い動機を感じるようになります。

ロブとの関係において、これらの事柄があるかないか、あるいは始まりそうかどうか、どうぞ考えてください。

あなたは自分がどうしてそんなにロブに愛情をいだくかを考えてみたいと思っているのかもしれません。しばしば混同されますが、強烈さと親密さは同じものではありません。強烈な感情は、本物の永続的な親しさの要素ではなくむしろ、相手や自分、二人が演じているダンス（相互関係の特質）について注意深く客観的に見ることを邪魔立てするものです。そして強烈な一体感は容易に、強烈な疎遠もしくは強烈な葛藤といったものへと変質しがちです。

あなたの述べている情熱がどこから生まれたものかは誰も分かりませんが、そういった情熱が明確な思考をぼやけさせ、友人たちから自分を遠ざけさせ、ルームメイトにすら選んでもいないその誰かのために、自分の人生プランを放棄したりさえさせがちであることを、私たちは身に沁みて知っています。しかし彼と付き合うことについて、誰に対しても弁解をする責任などありません。時がたつにつれ、彼との関係があなたにとってどんな意味があるか、そしてあなたに何を教えてくれるかをつかみ取ってゆけるはずですから。

そのあいだに、もしあなたが友人たちとやり直したければ、そう伝えればいいでしょう。いずれにしても情熱の渦中にいる人は、友人の（専門家のでも）忠告を心に留めることはしないものです。しかしあなたが今の「もうどうなってもいいの」式の付き合いを続けたとしたら、ロブとの関係は五年後にどうなっているでしょうか、そのことをちょっと考えてみてください。人間関係と自己尊敬、この両方を犠牲にしてしまっている危険性がありはしないでしょうか。

感情的な強烈さは親密さとは違います。私たちはこの二つを混同しやすい傾向がありますが。

### ☆なぜ「理想の男性」を見つけられないのでしょう？

【相談4】　私は四十代後半の幸福で創造的、かつ社会的成功も収めている独身女性で、再婚したいと強く願っています（前夫とは八年前に離婚しました）。問題は「理想の男性」が現れてくれないことです。女性が準備して待っていさえすればピッタリの男性が現れるといった内容の、霊感を与えるたぐいのセルフヘルプの本を何冊か読みました。私がまだ独身だという事実は、自分には親密さに関する問題があり、専門家の援助が必要だということを意味しているのでしょうか。

【答　え】　多くの一般書は、個人的な葛藤を克服し、正しい方向で行動しさえすれば、男性を見つけたり異性関係を持続させたりするのに何の問題もないといった、間違ったイメージを与えがちです。そう、彼は親密さに向けて準備ＯＫの状態で廊下で待っていたり、木工製品のむこうから立ち現れるというわけです。そういった彼が現れないとなると、私たちはこの種の本に非難を向けるのではなく、自分自身を非難しがちです。

心理療法は、親密さに関する葛藤（私たちは誰でもその手の葛藤を持っています）に焦点づけることを助けてくれますが、どんな熱心な心理療法でも、「理想の男性」の出現を何ら保証するものではありません。またあなたが独身であるからといって、それが何らかの問題を示しているわけでもありません。古い諺の「素敵な男は見つけにくい」は、あなたが経験から知っているように本当です。そして女性が年を重ね、より安定し、より成功し、正当に主張する人間になればなるほど、この諺はその通りになりがちかもしれません。

自分の進む道を邪魔立てするような個人的な問題があなたにあるのかどうか、最善の判断者はあなたでしょう。もし理想の男性が明日にでも魔法のように家の戸口に現れたとしたら、良きスタートを切るのに何か障害がありますか。時間をかけていっそうの親密さを築いていくうえで、何か障害になるようなことがあるのでしょうか。男性との過去において、何か気がかりになるようなことがあるのですか。

そして、あなた自身が人目にふれるようにしてください。人と会う機会を最大に増やしてみましょう。理想の男性を紹介してほしいこと、その手助けを求めていることを友人たちに伝え、思い出してもらいましょう。理想の男性を見つけるのはたしかに感情面の準備といった問題でもありますが、それは同時に、機会や努力といった問題でもあるのです。ですから、幸運のあらんことを。

理想の男性を見つけるのは感情面の準備の問題でもありますが、しかし、機会や努力といった問題でもあるのです。幸運を祈ります。



### ☆婚約者には暴力的な気質があるのですが

【相談5】　私はサムという男性と婚約中です。彼は寛大で愛情深く、思慮深い人です。けれども、彼には暴力的な気質があります。ときには家具を投げつけたり、以前、拳骨で壁に穴をあけたりしたこともありました。こういったことで、私はとても神経質になっています。いつか私を殴ったりはしないでしょうか。

【答　え】　サムはいつかあなたを殴ることになるかもしれません。婚約期間に自制を失って暴力的になるような男性は、将来はもっと自制を失うようになるでしょう。結婚とは避雷針のようなものであり、あらゆる源からの緊張を吸収します。仮に子どもが生まれたり、ライフサイクル上の不可避的なストレスが加わったりしたら、サムの暴力的な気質はより激しくなるでしょう。女性への暴力は過去二十年間において統計上急増しており、あなたには神経質になる正当な理由があるのです。

一方でもしかすると、サムは決してあなたを殴らないかもしれません。最も論理的で注意深い予測であっても、ときには間違えるものです。サムがあなたを殴るかどうか、また、いつ殴るかについて、絶対的な確実さで予測できる人などいません。

あなたのその気がかりについて、サムと話し合いはしましたか。もし話し合ってないのなら、落ち着いたときを見計らい、彼に率直に問いかけてごらんなさい。彼はこれまで誰かを殴ったことがあるのでしょうか。彼の家族には暴力の過去がありますか。あなたを将来傷つけてしまうだろうとサムは考えていますか。たとえば一‐一〇の尺度で言えば、そのことはどのくらいで起こりやすいですか。あなたの心配を彼に分かるようにして、また明確でポイントのはっきりした問いを彼に投げかけることで、彼とのコミュニケーションの道を開きましょう。

あなたが暴力を恐れており、暴力を我慢しながらの生活などはできないということをサムに分からせるようにしてください。あるいは、あなたは暴力を我慢しながら暮らせるのでしょうか。サムに向けてでなく、自分に向けていくつかの厳しい問いかけをする必要もあなたにはあります。暴力に「大変に神経質」になったり、暴力を忌み嫌ったりすることは、暴力について明確な態度をとることとは大きく異なります、サムの行動を予測したり、コントロールしたりすることは、今も、そして今後もできません。あなたがコントロールできるのは、彼の行動に関してあなた自身がとる態度なのです。

内心は嫌っているにも関わらず、それでも我慢しうる攻撃的行動とはどういうものですか。二人の関係のなかで耐えられない行動は何ですか。言い換えると、暴力についてのあなたの最低の許容基準は何でしょうか（「サム、あなたがもう一回でも物を投げたり、この問題について誰かの援助を求めようとしないのなら、私はこの関係を続けられないわ」など)。

すべての女性に共通の「正しい」最低基準などないということを、心に留めておいてください。彼が初めて家具を投げたときや初めて壁を拳骨で叩いたときに、すぐに婚約を破棄する女性もいるでしょう。あるいは、彼の自制を失った行動が数回繰り返されたり、彼が援助を求めようとしない場合に関係を終わらせようとする女性もいるでしょう。「もう十分だわ!」という前に、どうにも身動きできない感じが二回もしくは十二回繰り返されるまで、我慢する女性もいるかもしれません。ずっと不平を言い続け、怒り、最後通牒をつきつけても、結局はその関係を決して終わらせようとしない女性もいるかもしれません。

これらのなかで一体あなたはどの辺にいるでしょうか。これまであなたがとってきた態度はどういったものでしょうか。言葉(「もう我慢できない!」)と行動(我慢し続ける)とにズレがあるときは、行動のほうが相手から真に受けられるということを、どうぞ忘れないように。

あなたが自分自身にはっきりさせるのが難しかったり、サムに聞いてもらいにくかったりする場合は、自分の問題について親しい友人や家族にオープンに話してみるべきでしょう。家系図(家族の系統図)のほかの女性は(妹や伯母や祖母も含めて)、結婚のなかでの暴力といった問題にはっきりとした態度を持っていましたか。あなたが述べたような、男性が自制を失うという行動に対し、彼女たちはどういった対応をしてきたでしょうか。感情的に、あるいは身体的に虐待された結婚にとどまり続けた人はいるでしょうか。家族のこういったパターンを知れば知るほど、あなたは自分自身のジレンマや、あなたの苦闘に関係している家族ならびに文化的パターンをよく理解できるようになるでしょう。

これは、暴力がエスカレートする場合はあなたが「責められるべき」だとか「原因」だとか言っているのではありません。断固としてあなたのせいではないのです。私たちの文化は、女性に自分のための行動をとらせない代わりに男性の暴力の表出に言い訳を与え、それらを誉めたてることさえしがちです。歴史的に女性は男性の下にいると見なされてきました。夫からの暴力が起訴されるようになったのもごく最近のことです。

責めはあなたに向けられるものではありませんが、私たちが自分に焦点を当てて自分のために新しい行動をとろうとするときに初めて変化は生まれます。たとえばあなたはこんなふうに言えるかもしれません。「サム、あなたが次に何かを投げたり自制を失ったりしたら、そのとき私はすぐにあなたから立ち去るわ。私は恐れを感じているし、混乱してもいるのですもの。もしあなたが冷静になったら翌日には戻るわ。でもこういったことがもっと頻繁に起こるようなら、あなたが誰かに援助を求めてどうにかする手掛かりを得るまで、戻らないつもりよ、私」。

あなたが自分のために最低基準を明確にしていないと、サムに対して基準を示せないのははっきりしています。このことには時間がかかるでしょうし、必要と思える時間はたっぷりかけてよいということを伝えたく思います。もしあなたが三人の手のかかる子どものいる中年の主婦で、仕事につながるような技能は何も持っていないとしたら、あるいは別れようとしたらあなたを傷つけると脅迫する夫がいるとしたら、最低基準をはっきりさせることがどれほど難しくなるかを考えてください。結婚を延期することのほうが、あとで離婚の請求をするよりよほど感情的にもつれなくてすむことです。結婚はしばしば女性を感情的かつ経済的に傷つけられやすい状況に置きます。できる限り自分の人生を生きていけるような人生プランを作ること、今はこれに取り組んでください。それがサムとの人生だろうと、そうでなかろうとです。あなたの人生プランをあなた自身で作ってゆくことこそ、サムの暴力的行為についてのあなたの態度を明確にしてゆき、それを実行してゆくことに役立つでしょう。

> 結婚は避雷針のようなもの、
> あらゆる源からの緊張を吸収します。

### ☆彼は煮え切らないのです

【相談6】　十年ほど前、私の惨めな結婚生活は離婚で幕を閉じました。数年前に、理想の男性ジムに出会いました。私は彼と結婚したいと思い、彼も同意してくれたのですが、最初は同棲しようというのが彼の主張でした。で、問題は、同棲の日にちを決めることを彼がまだ避けていることなのです。私が迫れば迫るほど、彼は私から距離をとろうとします。結婚は私の最優先事なのですが。ジムを二年間追い続け、ほかのことはすべて二の次にしてやってきましたが、いいふうには展開してきていません。私はどうしたらいいでしょう？

【答え】　私たちはみな、結婚することについて複雑な感情を抱くものではないでしょうか。けれどもときには、あるパートナー（いつもではありませんが、しばしば女性であるようです）がすべての肯定的感情を表現し、もう一方（しばしば男性）はすべての否定的感情を表現することがあります。

ストレスのもとでは、女性はしばしば相手といっしょだという感覚を求め、男性は相手との距離を求めます――その反応そのものが本質的に問題だというわけではありませんが、一定のパターンが動き出すとなると、問題となります。女性が追いかければ追いかけるほど、男性は距離をとろうとします。男性が距離をとろうとすればするほど、余計に女性は追いかけます。つまりあなたが今のようにジムを追跡し続けるならば、おそらく彼は逃亡し続けるだろうということです。

実は、追跡者は逃亡者を守って<u>いる</u>のです。片方が相手を追跡している限り、他方はクールな独立と一人になれるスペースへの欲求を贅沢に味わっていられます。片方がすべての依存心や困惑を表現しているのなら、他方はこれらの性質を自分にはまったくないものとしていることができます。追跡者が自分自身の生活に戻りそれに集中できたとき、しかもそのことを威厳や情熱を持って行ない、怒りをまじえずにできたときには、逃亡者の側が相手に近づきたいという欲求や、二人の関係に身を投じることへの願望が自分にあることに気づき始めるようになります。

ジムを追いかけることはうまく機能してこなかったのですから、大胆で勇気ある実験を考えてみましょう。二人のお定まりのダンス（関係）でのあなたのステップ（ありよう）を変えるため、たとえば八週間ぐらいの現実的な時間を用意しましょう。そしてこの期間はジムに集中することをやめ、仕事や友人、あなた自身の人生プランなどに自分のエネルギーを取り戻すようにしましょう。ジムとは温かいつながりを保持したまま（冷淡な、反動でよそよそしくなるような態度はとらないように）、でも彼を追いかけ回したり、結婚への欲求を彼に話したりはしないでください。

その代わりに、ジムとの結婚についてのあなたの心配を話すように（そう、そういった心配は誰にでもあるのが当然です）。たとえば、「ジム、結婚してとあなたにせっついてばかりで悪かったわ。謝りたい気持ちなの。それが正しいことみたいに振る舞っていたでしょ。でも、前の結婚は惨めなものだったし、私のなかにも再婚を恐れている部分だってあるのよね。私はあなたに複雑な気持ちをすべて表現させていたけれど、でも私にだって複雑な気持ちはあるわけだし」。

あなたが「生まれついての」追跡者なら、行動を変えることは難儀でしょう。そして私の忠告が、かつて女性たちに教えられてきた「簡単に男の手には落ちない」式の古臭い手練手管のように感じられ、操作的と思われるかもしれません。しかし現状をそのまま続けるのではいいことがありません。二極分解した関係（彼女は二人いっしょを求め、彼は距離を求める）は両者の経験をゆがめ、どうにも身動きつかなくさせるだけです。

もしあなたが追跡・逃亡のパターンを打ち破っても、何も変わらなかったらどうしたらいいでしょう？　そのときはあなたの優先順位を明確にしてください。ジムを失ったとしても結婚があなたの最優先事項ですか。もしそうならば、はっきりした最低基準を作りましょう。落ち着いたときを選んで、彼が決意するまで自分はどのくらいなら待てるかをジムに話しましょう（「ジム、私はあなたを愛しているし、あなたと人生を過ごしてゆきたいと願っているの。でも私は結婚することを大切に思っているので、それに向けての二人の踏み出しがないままあなたと付き合ってゆくわけにはいかないわ。決意するまでにあなたはもっと時間が必要なのでしょうね。それは分かるけど、どのくらいの時間がかかりそうかを私に伝えてほしい」）あなた自身の限界をはっきりさせましょう（「あなたにとって何が最善かを決めるまで、私はあと十カ月くらいなら待てると思う。でもそれでもまだあなたが曖昧なままなら、あなたと別れるつもり。それは私にはとっても辛いことでしょうけれど」）。

けれども、あなたが不安を感じ相手を責め立てたくなっているようなとき、あるいは強烈な感情で圧倒されるようなときに、こういった最低基準の決定をしないようにしましょう。またジムへの脅迫や最後通牒として、もしくは罠を仕かけるようにして今のようなことをしないでください。あくまでも最低基準を打ち出すことは、二人の関係において何が許せ我慢できるかの限界を、穏やかに非難がましくなく明確にしてゆくことなのです。

もしあなたがそういった態度でいられるなら、待っている期間はジムにたくさんの時間をあげましょう。彼が複雑な気持ちや疑いなどを表現したら、それらには少なめに反応し、過剰に反応しないように。そうすれば、ジムが自分のジレンマに取り組む時間は増えますすし、あなた方の関係がうまくゆく最善のチャンスにもなりうるからです。

しかしもしあなたの最優先事項がジムとの関係を保つことにあるのなら、結婚については無限の時間軸で考えるようにしましょう。二人が結婚しようがしまいがいっしょの時間を慈しむように。前の結婚から、結婚が決して安定や幸福を保証するものではないとお分かりのはずです。さらにもしあなたが結婚を最終目標とするのをやめて、二人の関係そのものをよく見るようになれば、二人ともあなた方の関係の良いところとまずいところについて、より客観的に見つめられるようになるはずです。

あなたがジムと結婚しようがしまいが、あなた自身の人生に焦点を当てるというのが私からの忠告であることを、どうぞ覚えていてください。関係にばかり焦点を当てて個人の目標などを犠牲にするのはあなたにとって適切ではないですし、二人の関係に過剰な重みをおきすぎる危険性があります。ジムとあなたとの関係に取り組む最善の方法は、あなたが自分自身と取り組むことでしょう。

> 彼があなたと結婚するかどうかに集中することはやめて、あなた自身の人生プランにエネルギーを注ぐように立ち戻りましょう。

### ☆私はいつもとんでもない男性をつかまえてしまいます

【相談7】　私はいつも自分にふさわしくない男性と付き合ってしまいます。今のボーイフレンドは卑怯で自己中心的で無責任な人です。女友達のなかには、とんでもない変人と結婚した人が何人かいますが、自分もそうなってしまうのではと不安です。十分に知的な女性がとんでもない変人の男性といっしょにいたり、そういった男性を変えようと時間をただ浪費してしまったりするのはどうしてでしょう?　このパターンには心理学的秘密が何かあるのでしょうか。

【答　え】　心理学にはいくつかの理論がありますが、ご質問のことにピッタリの理論があるわけではありません。

女性が低い自尊感情を持っている場合、「とんでもない男」ぐらいしか自分にはふさわしくないと感じやすいのかもしれません。さらに、称賛されるより批判されたり、「救済され」たりするような男性とカップルになることで、自分の自己評価をより強化したいということもあるかもしれません。もし親の結婚が不幸で不満足なものだったとしたら、自分が親より満足できる新しい関係を男性と築くのは、親への意図しない裏切りのように感じるかもしれません。もし親のどちらかが他方にとっては不釣り合いで不十分だと見なされていたのなら、無意識のうちに同じ家族パターンを再現していると言えるかもしれません。とはいっても、お定まりの古いシナリオには、違った結末が運命付けられているかもしれませんが。

とんでもない「変人」との暮らしは、この人のせいで自分は不幸になっていると思う相手に向けて、戦い、非難、責め立てなどの果てしない繰り返しに莫大なエネルギーを注げるという贅沢をさせてくれます。こんなふうにして、自分の人生の質と方向付けに対して責任を引き受けるという、より困難な課題に取り組むことそのことを、女性は避けてしまうこともできるわけです。

「半分のパンでもないよりはまし」（どんな男でも相手がいないよりまし）といった社会的指令を内在化させているため、とんでもない男性との関係を続けている女性もいるでしょう。実際は、独身女性がかつてのように貶められることはなくなってきています（たしかに私が育った頃は、「独身女性」と「独身男性」といった言葉の違いはあまりにもあからさまでしたが）。しかし社会はまだ、男性パートナーのいない女性に、女性パートナーのいない男性と同等の価値や敬意を払おうとしていません。

自分自身の選択への洞察を得るために、あなたの家族・親戚の結婚についてよく知るといいと思います。そこにはどういったパターンが見出せるでしょうか。どの結婚があなたの理想に近いですか。パートナーが互いに自分や相手の双方を愛情と尊敬でとらえているような結婚はそのなかにあるでしょうか。

友人や家族はあなたを助ける資源となりえます。心理療法も役立つかもしれません。けれどもあることを変えるためには、いつもそれを分析したり深く理解したりしないといけないというわけでもありません。あなたはある日、とんでもない「変人」から自分が立ち去る強さを身に付けられるかもしれません。なぜ最初に彼に惹かれたかが仮に分からないままであったとしても。

どんな男でもパートナーがないよりはまし、と信じ込んでいる女性もいます。

### ☆彼はコンドームを付けたがりません

【相談8】　私は最近、スタンという素敵な男性と付き合い始めたところです。困ったことに、彼はコンドームを付けると快感が減ってしまい、自然のままでないとセックスを楽しめないというのです。彼にコンドームのことを強く頼んだり、そのことを話題に出したりしたら、自分が彼を失ってしまいそうで不安です。彼の言い分は、女性はエイズの恐怖に過度に反応しているだけで、膣外射精をすれば安全というものです。スタンほど聡明で創造的な男性に会ったことはなかったですし、私は彼を喜ばせたいのです。特定の男性とだけ付き合えばエイズの危険はありませんか。そして、スタンは選びがいのある男性といえるでしょうか。

【答　え】　女性たちには、異性関係において男性を喜ばせ自分を犠牲にするという長い伝統があります。しかし、あなたがここで述べていることは、もっと深刻な犠牲のこと、つまり生命に関することです。

スタンにあなたのことを思いやる余地がないとしたら、彼の「聡明さ」や「創造性」に何の価値があるのでしょうか。そしてあなたはどうして自分の命を危険に曝す行動に共謀してもいいのでしょうか。

危険は最小ですか。私はそうは思いません。女性にとってのエイズの恐れを否認する、大々的な傾向がこれまでもずっとありました。そのたぐいの否認は、女性の健康問題に関する研究には不十分な予算や関心しか与えられないという、本質的な問題の一部なわけですが。女性たちは、エイズの恐ろしさに対して、過剰に反応するというよりも過小に反応する危険の只中にいます。米国女性のエイズ発症率は過去十年において二倍以上に増えており、一九八五年では新たなエイズの全事例のうち女性の事例は七％でしたが、一九九四年ではその率が一八％にもなっており、エイズは今もなお蔓延の一途をたどっています。マイノリティの人びとにおいては、男性女性ともにきわめて深刻な状況となっています。

ある調査では、男性から女性への感染はセックスによるものがほかの経路に比べ、少なくとも十倍の頻度になっていること、それにも関わらずコンドームの使用を嫌がる男性が多いことを示しています。あらゆる女性がエイズの危険と無縁とはいえず、特定の男性とのみセックスする女性においても同じです。エイズは「尻軽な」「身持ちの悪い」女性だけを襲う病気ではないのです。たとえば、一九九〇年のブラウン大学の研究によると、ＨＩＶ陽性の異性愛の女性九十人のうち、長期にわたる性的パートナーの人数の中間値は、わずか三人でした。

スタンはまた感染予防についても誤解しています。Nonoxynol－9は、殺ウイルス剤としての性質についてはテストされているものの、あくまで精子を殺す働きしかしないものです。コンドームと共に使用された場合はいくらかの恩典がありはしますが、Nonoxynol－9だけではＨＩＶ感染の予防に不適切であると見出されています。オーラルセックスも含めてセックスにおいては、ＨＩＶ感染予防に唯一の効果的な方法はコンドームの使用でしかないことが実証されています。もちろん、真に安全なセックスはカップルがエイズ検査をすることを必要としています。結果が陰性と出たあと半年間、彼らは禁欲するか、特定の相手一人とだけ安全なセックスをし、それから再検査する必要があります。再検査でも陰性で、かつ相手一人とだけのセックスを維持していたら、それで初めて、そのカップルはＨＩＶ陰性であると言えるのです。

「コンドームのことを話し合いましょう」と言い、スタンの怒りや落胆、拒否に直面する危険を冒すのは耐え難く困難なことかもしれません。しかし、あなたが恐れを感じていて無謀なセックスはしたくないと思っていること、このことをスタンに知らせるように、と私は願います。

こういうことをあなたが話したとき、スタンはどう反応するか、彼のそのときの反応こそ彼の性格、価値観、あなたへの思いやりといったことについて、雄弁に語ってくれるでしょう。将来の可能性があるパートナーについての、こういった重要な情報は、付き合って早いうちのほうが良く知りうるものです。もし、あなたとスタンが互いに相手を思いやっているのなら、両者の欲望や安全をできるだけ配慮するような、親密な身体的関わりの方法を見つけ出せるでしょう。安定し成熟したパートナーとは、あなたの生命をないがしろにするよりも、自分の欲望に折り合いをつけようとするものです。

相手がどんなに言葉を尽くして安全だと主張しても、危険なセックスに喜んで飛び込もうとする女性はいません。もしかするとその男性は相手をベッドに誘うために自分の性的な過去について嘘を語るかもしれません。性的過去やドラッグの経験について、男性に直接聞いてみるのはたしかに良い方法ですが、だからといってそれがエイズ予防になるわけではありません。最近会ったばかりの男性が彼の過去について真実だけを語ってくれていると思い込むのは、あまりにナイーブすぎるでしょう。

お定まりのセルフヘルプのアドバイスに従うだけ（コンドームを財布に入れておいて、「とにかくノーと言いなさい」式のもの）ではやはり不十分です。この問題はもっと本質的な解決が必要なわけですから。私たちは、女性が性的に搾取されている社会、つまり女性の従属がエロティックなものとされ、性暴力がはびこり、経済力や社会的権威が女性には欠落しているとされ、女性の健康問題が恥ずべきほど無視され予算を与えられていないような社会に生きています。私たち個々人が個人的努力によって安全なセックスを楽しんだり確保したりできるようになる前に、本当はこういった問題がすべて改善されるべきではないでしょうか。

安定し成熟したパートナーは、あなたの生命をないがしろにするよりも
自分の欲望に折り合いをつけようとするものです。

### ☆彼に断られたらどうしよう

【相談9】 私は近所に住むボブに心惹かれています。いつかボブを昼食に誘いたいと思っていますが、断られたときの恐怖に身が凍る思いです。実は私は何年も心理療法に通っているのですが、相手から拒否される恐怖はいっこうに改善しないままです。私は孤独で淋しいのですが、何かを行動するのには、あまりに神経過敏になってしまいます。ボブのことで何かアドバイスをいただけませんか。

【答　え】 相手から拒絶されることを喜ぶ人はいません。けれどももしあなたが勇気を持って生きようとしたら、あなたは多くの拒絶を経験し、そして拒絶されても生き続けていくことになるでしょう。拒絶を避ける唯一の確かな方法は、じっと部屋の片隅にうずくまり、何の危険も冒さないこと

ですから。

もし自分が十分に分析され、心理療法を徹底的に受け、何も恐れないような人間になるまで待つとしたら、あなたはあまりに長く待つこととなるでしょう。詩人の故オードレ・ロードが「行動したり、書いたり話したりすることを自分がもはや恐れなくなる、私がそれを待っているだけならば、神霊術用の占い板か神秘的な告訴に、おかどちがいのメッセージを送るだけになるだろう。私はそのことが分かる」と言っているとおりです。

仮にボブからの否定的反応が今のあなたにとってあまりに過酷と思えるなら、自分を無理に急き立てる必要はありません。あなたは何もしないままでもいいし、もう少しほかの人との友情や関わりを深めることで、ボブとのことを予行演習のように試してみるのもいいでしょう。タイミングについてのご自分の勘をどうぞ大事にしてください。ボブのことでどういう決定をしようと、本物の挑戦とは、勇気や人とのつながりをもっと持てるようにと、じっくりと時間をかけてあなたが歩んでゆくことにあるのですから。

相手からの拒絶を避ける唯一の確かな方法は、じっと部屋の片隅にうずくまり何の危険も冒さないことです。

### ☆彼はほかの女性とも付き合いたがります

【相談10】 私は二十八歳で、落ち着いて暮らすことを切望している者です。この三カ月ほど、同い年のルイスと付き合っており、彼は私が人生のパートナーと初めて考えることができた男性です。問題は、彼がほかの女性とも付き合いたがっていて、まだ一人の女性を選ぶ気になれないということなのです。私は彼との関係がうまくいって欲しいですし、彼を失いたくありません。でも折にふれてこのまま付き合うことは難しいとも感じます。私は彼と別れることになるのでしょうか。もっと良い方法はありませんか。

【答　え】 あなたのような状況において、「ずっと待ちながら静観する」態度を穏やかに選びとる女性もいるでしょう。またルイスに面と向かって、選ぶようにと話す女性もいるでしょう。これはどれが正しいか間違っているかという問題ではありません。あなたの決定は、あなたが現状維持の居心地良さをどのくらいに感じているかといった程度、また、あなた自身の価値観と信念、こういったものを反映してなされるべきです。

あなたがどう感じているかに注意を払いましょう。持続的な怒りや苦悩があれば、それは現状維持は無理という警告かもしれません。現状があなたにとって健康的でなく、二人の関係に良くないということかもしれません。あなたが心の奥底で不幸と感じているなら、この状況が自分には耐え難く、自分の人生を変えたり、より良い一夫一婦婚的な関係に向けて模索したりする必要が自分にはある、とルイスに話すのがいいでしょう。彼に向かって、ほかの女性との付き合いをもしやめるならそのときに私に連絡をして欲しい、と言うこともできるでしょう。けれども、いずれにしてもあなたが自分の人生を彼に押しかぶせようとしてないこと、このことをルイスに分からせるようにしてください。

けれども、思慮深い決定をするためには、行動に移す前にルイスについてできる限り多くのことを知るように心がけてください。彼はほかの女性とどのくらいの期間、交際をしているのでしょうか。五年、それとも五カ月ですか。彼は前の女性関係をどうかじとりしたのでしょうか、何かパターンがありそうですか（これまでも、一度に複数の女性と付き合うという傾向が彼にはあったのでしょうか。その結末はどうだったのですか）。今後数年にわたって二人の女性と付き合うことが彼には快適なのでしょうか、それとも彼は、徐々に一人に落ち着いていきたいと望んでいるのですか。

たったひとつの情報だけで二人の関係を終わらせるのは得策ではありませんが、ちょっとした情報もすべてが、ルイスについてよく知ること、そして、よりよく考えられた決定をすることの一部です。同様に、あなた自身についてもよく検討してみましょう。あなたには、手に入らない男性と付き合う傾向や、あなたの欲求をないがしろにするような男性と関わる傾向がありますか。

セックス抜きでルイスと付き合うことも含めて、あなたが選べるすべての選択肢についてじっくりと考えてみましょう。あなたが自分にとっての最善を決めることができ、怒ったり責め立てたりしない状態を保てたなら、この問題解決に向けての最良のチャンスを得られることを忘れないでください。

ルイスが自分の性的行動や恋愛について、あなたに率直であるのは助かります。あなたが彼を追求したり、彼にプレッシャーをかけたりしなければ、彼はどんなにあなたを求めているか（あるいはどのくらい求めていないか）ということを自分でもっと感じ取りやすくなるでしょう。このことをどうぞおぼえていてください。

持続的な怒りや苦悩があれば、それはあなたには現状維持は無理という警告かもしれません。

### ☆彼は気前が良くないのです

【相談11】 私はある男性と真剣な交際をしており、彼、ダンと私は収入がほぼいっしょです。ダンはいつも折半の割り勘を主張します。たいていの場合、私は自分の分を自分で払うのは全然嫌ではありませんが、でもたまには彼がおごってくれたらいいのに、と考えてしまいます。こんなことは些細なことかもしれません。でも、彼が時どき勘定書きを持とうとしないことがあり、それは彼の気前の良さが欠落している表われではないか、二人が将来いっしょにやってゆくことへの危険信号ではないか、と心配に思えるのです。私の心配は当然でしょうか。

【答　え】　お金は多くの人にとって「かなりの苦痛」に関する事柄です。お金について客観的な人は稀です。お金についての態度は何世代にも渡って継承されたりしますし、自分より前の世代の家族メンバーの葛藤によって、お金についての個人的な見解が形作られたりもします。ですからダンの折半・割り勘という態度ならびにあなたの反応といったものを、より広義の家族のコンテキスト（脈絡）において検討することが有益のはずです。

たとえばダン（あるいは彼の家族の誰か）は、愛情関係もしくは職業上のパートナーによって、経済的に利用され搾取されたようなことがあったでしょうか。経済的にどう生き残れるかといった問題や、パートナー間の不平等さといったことが、彼の家族でこれまで大きな問題になったことはありますか。あなたと彼の家族とではお金の使い方や共有の仕方など、信念や行動上、どういった違いがありそうですか。そして仮に、二人のうちどちらかがもっと多く稼ぐようになり、大体いつもその人が勘定書きを取り上げるようになったら、二人の関係はどんなふうに変化しそうでしょうか。

あなた方二人は、お金の使い方について違った家族神話のある、別個の家族から生まれ育ってきているわけですが、どうぞそのことを忘れないようにしてください。誰が払うかについて二人が同じように考えたり感じたりしなくてはいけない理由はありません。代わりに重要なのは、二人が互いの違いについて率直に、かつ敬意を持ちながら話すことです。

ところでダンはほかのことには気前が良いのですか。不寛容ではないでしょうか。彼について、またあなた自身についてもっとよく知るようにしましょう。あなたにとってはどの種の寛容さやけちでない行動が重要かをはっきりさせましょう。そしてダンにとってはどうなのでしょうか。

将来について特定の不安があなたにはあるのですか。たとえばですが、もし二人が結婚し赤ん坊が生まれたあと彼が主な稼ぎ手になったら、ダンはお金の管理を一人でしたがるようになるでしょうか。あなたにそういった心配があるのなら、ダンに話してみましょう。

現在、あなたとダンは同じくらいの稼ぎ手なのですから、あなたが自分の気前の良さを示すことで、いつも折半の割り勘というパターンを変えてもいいはずです。次回のデートではあなたが主導権を取り、ダンにおごってあげたらどうでしょう。もし彼が本当に折半が良いと思っているなら、その次はあなたにおごってあげようとしたがるでしょうから。

彼が主な稼ぎ手になったら、彼はお金の管理を一人でしたがるようになるでしょうか。

### ☆彼のところに引っ越すべきでしょうか

【相談12】　ボーイフレンドのカートと私は結婚について考えていますが、正直言うと、彼が私にピッタリの人なのか自信がありません。今、彼は結婚への決意を早めようと、いっしょに住むよう私に言います。もしいっしょに暮らしたらいろいろと手助けをしてくれると言いますし、彼の持っている素敵な部屋に誘惑されないと言えば嘘になります。あなたが私の状況だったらどうしますか。彼といっしょに暮らすことは、彼と結婚するのがいいかどうかを決めるのに役立つでしょうか。

【答　え】　カートとの暮らしは彼をよりよく知る機会を提供してくれるでしょう。多くのカップルが、最終的に結婚しようがしまいが、始めはともに暮らすことを歓迎しています。

しかしともに暮らすことで、あなたの明確さが失われる危険もあります。ひとたびカートのもとに引っ越したなら、今度はそこから立ち去るのが難しいと思うでしょう。たとえ結局は立ち去るのがより賢い選択であっても、です。二人のあいだの経済的不平等さがはなはだしい場合は、あなたは特に傷つきやすくなるでしょう。おとぎばなしのヒロインのように、台所の女中からお姫様へと変身させてくれるような男性を、私たちの多くも期待しがちです。たとえ、二人の関係が忍従だらけのものになってさえいても。

カートとの結婚に自信が持てないなら、ともに暮らすことはあなたに新しい情報をもたらしてくれるかもしれませんが、一方で、たとえば六週間くらい、まったく別に暮らしてみることもいいかもしれません。あなたが経済的にカートに頼れば頼るほど、二人の関係についてあなたは明確でなくなり、また女性にしばしば起こりやすいのですが、結婚そのものについても曖昧になりがちです。

私があなたの場合だったらどうするでしょう？　もし私がカートと結婚したければ始めから彼といっしょに暮らすかもしれません。もし私が何かの疑念を持っていたなら、もとの自分の部屋を確保したままにするでしょう。とはいえ、これはあなたの決定であり、あなたの最良の思考や心の奥底にある価値観、優先順位、欲求などが反映される決定をすべきです。あなたにとって何が正しいか、ベストかを、あなたに取って代わって決められる人はいません。

> ともに暮らすことはあなたに新しい情報をもたらすでしょうが、たとえば六週間くらいまったく別に暮らしてみるのもいいでしょう。

## ☆彼は私の友達や家族といっしょにいることを嫌がります

【相談13】　私はアンディと約一年付き合っています。困ったことに彼は、私の友達や家族と少しでもいっしょになるのを嫌がるのです。私たちはこのことをめぐっていつも論争していますが、勝てたためしがありません。彼は私とだけいっしょにいたいからだと主張します。彼は夕食の招待さえ受けようとしません。私たちはまもなく結婚の予定なのですが、どうして彼がこんなふうなのかについて、私は知る必要があると思うのですが。

【答　え】　アンディがどうしてあなたの友達や家族とともに過ごしたがらないか、理由は分かりません。おそらくアンディ自身もよく分かってないのではないでしょうか。しかし彼との論争は何ももたらしません。二人のパターンを変えることこそ大切です。

アンディについてよく知り、また彼のこの極端な態度について理解するために、あなたの人生もしくは彼の人生のうえでの重要な人びととアンディがどう関わっているかをよく見る必要があるでしょう。ですから二人の時間のなかに、あなたが友達や家族を招き入れたいと思っているという、その欲求についてあなたは確かな落ち着いた態度を取ってください。自分の意見を主張するために彼と戦ったり、正当化してまくしたてたりしないように。ただアンディに、自分の愛している人びとが互いに知り合う機会を持てることが私にはとても重要なのだ、とだけ伝えましょう。

もしアンディがあなたのこの希望を考慮したくないと拒否したら、結婚の計画を再検討したほうがいいでしょうし、自分にとってこれは大切なことなのでこれが解決するまでは結婚に向けて進むことはできないと彼に伝えるべきと思います。二人の違いについてもっとコミュニケーションできるよう、ひとつの方法としてカウンセリングに行かないかと彼に提案してもよいでしょう。

またこの問題について、あなたが原因になっている部分もありはしないかと考えてください。たとえば、彼に耳を傾けてもらえるようにするのがあなたには難しいということ、自分の価値観や信念をそこなう行動にあなたは自分を無理に合わせようとしていること、あなたの顔面で危険信号の赤い旗を振っている男性と結婚する気でいること、こういったあなたのありようについて、よくよく考えてみて欲しいと思います。

論争は何ももたらしません。
二人のパターンを変えることが大切です。

## ☆婚約者はセックスが好きでないのですが

【相談14】 私の婚約者ゲイリーはセックスに興味がないようで、彼からセックスしようとしたことは一度もありません。私が彼に迫るとときには応じてくれますが、本当に楽しんではいないと思います。彼は性的欲求や身体接触の欲求がないのだと言います。私は彼にカウンセラーのところへいって欲しいのですが、彼は拒否します。結婚したらうまくいく、と言うのが彼の意見です。セックスは私には大切なのですが、彼に迫るのももううんざりです。彼がセックスに無関心なのはどうしてでしょう？　彼をどうやったら殻から引っぱり出せるでしょうか。

【答　え】　男性も女性もさまざまな理由から性的親密さを避けます。その理由のなかにあなたを動揺させるものもあるかもしれませんが、それらについて考えてみるべきでしょう。たとえば、ゲイリーはうつ的になっているのか、親密さを恐れているのかもしれません。処方された薬のせいで、非合法のドラッグと同様、性的欲求が抑制されていることもありえます。彼はあなたに（また、自分自身にも）自分がゲイであることを認めたくないのかもしれません。若年期の性的トラウマのせいでセックスを恐れていることもあるかもしれません。器官上の性的機能不全の問題があるのかもしれないですし、あるいは性感染症にかかっているのかもしれません。彼は秘密裡に性的快感をどこかほかで得ているのかもしれません。

この状況を扱う最善の方法は、ゲイリーに対し非難や責め立てを交えず、彼の問題には今述べたようなことがどれか、あるいはいくつか関わっているかどうかを率直にたずねてみることです。たとえば、性的欲求がもっと活発だったときが以前はあったのか、満足な性関係を経験したのはいつだったかなど、彼にはっきりした具体的な質問をすれば、ゲイリーの性的なよそよそしさを理解するのに役立つことでしょう。

彼は自分の性的行動、態度、価値観などが時間の経過とともにどう変化したか、あなたに話すことができますか。彼はマスターベーションをしていて、もししているなら、そのとき何や誰を思い描きながらなのでしょうか。彼は自分がゲイかもしれないといった可能性についてこれまで考えてきているようですか。自分に性的問題があると彼は考えていますか。性的欲求がないことについて彼はどう受けとめているでしょうか。こういったことを一度にすべて聞こうと、マラソンのような会話を延々とする必要はありません。何度か時間をじっくりかけ、会話を続けていければいいのです。

あなたがゲイリーの性的関心をかきたてたり、彼の問題を彼の代わりに解決したりすることはできません。けれども、セックスセラピーとカップルカウンセリングの両方において熟達している専門家から二人で援助を求めない限り、彼とは結婚しないという明確な態度を取ること、これならあなたができることでしょう。これまでと同じこと（問題解決に向けてのはっきりした目処もないまま、ゲイリーにセックスを迫る）を続けていても、何の変化も生まれません。

あなたにとっての挑戦は、ゲイリーについて不平を言ったり、彼にセックスを迫ったり、結婚しさえすれば問題が魔法のように解決すると自分を信じ込ませたりするのはやめることです。そんなことは不可能です。あなたがセックスのない関係で快適に生きていけるかどうか、これを決めるのはあなたの責任です。もし身体的親密さは無視できないほど重要なことだと思ったら、有能な専門家の援助を二人が受け、彼がこの問題に取り組む気があるか、また実際に取り組むかどうかがよく分かるまで、彼との結婚は考えるべきではないでしょう。

結婚しさえすれば問題が魔法のように解決すると考えないように。
そんなことはありません。

## 2 心、身体、魂の修復

女性が成長するにつれて、恥や不十分さといった感情をお馴染みの古い毛布のように自分にまとわり付かせやすいということ、このことを見るにはとりたてて女性心理学の研究者にならなくてもかまいません。女性は、自分への疑惑をもたらし落胆させる要因は何かについて検討するよりも、「私のどこが悪かったのだろう」とすぐに自問しがちです。そして、自分が誰かの基準に見合っていないとか、空高くに置かれている理想像に達していないなどと、自分を責めがちです。完全を目指すという果てしない、かつ、もともと無理な追求をすることで、どれほどの時間、エネルギー、お金を費やすか、これは測り知れないものです。

ところで、自己改造を求めることがそもそもまずいのでしょうか。もちろん、それ自体がまずいわけではありません。自分に対してする働きかけは、変化を求めていない他者を変化させようと働きかけることより遥かに有意義です。

自分自身の道を見出すには、実際のところ、おおいに自分に焦点を当てることが必要です。たとえば行き詰まった人間関係で自分が担っている役割をよく観察し、それを変えるために、またできる限り自分自分の生き方に（他人ではなく）責任をとっていくためには、自分の強さや弱さ（私たちは皆、両面があります）について客観的に見つめることも必要です。けれども自分へ働きかけるということは、自分を慈しむ課題であるべきですし、自己蔑視、自己非難、完璧主義などの態度で遂行されうるものではありません。

今日、幸福や自尊感情はその個人の内面からもたらされるものであると女性は言い聞かされています。他者が自分をどう考えるかばかりを気遣うことから、女性はやっと解放されてきたともいえるでしょう。でも、この現代的メッセージは正しくもあり、また馬鹿げてもいます。

たしかに、肯定的な自己尊敬には他者が自分に何を欲し、求め、期待しているかとは別に、自分が何であるかについての内的な明瞭さが必要です。他者が自分をどう考えているかという情緒的な桎梏から解放されればされるほど、人は肯定的な自己尊敬を身に付けやすくなります。しかし、他者が自分にどう反応するかにまったく無関係に、自分自身を価値づけしたり評価したり出来るかといえば、土台それは無理な話でしょう。私たちは、まず社会的な存在であるわけですから。もし、「自分が何か」について周りの重要な人から、もしくは社会そのものから価値を認めてもらえず過小評価されているとしたら、自分を愛し価値づけるために、また自分の有能さを行動化し自分で認めるために、私たちはさらに激しい苦闘を必要とするでしょう。

父権社会の当然の結果として、現代社会では女性が男性よりかなり低い自尊感情しか持っていないということ、これを示す大量の心理学的調査結果があります。しかし、私はこれまで、女性の自尊感情の低さが父権社会によるものと心底から納得したことはありません。自分が不十分でしかないという感覚は、人間の本性ともいえる一部であり、ただそれが男性と女性では異なった表われ方をするだけなのではないか、というのが私見です。女性は自分が不十分と感じると、食べたり（ダイエットしたり）、買い物をしたり、心理療法に通ったりしがちです。また、自分がどんなに太って醜く無能であると感じているか、どんなに自分が傷つけられやすいかなどを友達に話したりします。一方、男性の場合は、感情的に人と距離を置こうとし、他者をないがしろにするような行動をとりがちです。自分よりパワーが少ない相手を支配しようともしがちでしょう。もちろん、性に関わらず、人には両面がありもするのですが。

自己尊敬や個人の幸福感が低いのはなぜか、この理由の解読は困難です。女性は往々にして自分のある特定の事柄に、たとえば、肥満、面白みのない性格、成し遂げてきたことの乏しさ、パートナーのいないこと等々に、否定的に焦点づける傾向があります。そしてこういった事柄が修繕されさえすれば、すべてうまくおさまると思いやすいようです。こうして、自分の不満や低い自尊感情の本当の源は曖昧なままになってしまいがちです。

たぶん、私たちには自分の心の奥底にある価値観、信念、欲求などをないがしろにするような生き方をしている面があるのかもしれません。重要な人間関係を不確かにしか結べていなかったり、自分にとって真に大切なことに向けて歩めていなかったり、ということもあるでしょう。日々、差別や不公平さにぶち当たって生きている人もいるかもしれません。不満をおぼえる内的・外的要因は、誰にも無数にあります。けれども、もっと痩せたり小柄になったり、余分な体重を落とせたりしたら、すべてが大丈夫になるはずだと見なす傾向が私たちにはあるようです。

感情的に味わう幸福感はいつも変動するものですし、人生において避けがたいストレスが多い時期には、最も厳しい挑戦に曝されもします。誰の人生でも苦難や悲劇のときはあるものですし、今でなければ、あとに生じるかもしれません。もっと小規模のところでは、失意、混乱、困ったことなどは常に私たちのかたわらにあります。人は人生周期のどの段階でも、身体や心、気持ちや魂などへの何らかの痛打を体験します。人生が困難な、もしくは苦しい展開を迎えるとき、そうなるのは当然のことなのですから。

哲学者ビンスワンガーが賢くも言ったように、「人生は次から次へ」です。自分にもっと焦点を当て、また一方で他者とのあいだにより安定したつながりを育て、人生にユーモア、展望、バランスをより多く持てるようにすれば、人生の小道で遭遇する驚くべき出来事の数々にも、より良く対処できるようになるでしょう。

### ☆私はオーガズムを味わったことがありません

【相談1】 私は二十四歳で、長期にわたる性的パートナーがこれまで二人いました。問題は、私がこれまでオーガズムを体験したことがないことです。彼らは本に載っているありとあらゆるテクニックを試してくれたのですが。今、私には特定の相手はいませんが、友達はオーガズムを得るにはマスターベーションをしてみるようにと熱心に勧めてくれます。私はそれには抵抗があり、不快なことを自分に無理強いしたくはありません。性的な真実の自己を発見するには、結婚まで待っているしかないのだろうかと思います。マスターベーションについて、また私のジレンマについて、あなたはどう思われますか。

【答　え】 友達は明らかにあなたを心配し、手助けしたいのでしょうね。でもあなたは自分の身体のなかにある、知恵の声にまずは耳を澄ませるべきです。友達や専門家の助言を聞く前に。

自分の身体がしたくないと感じていることを無理に行なわないようにしましょう。マスターベーションも然りですし、オーガズムの経験も然りです。そうしたくないと身体が感じていることをするようにとか、感じていないことを感じるようにとか、身体に強制をするのではなく、自分の身体を大切にすることを身に付けましょう。

なお、マスターベーションについて私自身の見解は肯定的なものです。自分の身体は自分のものですし、もっと正確に言うと、私たちは身体そのものとも言えるでしょう。もし自分の身体に触れる権利が認められておらず、触れないという決定も自分でできなかったとしたら、私たちは一体、何者なのでしょうか。自分の身体についての権利が自分自身にあると感じられないときに、どうして他者に、それが配偶者や恋人などであっても、自分の身体に触れる権利を認めることができるでしょうか。

マスターベーションは、自分に喜びを与えたり、緊張を解放したり、自分を知ったりする、正常なひとつの方法です。プライバシーや自由、コントロール感、リラックスをもたらしてくれますし、自分のリズム、感覚、欲求などに注意を払いやすくもなります。女性は自分自身の喜びよりも相手に生じている情熱などに、より多くの注意を払うよう教えられているので、こういったことは特に女性には重要だといえます。

一人の孤独な時間、そして誰かとのつながりを感じる時間、この両方の時間を通じて、私たちは自分の身体も含めて自分自身を知り、愛することを身に付けるべきです。それぞれは強化し合いますが、互いに代わりを果たすことはできません。残念なことに、関係におけるセクシュアリティはしばしば漠大な感情的負債を負わされていることがあります。多くの女性は「その瞬間」にとどまっていることが難しく、自分がどう感じているか（あるいはどう感じていないか）が分からなくなりがちです。代わりに、私たちは性的快感を感じているように、あるいはオーガズムを体験しているように、自分の身体を無理に方向づけがちです。自分がどう見えるか、パートナーが何を考えているか、興奮したりオーガズムを体験したりするのにあまりに長い時間がかかってはいないかどうか、こういったことに女性の注意は逸れてゆきがちです。

性的嗜好のいかんに関係なく、多くの女性がオーガズムの振りをし、性的快感の過剰な表現を行ない、セクシュアリティについて嘘をついたりごまかしたり、本当は睡眠をとりたいときにセックスしたりします。現代社会では、セクシュアリティは女性の暮らしにおいて、最も汚染され、無理な妥協を一番に強いられている分野かもしれません。今もなお、クリトリスや外陰部があるということすら聞かされていない少女はたくさんいます。また性的に虐待されたり、身体は恥ずかしいもので恐ろしく自己を呪うものだと教えこまれることもままあります。マスターベーションは、自分の身体の正直なメッセージに触れたり、それに注意を払ったりすることを可能にしてくれます。

女性のオーガズムについては女友達に声をかけ、体験を分かち合うとよいでしょう。ただし、体験であって助言を聞くのではありません。また話をするときに性的反応についてオーバーに語りたがる人がいるかもしれないということも、どうぞ心に留めておいてください。もしあなたが不快でなければ、マスターベーションやセクシュアリティについて、どんなふうに自分の意見を持つようになったかを家族の女性たちと話し合うことも考えるといいでしょう。たとえば、姉妹と、あなた方が育ってきた家庭の性的風土といったことについて話し合うのもいいと思います。

もし自分に勇気があると思うなら、自分の体へのタッチングをいろいろと確かめてみたいかもしれませんね。「マスターベーション」という言葉をあなたの意識から消してみましょう。そしてひじ、頬、お腹、外陰部、髪、首、乳首などをタッチしてみてください。あなたの身体部位や反応について、「セクシュアル」か「そうでないか」に二分したりせずに。あなたはすべてあなたなのですから。私たちは皆、育つ過程で植え込まれた誤った二分法から自分を解放することが必要です。「ここをタッチするとセクシュアルだけど、あそこをタッチしてもセクシュアルでない」などといった分け方は不要です。

身体に無理に何かをさせたり感じさせたりしないように。この挑戦は、オーガズムを獲得したり何かを達成したりすることにあるのではなく、むしろ、つながりや自己尊敬、自己信頼を回復することにあります。

ところで、オーガズムを味わったり、真の性的自己を発見したりするためには、結婚まで待つべきでしょうか。仮説でしかない未来に向けて、自己発見の探索をどうして引き延ばそうとするのでしょうか。結婚は、本物の自分や自己の探索に有益かもしれませんし、あるいはそれを邪魔立てるかもしれません。明るい予想としては、愛している相手とのリラックスしたつながりを通じて自分自身を十分に発見したり作り上げたりしていけるようになるでしょう。しかし、ひとたび結婚すると、自分を犠牲にしても相手の男性を幸福にしたいという思いや、ただ相手を手元にひきとめなければといった気持ちから、自分の本当の感情と条件づけられたものとの区別がきわめて難しくなったりする女性もいます。

女性は自分自身の喜びよりも、相手の情熱をこちらがかきたてているかに注意を払うよう教えこまれてきています。

## ☆私はあまりに自意識過剰です

【相談2】　二十二年間の人生の大半、私はずっと内気なままでした。顔見知りの人とはどうにかうまく過ごせますが、グループで新しい人と会うときはとてつもなく苦痛です。ですからパーティや社交的な集まりが嫌いなのですが、たぶん自分が苦しいまでに自意識過剰だからだと感じます。親友二人からは、もっと自発的になって誰かとデートに行くように強く言われますが、そういったプレッシャーはかえって問題を悪化するだけに見えます。何かアドバイスしていただけますか。

【答　え】　物事を変化させようという最善の努力が、かえって悪くさせるだけということは、しばしばあります。自発的になるようにという命令は（紫色の牛について考えるなという命令と同様、言われれば言われるほど考えてしまうといった）矛盾した作用をもたらします。内気であることであなたが困るのは何でしょうか。会社のパーティで自分の内々の秘密を話す人もいれば、プライバシーをまったく語らない人もいますし、その程度は人それぞれです。もしあなたが自分の内気さを外科手術のように除去できたとしたら、おそらく自分に対して最も大切と見なしていることまでも失ってしまうでしょう。しばしば、自分自身について一番好きなこと・一番嫌いなことはひとつであったり、同じことであったり、より正確に言うと、同一の主題のバリエーションの違いだったりします。

ところで、内気であることがどれほど一般的なことか、またよそよそしさや社会的な優越性、見せかけの自信などでその内気さを覆い隠している人がどんなに多いか、あなたはきっと驚くに違いありません。ちなみに、アメリカ人の四八％が自分を内気と見なしているという報告があります。多くの人は、脈打つ心臓、むかむかする胃、否定的な自己評価を穏やかな外見で隠しているのです。

ですからリラックスし、自分を受け入れるようにしてください。百本の足をどう動かすかを問われ歩けなくなってしまった諺のムカデのように、私たちは自分を見つめがちです。親友がいるということは、あなたが他者に配慮でき、人とのつながりを育てられる人であることを証明していませんか。そのことのほうが遥かに、カクテルパーティでどんな振る舞いをするか、人とどんなふうに社交を始められるかより重要な事柄のはずです。

百本の足の動かし方を尋ねられ、動けなくなった諺のムカデのことを思い出してください。

### ☆自分の受けている心理療法が役に立っているかどうかが分かりません

【相談3】 自分の受けている心理療法は役には立っていないという気が長いあいだしています。けれどもセラピストは、私がやめたいと思うことが問題のひとつだと言い、もしやめたら私はもっと悪くなり、これまで得てきたこともすべて失ってしまうだろうと言うのです。私は本当に心理療法をやめたいのですが、でもセラピストの言葉が本当かどうか、どうやって知ることができるでしょうか。

【答　え】 あなたがエネルギーを使っていても進めていない感じがするなら、その心理療法を続けるのは役に立たないと思います。あなたのセラピストはいわばあなたの従業員です。自分の役に立ってないサービスを受けるのに使う時間やお金のことを考えたら、あなたの疑問は当然でしょう。やめることの恐怖から心理療法を続けるのは賢い方法ではありません。やめたとしてもいつでもまた後で始められますし、一時中断することで、求めている情報をもっと得やすくなるかもしれません。セラピストの感情を心配しお世話をするのは、あなたのなすべきことではありません。セラピストのもとを離れても、そのセラピストは生き残ってゆくはずです。

とはいえ、本質的な変化はゆっくり生まれるものですし、欲求不満や脱線は心理療法に普通見られるものですから、心理療法をやめる決意は複雑なものとなるでしょう。そして心理療法における人間関係はしばしば感情的に強烈なものとなるので、本物の理由ではないところで続ける、もしくはやめることを強いられているようにも感じがちです。

信念体系や方法論がまったく異なるセラピストが無数にいます。ですから、あるセラピストもしくは心理療法の仕方があなたに合わない場合、ほかの人や方法なら合うかもしれません。セラピストの有能さを客観的にすっきりと評価する指標があればいいのですが、残念なことにそういったものは皆無に等しいのです。できるだけ明瞭に熟慮することが、あなたには必要になります。

危機や混乱の渦中で心理療法の中断をするのは一般に賢明とはいえません。そういうときは明瞭な判断は難しくなりがちです。そして、セラピストがあなたに言うべきことは何かについて、注意深く熟慮してください。セラピストに有意義な見解があるかもしれませんから。物事が困難になり、そこから逃げ出したいと思うとき、そこに考えるべきあなたの重要なパターンがあるはずです。しかし、あなたが自分に役立つセラピストを見つけられなかったとしても、また、そのセラピストが知人には有効でも自分にはそうでなかったとしても、それはあなたの個人的な欠陥を示すわけではないということを、どうぞ忘れないでいてください。

結局のところ、あなたがあなた自身の最良の専門家です。他者からの意見や反応は役に立つかもしれませんが、あなたのための決定をできるのは、そしてすべきなのは、あなた以外には誰もいません。セラピストでもこれは同じことです。

セラピストはいわば従業員です。あなたがセラピストのもとを立ち去っても、セラピストは生き残るはずです。

## ☆慢性疾患とともに生きるということ

【相談4】　私は三十歳のフランス語の語学教師ですが、最近、重度の慢性疾患があると診断されました。満足すべき医療を受けているものの、この事実に自分がうまく対処できていません。病気に対し前向きな態度を持つことがとても重要だと言われていますが、私はひどく落ち込んだままで、こんなことが自分に起こったということをどうしても信じられません。まるで人生が終わってしまったかのような気分で、どこに助けを求めていいかも分かりません。

【答　え】　慢性疾患の診断を受け、あなたは圧倒される思いを受けたことでしょう。この病気があなたの人間関係、仕事、将来の計画などにどう影響するか、いろいろと心配に思うでしょう。うつ的になり、怒りをおぼえ、自分の身体に裏切られたと感じ、周りの人に迷惑をかけないだろうか、あるいは見捨てられないだろうかと恐れを感じるのは、ごくごく自然です。
自分の診断について理解することは、それと付き合ってゆくための最初の一歩です。信頼に足る医療を受けられているとのこと、あなたは良いスタートをきれたといえます。次のステップは、その診断の情緒的な側面と少しずつ馴染んでゆけるように踏み出すことでしょう。

あなたは一人ぼっちではありません。その慢性疾患にほかの人びとがどんなふうに付き合ってきているかを、できる限り調べてみましょう。サポートグループは情報と同志愛をもたらしてくれる貴重な源です。その疾患に関する団体は、あなたが住む地域でどんな援助が得られるかを教えてくれます。

絶望感に打ちひしがれるのは有効でありませんが、本当の感情を隠したり否定したりする「前向きな態度」を続けることも、また有効ではありません。慢性疾患と付き合ってゆくには忍耐と努力が必要ですし、恐れなどを頭から一切振り払うのでは人間としてやってゆけなくなってしまいます。

慢性疾患をかかえる一個人として、悲嘆、怒り、恐れなどと付き合ってゆくのはこれからずっと続く課題です。病気がひどくなったり、生活状況が変化したりすれば、新たな喪失や挑戦に向き合わなくてはいけないかもしれません。周りの人は勇気を持つよう、気持ちを上向きにするように、などとあなたに忠告するかもしれません。あなたの苦悩を目の当たりにするのが耐えられなくて、そういった忠告になるのかもしれません。しかし、自分が落ち込んでいるとか、助けを求めているとか分かる能力というのは、それこそあなたの強さです。どうぞそのことを忘れないでおいてください。

でも、診断を最初に聞いたときのご自分の反応と、時間をかけてどうそれと付き合ってゆけるかということ、この二つを混同しないようにしましょう。時の経過とともにあなたは、この苦難に対応する能力や、楽観主義・希望・喜びを求められる能力など、自分の強さもまた見出せるようになるはずですから。

友人はあなたの苦難を目の当たりにするのが嫌で、あなたに前向きになれと忠告しているかもしれません。

## ☆私は「ノー」が言えません

【相談5】このご時世だというのに、私は本心のノーが言えず、いつもイエスを言ってしまいます。ノーをつぶやく勇気があると思えるときでさえ、上司や夫や近所の人からちょっと動揺させられると、もうすぐに自分がぐらぐらしてしまいます。アサーティブになろうとしている努力をどうしたら周りの人は理解してくれるか、ノーと言っても罪悪感を感じないですむようになるには私はどうしたらいいか、何かヒントをください。

【答　え】女性はしばしば自分自身の欲求よりも他者の欲求に対して遙かに敏感だったりします。女性は養育者でなだめ役で、援助者で、揺れるボートを安定させる係だったりします。結果的に、自分が他者への感情的なサービスステーションになりきれてないと、女性は罪悪感を感じがちです。

この古くからあるパターンを変えるのは当然に難しくなります。相手は怒りや判断で対応してくるかもしれません。そういったときには自分の「正しい居場所」に逃げ戻り、変化は不可能だと結論づけたい誘惑にかられるでしょう。

他者からの拒絶だけが問題なのではありません。もっと重要なこととして、他者への責任はどこまでで、一方、自分への責任はどこからかが曖昧になりやすいことがあげられます。ノーを言うことについての一般的な助言は山のようにあるものの、あなたがノーを言うのがいつなら適当か、これは誰も分からないことです。あなたにとって何が正しいかを決めるのは、あなたがすべきことです。思い描いていた解放された女性像と違うかもしれませんが、ひとつひとつ自分で決めてゆくしかありません。

あなたがノーを言うこと、しかも一回だけでなくノーを言ってゆくことを、周りの人はよしとしないかもしれません。ですから、アサーティブになろうとするとき、周りの人からの称賛を期待しないように。むしろ、現状維持のための反撃（「どうしてそんなに利己的になれるのか！」など）が返ってくるであろうことを予期しておきましょう。仮にそうであっても、そういった状況を勝手に変えることはあなたにはできません。しかし、あなたの決意を周りの人からもっと尊重してもらえるような仕方でノーを言うようにしてみましょう。いくつかの提案をしますので、どうぞ検討してください。

（1）相手からの欲求に対してわずかでも不確かな感じが自分にあるならば、とっさに回答をしないようにしましょう。どれほどプレッシャーを感じていても、あなたはいつでも次のように言えます。「考えるのにもう少し時間が欲しいんです。明日にでもお返事します」。

（2）あなたが本当にノーと言いたいときを注意深く選ぶようにしましょう。ある状況ではノーを言うことが居心地悪く感じられるかもしれませんが、それはそれでいいのです。

（3）ノーを言うときは、自分についての説明（たとえば、「私は今、ほかのことをする余裕は全然ありません」など）を明瞭にし、相手からの暗に含まれた批判に振り回されないようにしましょう。

（4）他者の反応を変えさせようとしないこと。お姉さんを飛行場まで車で送らないことでお姉さんがあなたにひどく腹をたてたとしても、そんなふうに思うのはおかしいなどとお姉さんに言わないように。代わりに、たとえば「そのことで腹をたてたのは分かるし、すまないわ。でもその日はいろいろとしなくてはいけないことがあって、飛行場まで送るのは無理なの」と言うようにします。

（5）自分の決定について防衛的になったり冗長な説明をしたりしないように。相手があなたの話を聞いてくれていない場合は、「なぜだか分かりませんが、あなたとの話し合いを気持ちよく感じられません」などとシンプルに言えばよいでしょう。

（6）相手が強烈に反応してきても、あなたは穏やかに落ち着いた調子でいられるように心がけましょう。強烈さは不安を増大させるだけです。

(7)　自分の選択や行動について他者を非難すること（「父親は本当にひどい人なんです。だから私はノーなんて言えません」）のないように。自分をがっかりさせたということであなたに嫌な思いをさせようとしてくる人もいるかもしれませんが、そういうことにどう反応するか、その選択をするのはあなたです。

(8)　あなたが取り組んでいるこのジレンマにほかの人はどう対処してきたかを理解するために、家族のほかの女性（母親、姉妹、祖母、伯母など）とのつながりを持ちましょう。彼女たちもノーと言うことに問題を抱えていましたか、家族パターンについて知れば知るほど、自分自身の選択についてあなたは明確になれるでしょう。

(9)　ゆっくりと、小さなことから始めるように。従順な人からアサーティブな人へと一晩にして変わろうとしたら、あなた自身や相手のなかに莫大な不安をかきたてることになり、結局、何の変化も生まれないままになってしまいます。

(10)　大切な人間関係でノーを言い、あなたがアサーティブになったことに相手が否定的な反応をしたとしたら、その関係から自分を切り離したり、怒りに引きこもったりしないようにしましょう。

多世代の家族に根がある旧来のパターンを変えることは、可能なこととはいえ容易なことではありません。あなたはおそらく罪悪感をおぼえるでしょう。しかし罪悪感は最終的なものではなく、徐々に目立たなくなるものです。そして一度ノーと言えれば、次にイエスと言うときに前よりも心が軽くなるでしょう。

最後に一言。ノーを言うのが難しいということはたしかに問題ではありますが、一方で、親切心や心の寛容さといった、社会がもっと必要としている性質をあなたが持っていることを反映しているともいえます。すべてが良い、もしくはすべてが悪いということは滅多にないものです。

周りの人はあなたがノーと言うことを嫌がるかもしれません。ですから周りからの称賛を期待しないこと。

### ☆私は共依存でしょうか

【相談6】　友達は私のことを共依存だと言い、助けを求めるためにグループに入るべきと言い続けています。たしかに私はこれまでずっと、誰かの問題の責任を引き受け、自分自身をないがしろにするパターンがありました。でも私は共依存と呼ばれるのは嫌です。なぜかは分かりませんが嫌なのです。たぶん防衛的なのかもしれませんが。「共依存症」という言葉の定義をしていただけますか。共依存は精神病の一種なのでしょうか。

【答　え】「共依存」とは、私たちみんなが「それ」であると言えるぐらいに包括的な概念です。あなたが文献を調べたら、健康的な自律性や親密性を邪魔し、自分への責任を過小にしか引き受けないこと、他者にばかり焦点づけること、自分自身についてのなんらかの無視・犠牲・蔑視などに関係するものはみな共依存と呼ばれていることに気づくでしょう。

共依存は、セルフヘルプグループの著者たちからは進行性の病い（治療可能ではあるものの）であると見なされていますが、一般的にはもっと軽い意味で使われています。もし、女性が総じて共依存だというなら、それは女性が病んでいるからではないと、私は確信を持って主張したいです。社会が女性に対し、自分をないがしろにしてまでも他者に気を配れ、と教えこんできたからにほかなりません。

なんであれ、否定的なレッテル貼りを拒否することは大切です。あなたの行動について友達がなんらかの不平をいだいているとしたら、診断をくだすのではなく何が友達を困らせているかについて話して欲しいと頼みましょう。それでも友達がまだあなたを治そうとするのなら、自分たち本人のためにこそ共依存のグループを作るよう、友達に勧めるのがいいでしょう。

## ☆自分が同性愛ではないかと心配です

【相談7】 私は三十歳、ずっと自分のことを異性愛者だと思っていました。が、一年前、私はある女性に夢中になってしまいました。彼女は私の気持ちを受け入れてくれませんでしたが。女性に惹かれるのは、八年前に終わったある男性とのあまりに悲惨な異性関係のせいでしょうか。私は小さな町で要職に就いており、そのためセラピストを訪ねることができません。自分が同性愛かもしれないと思うと、すごく恥ずかしく感じます。どうしてこんなことが起こったのでしょう？　私はどうしたらいいでしょうか。

【答　え】 女性が成人期のなかでほかの女性に思いがけなく恋に落ちることもありえます。そしてその女性のなかには、その後の人生を同性愛の嗜好をもって生きる女性もいます。あなたの体験は珍しいものではなく、また恥ずかしいものでもありません。恥ずかしいのはむしろ、正直な愛情を非難する、社会の無知と偏見のほうです。

あなたにどうしてこういったことが起こったか、ですか。仮に十人の専門家に聞いたら、おそらく十の異なった意見を受け取るでしょう。エロティックな情熱の本質や、自分の性的嗜好を決める要因について、私たちはほとんど分かってはいません。恋に落ちることは、非合理的で不安をかきたてる反応、もしくは永続的で安定した絆などをもたらします。時間、成熟、そしてパートナーについての深い理解が、最終的には特定の選択についての知恵を育ててくれます。パートナーが男性であっても、あるいは女性であっても。

あなたのジレンマについてどうしたらいいのでしょうか。まずリラックスして、あなたの問題は時間によって解決されうるものだと見なしましょう。あなたは自分自身に何かひとつのレッテル貼りをする必要はありませんし、これから誰をどうやって愛するかを急いですぐに決める必要もありません。エロティックな情熱、ライフスタイルの好み、感情的な嗜好は、いつも石に刻みこまれた不動なものというわけではありません。

あなたが何者なのかについて注意を注ぐよりも、現在あなたはどこでなら居心地が良いかに関心を払いましょう。自分が不確実さ、不安、混乱を体験することをどうぞ許してあげてください。不確実さは、ハートがあなたに語りかけることと、社会が恥だと強制してくることとのはざまでの緊張を反映する自然な感情でしょう。徐々にあなたは、もっとはっきりと自分の感情を経験するようになるでしょう。

そのために、自分の問題を孤立して扱わないように。大きめの書店のゲイやレズビアンの書架に行き、自分への教育を始めましょう。あなたの恐れと愛情の両面に感受性豊かであるような、良質な人との対話を心がけましょう。同性愛者の文化とつながりを持ってもいいかもしれません。それは至る所にあります。そういう試みが、あなたを異性愛者に戻すとか、違った方向に押し出すとかはしないかもしれません。より正確で価値深い情報をあなたに提供するだけだと思いますが。とはいえ、こういったことをするのがまだ恐ろしいと感じられるなら、しばらくじっと座ったままで自分に我慢強くなり、時があなたをどう動かしてゆくかを見守るようにしましょう。

心理療法のドアを最初から閉じたままにしないでください。心理療法を始める多くの人は、秘密が漏れ出るのではと心配したり、傷つけられないかと恐れたりします。有能なセラピストを見つけ、何でも気になることを話し合うように考えてみてください。性的嗜好の価値観や信念について、セラピストに率直に聞いてみましょう。くれぐれも、同性愛が病気で呪われたものであり、「劣者の」選択だと思い込んでいるセラピストなどにかからないように。あなたの恥の感覚を強いるだけ、もしくはあなたの選択を狭めるだけのセラピストに料金を払う必要はありません。

最後にひとつ。男性との関係が悲惨であったから、あるいはその関係が破綻したから、女性を愛することが生じるのではありません。もしそうだとするなら、この惑星に徘徊する異性愛者は、もっともっとごく少数になるはずではありませんか。

あなたは自分に何かひとつの
レッテル貼りをする必要はありません。

## ☆主治医が私を抱き締めようとします

【相談8】　私は皮膚疾患で月に一度ほどある医者の診察を受けています。診察の度ごとに、その医者は私をぎゅっと抱き締めるのですが、それは私を落ち着かなく不安な気分にさせます。私はこのことについて医者にきちんと話したいと思っていますが、友人は私が過度に反応しているだけで、その医者は親しみやすい人なだけ、と言います。その医者の真意をどうやって確かめられるでしょうか。私はどうするのが正しいのでしょうか。

【答　え】　あなたには医者の真意が分からないわけです。でもあなたは自分自身の反応についてはよく分かっています。そのあなたの感情を大切にしましょう。なぜならそれは、あなたのパーソナル・スペース（人が自分に近づくことを許容できる空間）を守るための警告ですから。あなたにとって居心地よく感じられるやりかたで、自分の感情を大切にしてください。

たとえばですが、彼が近づいてきたとき、握手をするように距離をとるなどして、彼の抱き締めを避けたり拒否したりする、さりげない方法が見つけられるとしたら、あなたはその医者ときちんと話し合わなくてもすむわけです。もし彼が抱き締めてくるのをやめさせることができないままでしたら、医者を変えてもよいでしょう。彼の真意は推量するしかありませんが、彼のその行動はあなたには不適当なわけですから。

あなたを抱き締めることを医者にやめさせられないのなら、医者を変えたらいいでしょう。

### ☆助けて！　私は見栄えが良すぎるのです

【相談9】　こんなことで困るなんて、と私を軽んじないでください。私の問題は見栄えが良すぎることです。ほかの女性は私の近くにいることが不愉快で、私の外見を嫉妬するらしく、これまで親密な女友達ができたためしがありません。また、男性が私の外見目当てなのか、それとも本当に私を求めてくれているかが分からないので、男性との交際も嫌なのです。外見といった表面的なことで男性が私を選んでいると思うことがどんなに自分を傷つけるか、言葉にできないほどです。

【答　え】　あなたの身体がこの世に存在するということは、決して「表面的なこと」ではありません。たしかに、女性のセクシュアリティや身体的な美しさといったものは、ときには暴力的なほどひどく扱われもしました。しかしながら、あなたの外見的な美しさは天からの贈り物です。本当に挑戦すべきことは、ほかのすべての女性が格闘していることと同じで、自分自身を愛し、楽しみ、尊重するということでしょう。

あなたの美しさだけを求めて、一人の人間としてとらえようとしない男性もいるかもしれません。しかしこれは、あなただけが直面する問題ではありません。それなりの財産と地位を持った人も含めて、本物のその人でなく「間違った」もので求められてしまっている人は数多くいます。誰もが皆、将来の伴侶の意志や価値や人柄を判断しなければならないという挑戦に直面しているわけです。自分の知性と経験と洞察力を活かして、誰を信頼し、かつ愛せばいいのか決めなければならないのは、私たち皆、同じでしょう。

あなたが美しくたって美しくなくたって、人間関係はいつも少なくともどこかしら難しさを含んでいます。あなたはほかのことを無視して、外見というひとつの事柄に執着しすぎているようですが、まずそれに気づきましょう。たとえば、あなたに女友達が一人もいないのは、本当に外見のせいだけでしょうか。はじめのうちはあなたの存在に不快感を覚える女性がいたとしても、あなたが一個の真実なる人間として、強さも脆さもかかえている人間として、自分を表に出してゆくこと、このことを自分に許すようになるにつれ、それは時と共に変化しうるはずです。また、嫉妬と競争心を抱くのは、兄弟姉妹のあいだで当たり前なように友達同士でもごく自然なこと。きちんと築き上げられた関係ならば、怒りやちょっとしたむかつきといった感情すべてに耐えられるように、嫉妬にも耐えられるものです。

あなたの経験をほかの見栄えの良い女性に話し、彼女らの話を聞いてみましょう。そして、あなたが抱いているこの問題について、家族に正直に率直に話すよう心がけてください。家族は、あなたの外見が、彼らの、またあなた自身の人生にどう影響したと考えているでしょうか。見栄えが良いということは、あなたが家族のなかで日の当たる中心的存在もしくは日陰のはずれ者となっていることと、何か関係がありそうですか。誰があなたの美しさに執着しすぎていて、誰が無視し、誰が素直に誉めたたえてくれていますか。あなたの家庭では、身体の特徴について穏やかに客観的に話し合えるのでしょうか。

素敵な歌声をした人や陸上の才能にあふれている人がその才能を楽しむように、見栄えが良いということを楽しみましょう。多くの女性が感じるように、あなたも、他人より優れた素晴らしい何かを持っているということに、罪の意識を感じているのかもしれません。特に、他人がそれによって苦労しているのを見たときには、そう思うことでしょう。

また、見栄えが良いということを、大きな流れでとらえるようにしてください。外見は、人間関係を始めるのに大きな違いを生むかもしれません。しかしそれ以降、その関係を本人がどううまく築いてゆけるかということには、美しいかどうかなどは実際、何の寄与もしないのですから。

長い目で見たら、女性が美しいかどうかなどは、人間関係には実際どうということないものだと分かるでしょう。



### ☆年齢は聞かないで、言わないで

【相談10】　フォトジャーナリストである私の仕事について講演するよう、友達のアリサンに頼まれたのですが、なんと彼女はその講演で私を紹介するときに私の年齢を明かしてしまったのです。彼女の思慮のなさとプライバシーのひどい侵害に、ものすごく怒りをおぼえました。でもアリサンは、私が過剰に反応し過ぎだといいます。私もアリサンも、あなたの意見を聞きたいと思っています。私の立場だったら、あなたはどのように対応したでしょうか。私の怒りは、道理に適っているものでしょうか。

【答　え】　怒りとは、正しいか悪いかというものではなく、道理に適っているとか、適っていないといったものでもありません。怒りは単にそこにあるだけです。アリサンに意見を言う権利があるように、あなたには怒る権利があるのです。

もしプライバシーを侵されたと感じるなら、あなたが怒るのは特に納得できることでしょう。私たちはみな、他人に対して何を隠し何を明かすかを決め、調整することが必要です。何かについて他人には知らせないという権利が自分には当然ある、誰もがそう思っています。

あなたとアリサンとで議論を続けるとしたら、それはたぶん二人に恩恵をもたらしてくれることでしょう。アリサンは今後、講演者を聴衆に紹介するその紹介の仕方について、事前に考慮するようになるかもしれません。またあなたは、ほかの女性との連帯を感じながら、歳をとるということについて考え直すかもしれません。歳をとるのは恥ずかしいことと教えられてきましたが、結局のところ、歳をとることこそ私たち全員の目標なのですから。

一般に多くの女性は歳をとるにつれ、より勇敢で独立した自由な精神の持ち主になります。強い女性に成長するより、周りが恐れる必要を感じない「女の子」のままでいるのを促されることは、女性には当然かもしれません。また、歳をとった女性の知恵と経験が軽んじられ無視されていることも、驚くほどのことでないかもしれません。

なぜ自分の歳を隠してまで、歳をとるのが恥ずべきことだとか価値が低くなることだといった考えを不朽のものとして私たちは選び取っているのでしょうか、このことをどうぞ考えてみてください。「私は四十二歳よ」「六十八歳なの」ということを誇りを持って、少なくとも実際のこととして口に出せないようなとき、それは自分で自分を軽蔑するというひそやかな行為に参加していることになります。それはまた、大人の女性になるのはどういった意味があるのか、そのことを私たちから学ぼうと私たちを見つめている娘たちを、裏切ることにもなります。

私は、あなたが個人的に何をプライベートなこととしているかを尋ねたり批判したりしたいのではありません。むしろ、今まで生きてきた長い年月を隠し、煙に巻こうとしていることについて考えて欲しいと、女性全体に語りかけているつもりです。年齢を隠すやり方が広く一般的になっており、文化によっては法で定められているといった事実によって、女性の威厳と自分への尊敬が傷つけられると言いたいのではありません。ただ、その結果について公正に見つめることが難しくなる、と言いたいだけです。

女性が自分の年齢を冗談でかわしたり、ときには嘘をついてまで隠さなければならないという文化的な慣行によって、支配者、つまり男性は、どのように利益を受けてきたのでしょうか。こういった世間の見解と共謀することによって、女性はどのように恥ずかしめられ、貶められてきたのでしょうか。こんな話題は取るに足らないことと思うかもしれません。しかし、「取るに足らない」「重要でない」ことをきちんと吟味したとき初めて、私たちを曖昧にさせ、服従させているものの中核が何であるか、それに向かって一歩を踏み出せるはずです。

私は、自分が病院の心理学者であるとかカンザス州出身であるといったことと同じように、自分が何歳であるかを他人に話します。五十一歳であるという事実は、ほかの人が時間と歴史のなかに私を位置づけるとき役立つ、ひとつの特徴でしょう。それに、歳をとるということは私にとって人生の根本的な目標ですし、ほかのすべての目標がこれにもとづいていますから。

ときには、壇上で誰かに紹介される際に、年齢について単に事実を述べるのではなくジョーク

（「おっと！　こんな場所で彼女の歳をばらしてしまうところでした！」など）でふられることもあります。そういったジョークに笑う聴衆がいない場合、元気づけられる気がします。ジョークで笑う人がいようといまいと、私は自分の年齢については誇りを持って話すようにしていますが。そのあと、時期を見計らい伝え方を良く考えたうえで、ジョークで年齢を紹介しようとした人に自分の考えを伝えるようにしています。仮に、肌色が薄いアフリカ系アメリカ人の女性が、「おっと！　もう少しで彼女の人種をばらしてしまうところでした！」などと紹介されたらどうでしょうか。そのジョークはまったく面白くないものだし、到底許されるものではないということがお分かりのはずです。

あなたの場合、自分の感じたことをアリサンに言えるという能力は長所ですし、どんな情報があなたにとってプライベートなことかを伝えられるという率直さの表われでもあります。私は、あなたが過剰に反応しすぎたとは思いません。そうせざるを得ない理由があってした反応でしょうから。私が問題にしたいのは文化であって、あなたの個人的な反応そのものではありません。プライバシーは基本的で本質的な人間の権利です。しかしながら、プライバシーという名のもとに、私たちを抑圧する欺瞞を温存してしまっているのかもしれません。

勇気を持って不服従であることを呼びかけたく思います。たとえば、宗教や民族背景について互いに語り合うときに感じるほどの弁明や黙秘を必要とせずに、年齢の問題を分かち合ったらどうか、と提案したく思います。もし皆で、年齢を恥ずべき秘密のように扱うことをやめたなら、すべての女性の人生はより力強く、より豊かなものとなるのではないでしょうか。

私は自分の年齢を、自分が心理学者であるとか
カンザス出身であるといった事実とほとんど同じように、他人に話します。

## ☆自分が自分自身のガンの原因になるかもしれないのですか

【相談11】　三十四歳になる姉は、最近、乳ガンだと診断されました。私は、ガンを防ぎ、早期発見するためにあらゆることをしています。健康に良い物を食べ、月一回胸の検査を受け、年に一回は人間ドッグに入っています。それでもなお、ガンは栄養や遺伝子よりも性格や精神的なものが影響するのだということを聞くと、不安になります。姉はうつになりがちで、受身的な性格で日々過ごしており、私にも同じ傾向があるからです。姉も私も、この性格がガンの原因になっているのかどうかを知りたいのです。

【答　え】　うつと受身的性格は、成熟した女性になるのに厄介な障害となりえます。しかし、ガンの原因となることはありません。あなたのお姉さんはガンになったことに関して何の責任もありません。しかし、できる限り懸命に生きようとする責任があります。遅かれ早かれ、私たちは皆、死にます。うつと受身的な性格がもたらすことで、肯定的なことはありません。どのように生きるか

こそが、どれだけ生きるかよりも大切でしょう。満足いくように生きたからといって、ガンにならないわけではないのですが。

一般的にいって、第二のフェミニズムの盛り上がり以降、女性はより能動的に、また自分を主体にするようになってきました。しかし、乳ガンは、一九六一年と比べて二倍というすごい割合ではびこりつつあります。しかも乳ガンで死亡する女性が増え続けているというのに、ガンになる原因については、恥ずべきことにまだはっきりしないままです。「ガンと性格」についての理論が女性に対し、乳ガンの治療法を見つけ、女性の生活を守ることに適切な額の資金を導入するよう政治的な手段で訴えかけることから、目を逸らさせているのです。

この理論はまた、環境によってガンになる若い犠牲者が増え続けているという事実を曖昧にしています。人びとよりも自分の利益を気にかける権力者は、ガンの原因を性格や遺伝子や「一人ひとりの生活態度」といった狭い視野で、人びとが考えることを好みます。この狭い視野が、自分の周りを毒や発ガン性物質から守ろうとすることを躊躇させています。問題なのは、個々人の性格の欠点ではなくて、利益だけを求める狂気なのです。

しかし、だからといって、性格と身体には何の関係もないと言いたいのではありません。心理・神経免疫学の研究は、感情と身体の好調には明らかに関係があるということを表わしています。喜びがなく、孤独で、よりどころのない生活を送っている場合、何かがおかしいことを病気や身体の不調といったことで身体が訴えているのかもしれません。人間関係がうまくいっているときは、身体の免疫機能も同じようにうまく働くかもしれません。たしかに、私たちが愛情や知恵や勇気や危険を大きく分かち合って暮らしているときにだけ、身体も力を得ることができるでしょう。

しかし、これにも辛い事実があります。自分を豊かに表わし喜びに満ちた生活をしている、驚くほど大勢の女性、男性、子どもたちが、ガンで早死にし続けています。うつで受身的な性格なのにとても長生きする女性も数え切れないほどいるでしょう。正しく生きようとするのは疑いようもなく良い健康的な考えですが、そのおかげでガンにならない、もしくはガンから回復するといった保証はどこにもありません。

そのうえ、ガンになったということは、その人がそれまできちんと生きていなかったとか、これこれをしていればガンになっていなかったという意味ではありません。自分自身を癒やすのに助けとなるような感情的な強さを結集できるという事実が、まず第一に、ガンの診断を受けるような間違いをその人が何かしでかしたと意味するわけではありません。犠牲者を責めるこういった傾向は、自分自身と人生を愛するという癒しの力に気づくことをおおいに妨げるものです。ガン患者に対して、「明るいことを考えるんだ」「前向きにとらえなさい」と口達者に言うことで、私たちは自分たちの態度にかたをつけようとしがちです。が、そんなことよりも、きれいな空気、水、食べ物、そして安全に暮らせる地球を、私たちは必死に求めているのです。

お姉さんのうつと受身的な性格はガンの「原因」になってはいませんが、ガンという診断が自分の人生を見つめ直し、変えるきっかけになるかもしれません。生き延びることが危うくなるとき、勇気ある大いなる変化を遂げられることが私たちにはよくあります。ガンの診断は、ほかの死の危険と同じように、精神のまどろみから私たちを目覚めさせ、より情熱的で、冴えた、物事を良く見える人にしてくれる可能性があります。あなた自身の健康をおびやかされることなく、お姉さんとともにこの問題に挑戦できますよう、私は願うものです。

私たちの生存を脅かすものはすべて、より情熱的で、物事が良く見える、冴えた人間になることへと、鼓舞してくれます。

## ☆幸せなふりをするべきでしょうか

【相談12】 私は自分の人生にずっと満足できていません。それに、自分が惨めに思えて、長いあいだふさぎこんだままです。ヨガの先生は、微笑んで幸せなふりをすれば実際にそんな気がしてくるものだと言っていました。これは本当に適切な助言なのでしょうか。

【答　え】 ふさぎこんだり、自分を惨めに思うこと――そういった気持ちは、ときには絶対に必要でもありますが――そこから変化が生まれにくいというのは本当です。けれども先生のアドバイスは、不幸に取り組むときの数ある方法のうちのひとつにすぎないということをよく考えましょう。

微笑みは助けになるのでしょうか。世界に名の知れた信仰のリーダーであり、平和のために活動している仏教僧のティック・ナット・ハン師は、微笑めば顔の筋肉が和らぎ、多くの利点を得られるということで、よく微笑むように勧めています。彼の著書を読んだ多くの人が、信仰の教えの一部として微笑むことを実践しています。

しかし、ふりをするということについてはどうでしょう？　もしふりをすることで、ほかの人に認められ、分かち合い、確かめ合い、理解される必要のある本当の気持ちを隠してしまうのだとしたら、幸せな表情をしていたってほとんど役に立たないのではないでしょうか。ただし、ふりをすることが、試しに新しいことを見つけてみるという勇敢な行動になる可能性がないわけでもありません。喜んでいるふりや幸せであるふりをすることは、自己実現を予言するというかたちであなたに影響することもあります。また、こういう前向きな感情の能力を自分のなかに発見し、高める助けになることもあるでしょう。

とはいっても、不幸せの本当の原因に向き合い、問題を解決しようとするその大変な試みを、微笑みが取って代われるかというとそれは決してありえません。また、あなたがどんなふりをしたところで、本当の自分でいられるような、思いやりのある人びととのつながりは、ふりから生まれないでしょう。

ですから、ヨガの先生のアドバイスを試してみてはどうですか。きっと最後には、自分のためにふりをする行動で、もっと自分が力づけられると感じるか、それともその反対で力がそがれると感じるか、自分で分かってゆくでしょうから。

喜んでいるふりや幸せであるふりをするのは、たしかに自己実現の予言になるときもあります。

### ☆主治医を信頼していたのですが

【相談13】 数カ月前から、私は、異常なほど出血したりひきつけを起こしたりするようになりました。担当の婦人科医は、直ちに子宮を全摘出する手術が必要だと言って、私はその言葉を信じました。ところが、手術後の病状のレポートで、手術の必要はまったくなかったということが明らかになったのです。医者の金儲けのために自分の身体が台無しになることを許してしまったのかと思うと、怒りで気が狂いそうです。また、何故あんなにも盲目的に医者を信用してしまったのかと、自己嫌悪でいっぱいです。この苦しみからどうやって抜け出したらいいのか、分かりません。

【答　え】 必要のない子宮摘出手術を受けることはひどい暴行ですし、このことに対処できるようになるまでには時間がかかります。あなた自身と主治医に対して感じた怒りは、当然であり、もっともなものです。でもこれは、あなたが責められるべきだ、間違いを犯したのはあなただということではありません。あなたは、文化が私たちに勧めていることを行なったのですから。主治医を信じる、ということを。

不必要な子宮摘出（子宮を取り除くこと）や卵巣摘出（卵巣を取り除くこと）が問題とされるようになったのは、わりに最近のことです。研究のもととなった資料や、地域や場所によって違いはありますが、必要でないと思われる子宮摘出の数は、全手術数の一〇％から九〇％にまで及ぶと見積もられています。

医者によって手術に対する捉え方は幅広く異なります。私は最近、ある内科医と話をしたのですが、彼は、月経の止まった健康な女性には必ず子宮を取り除くよう勧めると言っていました。生殖器管としてもはや役に立たないし、病気のもととなる危険もあるからだそうです。もっとものの分かった責任感のある医者なら、他の可能性もすべて考えてみた上で、患者の健康にとって本当にそれが必要なときにだけ、手術を勧めるでしょう。

あなたの主治医が金儲けのためにだけ手術をしたと決め付けないでください。医学とはまだまだはっきりしない科学ですし、人によって違った意見と知識を持つことが多くあるのです。主治医は、手術前の病状のレポートをもとにして、あなたに手術を勧めたのですか。もしそうなら、主治医が手術を勧めたことが正しかったかをもっと確かなものにするために、そのレポートとスライドをほかの医者にも見せてみたらどうでしょう。まだあなたがそうしていないのなら、すべての事実を集め、違った見解も持てるようにして下さい。

また、失敗を嘆いたり、支えを探したりするのに力を尽くす時間を、自分自身にどうぞ与えてあげてください。どんな行動でもいいから、あなたの張りつめた感情を落ち着かせるのに役立つことをしてみましょう。日記をつけてもいいですし、子宮摘出を支持する団体に加わるのも、家族や友達と話すのも、女性の健康問題について主張してみるのもいいでしょう。それから、ホルモンの減少があなたの身体と心に何らかの影響を与えていると感じているかもしれませんね。その影響を少なくする、またはなくしさえする、昔から行なわれてきた自然な方法や、医療の代わりになるような方法も探してみましょう。

もし事実の確認によって揺らぎない確証を得たならば、あなたは医師調査委員会に今回のことを報告しようと決心するかもしれません。そういった行為は、はっきりとした確かな情報を求める者として私たちが何をすべきかを気づかせてくれるものです。つまり、手術が勧められたときは常に、二人目（または三人目）の医者の意見を訊き、友達や家族に助けを求めるということを、です。

手術を勧められたときはいつでも、
二人目（もしくは三人目）の医者の意見を訊きましょう。

## ☆中絶したことで悩んでいます

【相談14】 五年前、私は中絶をしました。それ以降、生まれてこなかった子どもを殺したことを、ずっと許せないでいます。時が経つにつれて気分は晴れるどころか、ふさぐ一方なのです。私は、命の権利運動にきわめて積極的に参加するようになり、自分と同じ罪をほかの女性が犯すのを止めようとあらゆることをしています。それなのに、まだ私は毎日苦しんでいます。いくつかセラピーを受けてみたものの、役に立ちませんでした。このままずっと嘆き苦しみ続けながら生きていかなければならないのでしょうか。

【答　え】 あなたがご自分の経験から分かっているように、ほかの女性の望まれていない子どもが中絶されることを止めてみても、あなたの悲しみは救われるものではありません。あなたの大きな損失を弔い、先に進むためには、あなた自身のことを考えなくてはなりません。

中絶に対する考え方や気持ちは非常に個人的なものです。その時どきの社会や政治の風潮によっても違ってきますし、身分、文化、宗教、そして個人の家庭の歴史によっても異なってくるものです。なかでも、自分にもっとも影響しているのが生まれ育った最初の家庭です。あなたはどれだけ率直に、中絶について家族と話し合いましたか。誰が知っていて、誰が知らないままでしょうか。誰があなたを許して、誰があなたを許しませんでしたか。許すということは、あなたの家庭では大切なこととして扱われ、実際に行なわれてきましたか。家族や民族によって、許すということを非常に重んじるところもありますし、そうでないところもあります。罪と恥の意識はひそやかに広がるものですから、中絶によって感じている心の痛みを、近しい家族やあなたにとって大切な人に打ち明けてみましょう。

一番大切なことは、あなたの家族で起こった損失と別れの歴史について、あなたが知ってゆくことです。人が嘆きと悲しみのなかに浸かっているときは、それをあおっている別の未解決な損失が、その人の家族の背景にあることが多いからです。両親や祖父母は、思いがけないときに起こった喪失や深く傷つけられるような損失に、これまで出会ったことがありますか。もしそうならば、そのとき、家族の人びとはお互いを助け合い、事実や気持ちを素直に伝え合ったでしょうか。あなたよりも辛い罪の意識と悲しみに溺れたのはどなたですか。死によって誰が責められ、また誰が自分自身を責めてきたのでしょうか。

あなた自身は人生において、ほかにどんな損失や耐え難い別れを経験しましたか。あなたの中絶は、あたかも避雷針のように、前の世代での喪失も含めて、過去の喪失からもたらされている感情的な強烈さを一点に集めるものとなっているかもしれません。ひとつの世代で解決されていない問題はどんなものでも、次の世代でより強烈なものとして扱われることになりがちですから。

中絶した子どもを弔い、あなたの悲しみと嘆きを表現するような特別な儀式を行なうことが、あなたの癒しになるかもしれません。中絶した記念日に毎年その儀式を行なってはどうでしょうか。あなたの苦悩を本当に分かってくれている友達や家族がご一緒でもいいでしょう。

中絶に対し、ご自分なりの償いをしてください。あなたの罪の意識が深いことを分かっていない人には、これは奇妙でこらしめのように思えるかもしれません。しかし、あなたが殺人を犯したと思っているならば、その償いをしなければならないでしょう。たとえば、一年間発展途上国での救助活動を行なっても良いでしょうし、あなたの多くを捧げられるような、何かほかの草の根レベルでの人道的な行為をしても良いかもしれません。

たぶん牧師から、正義の感覚の埋め合わせをし、良心を満足させるような行動を計画することへの手助けを得ることも可能でしょう。けれど、あなたは自分の償いをほかの女性の身体を使ってではできないであろうことを、どうか理解していてください。

> あなたの悲しみと嘆きを表わせるような、特別な儀式を行ないましょう。

# 3 友情の問題

若い女性が女友達に向けて出したカードのおもてに、「いつでもあなたのことを思っているわ」とあります。カードのなかを開いてみると、そこには追伸で、「もちろん、デートしていないときだけど」。

このメッセージを聞いて、自分が三十年前大学生だった頃を思い出しました。ほかの話題に注いでいた情熱すべてを合わせたよりも熱心に、友達と男性について話し合っていた時代です。けれどその頃でさえ、女は友情よりも恋愛が大切といったステレオタイプは理に適ったものではありませんでした。今でもそうですが、友達とのお喋りは、私を支え育んできてくれたものです。女友達は男性が登場するまでのつなぎだなどと思っていたときが果たしてあったのか、自分には思い出せません。

たしかに、友情への深い関わりや友情を保つ許容量には満ち欠けがあります。異性とのロマンティックな関係の「べったり期間」の始めの頃は、友情をなおざりにするかもしれません。また、家族や仕事が自分の時間とエネルギーを削り取っているときは、友達から遠ざかることもあるかもしれません。人生のある時点では、友達を前より必要としなかったり、より少ない友達しか要らなかったりもします。また、こちらが友達を一番必要とするとき、彼女のほうでは友情に注げるエネルギーが最も少ないときかもしれません。しかしいずれにしても女性は、友情がとても大事なものだと知っています。

友情とは、私たちの心を痛ませる瞬間を伴ってもいるものです。私が十六歳のとき、親友が私を見捨ててほかの女の子のところへ行ってしまったことがあります。私が彼女にとってそれほど「深く」なかったからという理由からでした。私は絶望的な気分となり、自信は打ち砕かれました。男の子が私を、それほど頭が良くないから、かわいくないから、「タイプではない」から、といった理由で振ることはあるでしょう。でもその女の子は、心からの親友だったのです。その子が私を捨ててほかの親友（その子は当時の私よりずっと複雑で面白い子だと私は思っていました）のところに行ったとき、私の感じた痛みと喪失感は計り知れないものでした。

大人になるというのは、なんとホッとすることでしょうか。それほど個人的な拒否をされなくなり、そしてもっと大切なことは、たった一人ではなく数人の親友を持てるようにもなるのですから。私はいま、自分の友人を宝だと思い、信頼し、気後れせずに愛しています。友達を呼ぶときは、愛情を込めて「大好きな○○さん」だとか「大切な○○ちゃん」などと言うときもあります。ときには、友達に対して批判的になることもあります。ただそれ以上に、彼女たちがどんな人間であるかに単純に驚嘆させられており、彼女たちの限界や傷つきやすさにふれるたび、それは友達一人ひとりのユニークさをより味わう機会になっています。アナイス・ニン（Anais Nin）の「友達一人ひとりは、私たちのなかにある心の世界を表わしている」という言葉に、私は深く共感します。

遠く離れている友達や大学時代の女の同級生とのつながりを、言葉にできないほどありがたく思っています。彼女たちは私の人生を、また、私の仕事が低調だった初期の頃を救ってくれたからです。私が最も落ち込んでいたときに励まし支えてくれ、女性のあいだでの知的な仲間や友情といったものの新たな意味を教えてくれました。作家として避けることのできない低調な時期を支え、上手い頃合にシャンペンや手土産をくれる存在として、私は女友達を信頼しているのです。

今、私の人生には女友達の輪があります。程度にばらつきはありますが、誰もが皆、私にとって大切な友達です。どの輪も安定していますが、変化がないわけではありません。ある友達がどこかに行ってしまったり、新しい隣人が友達になったりします。近しい友達が離れることもあれば、遠くにいた友達と非常に親しくなったりもします。永遠に友達の人もいますし、同じ友情は二つとしてありません。モリー・ハッケルは友情はさまざまな形で成立し得ると言っています。「川のように流れ、人生を穏やかに支える友情もあります。途切れたり回復したりしながら続く友情もあります。流れ星のように爆発し、もとと同じに見えたり感じたりするものは何もないくらいに雰囲気を変えてしまう友情だってあります」と書いています。

私は、友情とは自分のなかの一番良いところを引き出してくれるものだと思います。たぶんそれは、友達の役割がほかのどの関係よりも、間違った期待や妥協や家父長制度などと関わりがないからでしょう。ある同僚は、友情には決まりきった形はなく、儀礼もなく、欺瞞から相対的に自由であるという長所や力がその根底にあると言っています。

他の人間関係に比べ、友情についての手紙は不幸の程度が軽めですが、それは私には驚きではありません。友情が人間関係のひどい病巣になることは滅多にないからです。私はまだ、「ハリエット博士へ。親友が私を侮辱し堕落させるのです。ときには私を殴ることもあります。私は彼女を愛しているのですが、どうしたらいいのか分かりません」といった内容の手紙を受け取ったことがありません。もしひどいことをし、嫌な感情を味わわせたりするのが友達であるならば、逃げ出すことをただ夢見ているのではなしに、実際にその関係から逃げ出しやすいためでしょう。

友情はいつもたやすくうまくゆくとは限りません。友達のエレンは、同僚が女性の友情についてメニンガー女性会議で情熱的に発表したとき、観客がみな、何か居心地悪く感じ、自分たちの友情が演説で述べられているものと同じかどうか不安がっていたことを私に思い出させます。「友達がいない」「どうやって友達を作るのか分からない」ということを言った女性もいます。たぶん誰もが、ときには友達によって傷つけられ、ひどく失望させられたと感じたことがあり、また、自分自身のさもしい感情に気づいて狼狽したこともあるでしょう。

けれども友情は、一般的に言って女性が一番得意とするものです。作家のアリス・アダムスは、そのことを最も簡潔に表わしています。「どうやって友達同士になるのかを女性は知っていると思う。

それこそが、私たちの人生を救っているものだから」と。

### ☆私は求めすぎでしょうか

【相談1】私は二十九歳で、サンディという親友が一人います。ほかに友達が欲しいとは思いません。問題なのは、サンディには何人もの親友がいて、こちらが欲するだけの多くの時間を私と一緒に過ごしてくれないことです。だから、サンディは私が求め過ぎだと感じているし、私はサンディが充分応えてくれていないと思うのです。そのせいで自分がものすごく苦しんでいると言わなければなりません。私は間違っているのでしょうか。あなたには親友がいますか。

【答　え】この問題においてあなたが親友は一人しか要らない、もしくは全く必要ないと考えたとしても、それが間違っているわけではありません。しかしそれは、そういった考え方があなたにとって良い方向に働くのだとしたら、の話です。あなたが苦しんでいるということは、そこに何か問題があるという証拠でしょう。その問題とは、あなたが「求めすぎている」ことではありません。むしろ、あなたが一人の人に全部のものを求め、それを彼女が良しとしていないところに問題があるようです。

サンディに、もっとゆとりを与えてみてはどうでしょうか。一人以上の親友を持ちたいという彼女の意見を、尊重するようにしましょう。もし、このまま彼女を一方的に求め続けたり、彼女があなたの人生において重要になりすぎたりしたら、サンディはますますあなたを避けるようになるでしょう。

サンディのように私にも何人もの親友がいます。私にとって大切であるには変わりがないものの、実際はあまり頻繁に会わない友達もいます。どの友達も何かしら、知恵や支えや単に楽しい時間を、それぞれのやり方で私にもたらしてくれます。何人かの良い仲間を持つことは、一人の限定された友達に過剰に反応することを防いでくれます。

作家のキャロライン・ハイルブランは、こう書いています。「友情は、しきたりなしに親密になることを、決まりきった愛し方なしに愛することを要求します。友情は、欲望を感じていないところで欲望を表わすことを求めもしません。純粋な反応をしないままでは、友情は長続きしません。友情は制度によって確立されていないからこそ、日常のお定まりの障害から安全でいられます。その障害とは、親密さが深まっているふりをすることで、親密さをそこなうことです」。

一人の友達にすべてを求め寄りかかってしまったとき、その人がこちらを失望させるのはやむをえないでしょう。そして、友情において一人だけを求めれば求めるほど、それはより強制的なものになり、本当の友情の素晴らしさの実現から遠ざかってしまうのです。

一人の友達にすべてのことを求め寄りかかってしまったら、その人がこちらを失望させるのはやむをえません。

### ☆友達が悪い男と付き合っています

【相談2】 親友ニディアはレイという男性と付き合っているのですが、彼は彼女を食い物にするような男です。ちょうど彼女の前の恋人がしていたのと同じように、です。レイは彼女からお金を借り続け、一度も返したことがありません。ニディアは彼を大目に見ては、あとで無一文になったと私に不満をこぼします。私は彼女に何を言ったらいいのでしょうか。レイは悪い奴だと警告しなければと思うのですが、恋人を批判されると彼女はいつももものすごく怒ります。友情を保つために、私は何も言っていません。でも私はこの悪い男が大嫌いなので、彼女の付き合いが間違っているとしか感じられません。

【答　え】 あなたのジレンマは分かります。でももしあなたが何も言わないままだったら、ニディアとの友情はみるみる駄目になってしまうでしょう。問題について話し合う方法が見つからないときは、尊敬と親密さの両方が友情において犠牲となっているのです。そしておそらくニディアは、あなたが黙っていようといまいと、あなたの不満を察知してしまうでしょう。

もちろんあなたは自分の経験から、レイを遠ざけたり、ニディアに彼から離れるよう説得したりしてもうまくいかないことが分かっています。普通、そういったことはうまくいきません。私たちがほかの誰かを「真実」で説得しようとしても、「私はあなたにとって何が一番良いか知っている」という態度をとったところで、言われた本人は自分の問題を解決しよう、もしくは見つめようと動機や能力をかきたて勇気を集めることを、さらに嫌に感じるだけとなります。

そのうえ私たちは、ほかの人が今まさにこの瞬間に何をしたらいいのか、本当に知ることなどできません。自分自身についてでさえ、充分には分かりにくいのではないでしょうか。なぜニディアが自分を食い物にするような男を選ぶのか、そのパターンがどのようにニディアを助けたり守ったりしているのか、またはもしそういうことがあるとすれば、いつニディアが自分のパターンを変える気になるのか、分かる人は誰もいません。

レイと今すぐ別れなさいとか、自分と同じ目でレイを見て、などということをニディアに願わないでもまったく大丈夫なように、まず自分の心を落ち着かせましょう。特定の返事を彼女に期待しないでいればいるほど、あなたの観察したことや困惑や気持ちを伝えるのにより多くのいろいろな方法を考え出せるようになるでしょう。たとえば、レイを批難したりニディアに何をすべきかと言ったりすることなしに、観察したパターンについてだけ彼女に話すことができるのではないでしょうか。「ニディア、あなたがお金のことを心配するのは分かるわ。見て分かるように、〈与える〉ということ、あなたはすごくうまいもの。選ぶ男は、〈取る〉のが上手な人のようだしね。前の彼のときを考えてみても、あなたが彼にお金のことで駄目って断ったこと、ほとんど思い出せないわ」と言ってもいいかもしれません。

ニディアの問題となっている部分のなかで、彼女が変えられるところだけに注目しましょう。彼女は本当には自分に価値をおいたり自分を尊敬したりできていないのかもしれません。自分に何ができ、何を与えることができるのか、そういった限界を定めるのが難しいのかもしれません。また、男性にあまり期待をしていないのかもしれません。人間関係において彼女が一方的に妥協しすぎてもいるようです。こういったニディアの葛藤は、多くの女性に関係するものでもあるでしょう。

たしかに、ニディアがレイに「借りたお金を返さないのだったらここから出ていくわ」と言えたらいいのにと思うことでしょうが、彼女が彼女でなくなるようなことを欲しないでください。もしあなたが物事をよりよく見つめ、より中立的な立場に身を置けるようになれたら、そんなに苛々しなくなるでしょう。何かを彼女に期待するからではなく、彼女を愛し、彼女に対し自分が真実でありたいと願う気持ちから、もっとニディアと率直に話せるようになるはずです。

友達に、その人がその人ではなくなるようなことを願わないようにしましょう。

## ☆友達にお金を貸すということ

【相談3】　昔からの友達が、引越しのために私に五十万円貸して欲しいと言っています。お金はありますす。でも貸すにあたって私は複雑な感情を抱いています。何か明記したほうが良いとは思うのですが、何を書いたらいいのかも分からず、また私が彼女を信頼していないと思われるのも嫌です。友達にお金を貸すことについて、あなたにはどんな決まり事がありますか。

【答　え】　お金を貸してくれと友達に頼まれ、そして貸す余裕がある場合、その友達に嫌と言うのはいつでも難しいものです。友達にお金を貸すことについて、私は別に個人的な決まり事は作っていません。その代わり、その場合場合によって考えます。といっても、そんなに頻繁にそういったことがあるわけではありませんが。

あなたが友達にお金を貸すことを真面目に考えているのなら、あなたの心配と期待を全部、表にまとめてみたらどうでしょうか。もし何か予測できないことが起こって彼女が期日までに返済できなかったら、どうしますか。そういった複雑な事態は、あなた方の友情にどう響くでしょうか。返済についてあなたはどのように期待しますか（私が思うに、大きな金額をいっぺんに返すよりは、少しずつ定期的に返してもらうのが良いようです）。もし利子をつけるなら、どのようにするつもりですか。

全額払い終える前にあなたか彼女のどちらかが死ぬなどといった不幸が起こっても、支払いは続けて欲しいですか。

すべてを明記しておくことは相手を信じていないことになるのではなく、むしろ、良い意味でのビジネス感覚を生みだします。どれだけお金を貸したか、いつどうやって全額払い終えるつもりかなどについて明文化された同意書を作り、二人でサインすれば、お互いに相手の希望をはっきり理解することになるでしょう。もし友達がもう一度支払いについて話し合いたいと言ってきたときも、同意書があれば、二人ともより明確に、簡単に交渉し合えるでしょう。こういったことを明記しておくのは、友情の妨げになるというよりむしろ、誤解をなくし友情を保つことになります。

同意書には二人のサインをして、たとえばこんなふうに書いてもいいでしょう。その文書は公証人によって作成されるものでもいいでしょう。

〈支払いの決まりと返済期間〉

金額：五十万円　　利子：なし

日付：一九九五年九月二十日

期限：五年間

三ヵ月毎の支払い：二万五千円

返済期限：十二月二十日、三月二十日、六月二十日、九月二十日

スー・ヴォーリンはジョーン・パディラに対し、五十万円返済することを約束します。

この金額は、ジョーン・パディラが無利子でスー・ヴォーリンに貸与したものです。

スー・ヴォーリンは、三カ月ごとに二万五千円ずつ返済することを約束します。

返済は一九九五年の十二月二十日に始まり、五年後に完済します。

これは、スー・ヴォーリンかジョーン・パディラのどちらかが死んだとしても、滞りなく行なわれるものとします。

甲　　乙　　は、これに同意することを誓います。

お金とは、ほかのどんなものよりも友人や家族とのあいだで誤解を引き起こし、心の重荷となりやすいものです。もしあなたが友情を大切だと思うならば、とても慎重になるのは、自己中心的なことでなくて賢明なことです。シンディ・ローパーがヒット曲で歌っているように、「お金はすべてを変える」のですから。

同意書を書くことは、信頼していないと相手に伝えることにはなりません。むしろ、誤解によって将来あなた方の友情が駄目になるようなことを防いでくれるものです。

## ☆友達の成功に嫉妬しています

【相談4】　私の職業は画家です。親友のベスも画家で、私たち二人は大学時代からの親しい仲です。五年間、二人ともそこそこの成功を収めてきました。しかし突然、ベスが多くのお金を稼ぎだし、絵が認められるようになりました。私は、ベスの絵も才能もとてもすごいと認めています。しかし問題なのは、私が彼女を嫉妬しているということ。そんなに彼女ばかり良い目に遭わないで欲しいと願っている自分がいます。親友に対してこんなふうに競争心を抱くのは、おかしくないでしょうか。

【答　え】　もちろんあなたの感情はおかしくなんかありませんし、そういった感情を抱いていることをちゃんと自分で認められるのは、あなたの長所です。友情は、競争心によってではなく、競争心を否認することによって汚されるものだからです。

多くの女性が競争心を抱くことを恐れます。しかし、あなたがベスをうらやんでいるという、「受け入れ難い」感情を認められなければ、彼女の作品を蔑んだり無視したりするといった形で、その感情を表現してしまうかもしれません。幸運にもあなたは、ベスの成功に苦しめられてはいるものの彼女の才能を認めることができています。

友達に対して私たちが抱く激しい嫉妬心には、生まれ育った家庭での自分の存在であるとか、現在の仕事や報酬が手に入る方法など、多くの原因が関係しています。また、友情の歴史も大いに影響するでしょう。もし、友達になったとき、すでにベスが画家として賞賛されていたならば、彼女の現在の成功にあなたは悩まされていないかもしれません。二人が同じレベルから始まっていて、一人がもう一方より早く先に進んだとき、相手への競争心を抱きやすくなるでしょうから。

自分の気持ちを受け入れて、あなた自身の仕事に目を向けてください。私たち女性同士の友情は、言い表わせないほど貴重なものです。怒り、嫉妬、競争心、人間であるからこそ抱くもろもろの感情、これらによって女性の友情は崩されるものではありません。

私たちの友情は競争心によってではなく、
それを否認しようとすることによって汚されるものです。

### ☆落ち込んでいるとき友達がそばにいてくれません

【相談5】　友達のジェイミーは、私が落ち込んだりがっかりしているとき、私に厳しく当たります。ジェイミーは私に、ただ「乗り越える」ことだけを要求するのです。私がすぐに元気を取り戻さないと、彼女はどこかに行ってしまったり苛々した態度を取ったりします。それをジェイミーに問いつめても、たしかにそうねと認めるものの、変わりはしません。十年来の友達なのですが、どうしてあんなに心が狭くなれるのか私には分かりません。なぜジェイミーは、私が一番必要としているときに、私から最も遠ざかってしまうのでしょうか。

【答　え】　ジェイミーがあなたの落ち込みを嫌うのは、心に問題があるからなのではなく、不安に駆りたてられての彼女なりの反応なのでしょう。彼女の行動は、思いやりの心が欠けている表われとは限りません。ただ単に彼女が不安を感じた場合、その不安を取り除くために取っている行動なのかもしれません。

相手と距離を置くことは、人間関係において自分の感情の激しさを何とかしようとするときによく使う手です。べつに、そうすることが大人だとか責任あることだと言うわけではありませんが。ジェイミーとの友情は、深刻な限界があってもなお、あなたの人生を豊かにできるものですが、一方でほかにも親友を作ることがあなたには必要でしょう。あなたの辛い時期に、あなたの側にいてくれるような友達を作ることです。

ところで一体どうすれば、私たちはジェイミーの行動を理解できるでしょうか。もしかしたら彼女は、どうやって人の助けになったらいいのかが分からないのかもしれません。自分自身が落ち込むこと、または自分自身に対して落ち込むことを見つめたり認めたりするのが怖いのかもしれません。もしくは、ジェイミーが成長する過程で、苦しみや悲しみを表わすことに対して両親が反応し過ぎたり、あるいは反応しなさ過ぎたりということがあったのかもしれません。

他人の、また自分自身の心の痛みに対してどれだけ嫌な思いをせずに親身になってあげられるかは、私たちの生まれ育った家族に最も影響される事柄です。傷ついた気持ちや悲しみの感情がジェイミーの家庭ではどう表わされ、また共有されていたのか、彼女のそういう感情にほかの人はどう応えていたのか、聞いてみたことはありますか。

批判したり変化を期待したりせずにジェイミーに接すれば、なぜあなたが落ち込むたびに彼女は距離を置こうとするのかについて、何か見えてくるかもしれません。一番大切なことは、ジェイミーに関することが変わるまでは、頼りになる一貫した助けを友達から欲しいとあなたが感じるときは、どこかほかにそれを求めるということでしょう。

相手と距離を置くことは、人間関係における激しい感情を制御するときに、よく使われる方法です。

## ☆彼女はいつも私の秘密を守りません

【相談6】　五年の付き合いになる友達のメアリーは、口をつぐむことができません。最近、私はメアリーに自分の夫の家族について打ち明けて、彼女に秘密にしてと頼みました。それから数日以内に、メアリーはほかの友達にそのことをばらしてしまったのです。こういうことはこれまでもいつも起こってきたことです。私は何度もメアリーにこの問題について言いました。彼女はそのたびにちゃんと謝るのですが、また同じことを繰り返します。それはどうしてなんでしょう。私はどうすればいいのでしょうか。

【答　え】　私たちには、他人が取る行動の理由をはっきりと知ることなど絶対にできません。自分自身についてでさえ、行動の理由を知るのは難しいものです。むしろ、どんな理由があるにしろあなたの秘密を大切にできないような人に、なぜあなたは秘密を打ち明け続けるのか、それを考えたほうが良いでしょう。

たとえメアリーがそのうち成長するにしても、あなたがメアリーを変えることはできません（おそらく、もう試したことと思いますが）。その代わり、別の友達に秘密を打ち明けるようにし、メアリーの限界を受け入れるようにしましょう。たしかに、あなたとメアリーの関係において、このことは重大な限界かもしれません。でも、今まで培ってきた五年間の友情で、あなたはとにかく彼女を愛することならできるのではないでしょうか。

本当に問うべきことは、あなたはなぜ、秘密を大事にできない人に秘密を打ち明け続けているのか、ということです。

### ☆助けられるのは私だけ

【相談7】親友のジャンは進行性の病気で死に向かいつつあります。私は看護婦の仕事を終えるといつも家に帰る前に彼女の家に寄り、ジャンに夕食を作り、看病をしてあげます。ジャンが心からそばに居て欲しいと願うのは私だけなのですが、彼女は私に求めすぎですし、私もそれが重荷で疲れ果てています。疲労があまりにもひどくて、いつか自分が精神に失調をきたしてしまわないかと心配なほどです。ほかに手助けをしてくれる人を探そう、とジャンに言っても、それは無理、私でないと嫌、と彼女は拒絶します。どうか助けてください。

【答　え】年老いた親、兄弟姉妹、または親友の面倒を見る場合は常に、自分がどこまで責任を負うべきか、一方で、自分への責任はどこから負えばいいのか、この見極めに苦労するものです。ほかの人に向かって「あなたは私に求めすぎ」と非難するのは簡単ですが、自分に何ができ何ができないか、これを最終的に判断する責任は自分にあるのです。

ジャンはあなただけに助けてもらうほうがいいと思っているのかもしれませんが、彼女には何人もの人の助けが必要です。今あなたが彼女にどこまでならしてあげられるか、それを慎重に検討しながら、それでもなお、彼女にしてあげられることはたくさんあるでしょう。一人の人間が担えるストレスの限界まであなたはすでに味わっていますし、今はあなた自身の傷つきに声をあげさせてやる必要があります。つまり、ジャンやほかの人に向かって「自分のできることには限界があるわ」と語るべきでしょう。

たとえばこんなふうに言ったらどうでしょうか。「ジャン、私たち二人には両方にもっと助けが必要だわ。私たちにとってこれを認めるのは辛いことよね。あなたがずっと経験してきたことでとっても辛いと感じてきているのも分かるし、そういったあなたをずっと見てきて自分も辛いこと、よく分かっているの。あなたを愛しているから、ほんとうに辛いのよ。で、私たちはほかの人にも助けてもらう必要があるわ。私一人で全部をするのは無理なのですもの」。

友達や家族（あなたの家族、ならびにジャンの家族）にも、自分が身体的に消耗しきっており、とことん疲れ切っていることを伝えましょう。何度も繰り返し伝える覚悟で。もしジャンが感情的になり、情緒的に混乱するようなことがあれば、もしかするといつも彼女はそうなのかもしれませんが、あなたは率直で寛大な心を持って彼女の話に耳を傾けるようにしましょう。でも自分をないがしろにしたり、防衛的になったり、彼女を非難したりしないようにしてください。

自分に何ができるかを明確に限定してもなお、あなたはジャンの大切な友達でいることが可能です。もしこのまま、あなただけがジャンに責任を持ち続ける唯一の人であり、ジャンの世話にほかの人を巻き込まず、あなた自身への援助は何もないままであったなら、状況は悪化するばかりで、あなたは彼女、自分自身、またはほかの人誰にとっても、助けを与えられることなどできなくなるでしょう。精神的に失調をきたすことは、お世話係りの役目からあなたを罪悪感なしに解放してくれるきっかけになるでしょう。けれどもこういった「解決法」は非常に大きな代償を伴いますし、私はお勧めできません。

> 自分が他者に対してどこまで責任を負うべきか、一方で自分への責任はどこから負えばいいのか、これを見極めることに私たちは皆、苦労しています。

### ☆親友の嫉妬

【相談8】　親友のグレンナは、時どき私と距離を置こうとします。おそらく私に嫉妬しているからではないかと思うのですが。私は最近かなりの成功（新しい仕事や新しい恋人）をいくつか収めて、逆に彼女はいくつかの失敗をしました。私は彼女が大好きなのですが、彼女が乗り越えてくれるまで待ちながら、今ある距離を無視していようか、それとも彼女と面と向かって正直に話し合おうかと迷っています。

【答　え】大切な友情なのに距離がずっと置かれ続けているのならば、それに取り組む方法を見つけるのは効果的でしょう。グレンナにあなたのほうが近づいてゆくことから始めても良いかもしれません。たとえば、もっとたくさん会ったり、一緒に過ごしたりするのはどうでしょう。もしかしたら、グレンナはあなたに新しい仕事と恋人ができたので、「あなたの方が」前より距離を必要としている、と思い込んでいるかもしれません。

もしこの方法が効果的でなかったら、二人のあいだの距離について率直に話し、グレンナに意見を求めるのもいいでしょう。「グレンナ、ここ数カ月間、私にあまり近づかないようにしているみたいね。それに一緒にいるときも、緊張が私たちのあいだにあるように感じるのだけれど。一体何が起こっているのか、あなたはどう思う？」というように。

彼女を非難しないようにしながら、あなたの気持ちを伝えましょう。たとえば、「グレンナ、秋以降、私たちのあいだには距離ができてしまったように感じるんだけど、その頃って私が新しい仕事を始めて、ボブと付き合うようになった頃よね。こういう大きな変化が起こるときに怖いのは、大好きな人たちが自分から離れていってしまうかもってことだわ。たぶん私のなかに成功への不安があって、それと本当は関係していることなのだろうけど。でもいずれにしても、こういうことについてあなたが本当はどう受けとめたり感じたりしているのか、私たちの友情にどう響くと考えているのかを知りたかったのよ」。

グレンナを分析しないように（「あなたは私に嫉妬していると思うの」）。その代わりにあなたの人生の変化について、肯定的なものも否定的なものも全部グレンナに伝えてみましょう。二人それぞれの大切な人生において、何を成功で何を失敗とみなすか、グレンナとあなたでは違う考え方をしていたということを発見することにさえなるかもしれません。

新しく得た仕事と恋人とのことで距離を必要としているのはあなたの方、友達はもしかするとそんなふうに考えているかもしれません。

### ☆女性の話し合いグループを始めるということ

【相談9】　数カ月前、私は近所の五人の女性とともに、自由に話し合うグループを始めました。週に一回午後、私の家で好きなことを話し合います。でも不幸にして、いくつかの問題点が出てきたのです。ほかのみんなが心を開いて欲しいと頼んでも自分をさらけ出してくれない女性がいます。またもう一人の女性は、グループのなかで自分一人だけがアフリカ系アメリカ人であるため、居心地悪く感じると不満をもらします。六人のメンバーのうち四人が個人的な問題について話し合おうと言っているのに、ほかの二人はもっと包括的な女性全体のことについて語り合いたがり、個人的なレベルの話を軽んじます。こんなグループなのですが、救いようがあるとお感じですか。

【答　え】　女性にとって個人的な経験を話し合えるような場に定期的に集まるのはとても大切なことです。そういうグループをあなたが率先して始めたことは賞賛に値するでしょう。現代フェミニズムは、意識高揚の（コンシャスネス・レイジング）グループとともに始まりましたが、そういったグループは、援助や学習や変容に向けての力強い源なのです。セラピーに比べ、女性グループは無料ですし、誰にでも始めることができます。

とはいえ、グループを作っていくのは簡単でありません。人間は一人ひとり違うからです。自分とよく似た女性と輪になってわいわい話すだけなら、たいていの人にとって居心地良いことかもしれませんが、それだけではチャレンジにはなりませんし、また本当にそんなグループが続くかといえば、それは不可能でさえあるでしょう。

もしグループの一人ひとりが互いの個性について耐えられたり、さらに良いことにそれを個性として認め合えたりしたら、グループはメンバー各人にとって大いなる成長の場となるでしょう。批難しようとせず、耳を傾け理解しようとしてください。

もっとも個人的な情報をあまり親しくない相手であっても話したり分かち合ったりすることに、居心地良く感じる人もいるでしょう。秘密主義で、容易に自分を見せたがらない人もいるでしょう。不当だ、間違っているなどと感じたことには、何でもそれに積極的に向き合い取り組むことに重きを置く家族もしくは民族の伝統で育ってきた人もいます。一方で、心と気持ちは忍耐や愛情や我慢によってこそ変わりうるもの、と教えられてきた人もいます。こういう違いは、正しいとか間違っているとか、良い悪いといった問題ではありません。

もしあなたのグループが成功するなら、時間をかけ、人びとが自分自身でいられる安全な場所になっていくべきでしょう。静かなグループメンバーがいることに対し、あなたは何が不満なのでしょうか。黙っていることについて尋ね、グループ内の何かが彼女が会話へ参加することを阻んでいないかどうかを確かめるのは、明らかに役に立つでしょう。しかし、彼女のスタイルを尊重し、グループをどう利用するかを自分で決められるという彼女の能力に尊敬をおくことは、同じくらいに重要なことです。

アフリカ系アメリカ人の女性が感じている居心地の悪さについてはどうでしょう？　ここでは、名ばかりの差別撤廃に問題があります。つまり、グループにおいて数的に稀な人達が感じるジレンマの問題です。マイノリティのメンバーがグループのなかに形ばかりしかいないとしたら、自然体で振舞うことが、意識してであってもしなくてであっても難しくなるでしょう。

そういう名ばかりの差別撤廃は、男性中心の仕事のグループに女性がほんの少ししかいなかったり、ほかの全員が白人女性であるグループに有色人種の女性がたった一人しかいなかったり、というところで見受けられます。研究によると、そういう名ばかりの差別撤廃行為による悪影響は、人びとの悪意を示すものというよりも、相対的な人数の差を反映するものであるとのこと。ですから、そのアフリカ系アメリカ人の女性にあなたが本当に関わる気があるのなら、少なくともあと二人の有色人種の女性に声をかけて参加を促して欲しいと、彼女に言いましょう。

人数にバランスが取れるようになれば、人種差別についての話題が持ちあがるということ、自分と同じ人種の人数が増えたとき、その人は前より正直になれるということが、お分かりになるはずです。しばらくのあいだ、グループの進行は不安定かもしれません。しかし、もしあなたがこの難しい道を進んでゆくのであれば、グループのメンバーはみな最終的にはそのグループのプロセスによって豊かになってゆけるでしょう。

グループをうまくやってゆくのにヒントになりそうなことを、いくつか提案します。

グループを開く場所を交代にしてはいかがですか。ホストをやりたい、またホストをできると言うメンバーがみな、自分の家で開けるように。もしこのままあなたの家だけで開き続けたら、ほかのメンバーはこのグループを「あなたのもの」と感じ始めるかもしれません。

みんなの意見が一致するような、基本的な決まり事を作りましょう。たとえば、私がある女性のグループに参加したとき、ちなみにそのグループはもう二十年ほど続いていますが、いくつかのルールがありました。グループは毎週水曜日午後八時三十分に始まり、十時三十分に終わるようにする。来られないときや遅くなりそうなときは、連絡を入れる。話し合った中身は秘密にする。自分にとって大切なことは何でも話し合える、といったものでした。

もちろん、みなで意見の一致をはかることは、それぞれの違いを考えると簡単ではありません。ですから一番良い進め方は、それぞれの女性が「私」をはっきりさせることでしょう（「私が、私の問題をグループに持ちこんで、みんなから反応を得たいと思っている」といったように）。メンバーが自分自身のために話すときにはじめて、個人の好みは立ちあらわれるようになりますし、歩み寄りと交渉にもとづいた、より良い決定をグループが行なえることを可能にします。

あなたが直面している課題は、集団の生活であれば常に存在するものです。他人を貶めることなしに、自分自身を高めることがどうしたらできるのでしょうか。違いを抑えつけるのでなく、むしろ違いを認め合うにはどうすればいいでしょうか。誰もが、家にいるときの正直な自分の一部を置き去りにしなくてすむ女性のグループ、ひいては世界をどうしたら作り出せるのでしょう？　どうしたら、他人を理解したいという願いを、理解されたいという願いと同じくらいの強さへと育ててゆけるでしょうか。

これらはおおいなる挑戦です。女性のグループは、こういった事柄に取り組み始めるのに、良い場所なのです。

セラピーに比べ、女性のグループは無料であり、また誰でも始めることができます。

### ☆彼女はああ言い、別の人はこう言い

【相談10】 私には、ジョーとブリタニーという二人の親友がいます。一年間、私たち三人は強い友情で結ばれていました。ところが最近、ジョーがブリタニーと話をしないようになりました。ブリタニーがジョーの秘密をばらしてしまった、というのが理由です。ブリタニーがやったのはたしかにひどいことです。でも私は、ブリタニーを失いたくありません。ジョーは私に、ブリタニーの友達でいるのをやめて欲しがっています。私はジョーに、ブリタニーを許してやって欲しいと願っています。今、ジョーと私は喧嘩中です。私にどんなアドバイスをしてくれますか。

【答　え】 二人とずっと友達でい続けるようにし、二人のあいだの争いに、割って入らないようにしましょう。ジョーにブリタニーを許すよう説得したり、二人の仲を元通りにしようと画策したりしないこと。そういったことはほとんど役に立ちません。

二人のあいだに立たないということは、あなたの考えを何も言わずに押し黙っているという意味で

はありません。もしもジョーに「ブリタニーが私にあんなひどいことをしたあとで、あなた、どうしてまだ彼女と友達でいられるのよ」と言われたら、正直にあなたの気持ちをジョーに伝えてください。たとえば、次のように。「ジョー、たしかにブリタニーがやったことっていただけないことだし、私はそう彼女に言ったわ。あなたが今すぐに彼女と仲良くするのはすごく辛いことだって、よく分かっているつもり。でも私、彼女のことを大好きだから、親友から疎遠になるなんて、私のやり方じゃないのよ。あなたにこのことを受け入れて欲しいな。だって、あなたのことも愛しているし、あなたとの友情を失いたくないもの」。

あなたが二人のことを気にかけているので、二人で時間をかけていまの問題を一緒に取り組んでいってほしい、そんなふうに願わずにはいられないということを、あなたはジョーに話せるでしょう。けれども、ジョーがゆくゆくのところ、ブリタニーを（そしてあなたを）許すか、あるいは許さないままかもしれないということ、これを理解しておきましょう。一番大切なことは、あなた自身の価値観を反映し、そして自分にとって確かだと感じられるようなやりかたで、あなたは二人とのそれぞれの友情関係を築いてゆくことです。

二人のあいだに立たないということは、あなたの考えを何も言わずに押し黙っているという意味ではありません。

## ☆友達は誉め言葉を受け取れません

【相談11】　ミアというとっても素晴らしい女性を知っているのですが、彼女は誉め言葉を受け取れません。誰かがミアに、「素晴らしい仕事をしたね」「極めつきの良い仕事だ」などと誉めても、「たいしたことないわ」と言うだけか、しかめ面をしたりさえします。誠実な賞賛であっても、なぜそれを煩わしいと感じる人がいるのでしょう？

【答　え】　たぶんミアは、そういった誉め言葉が大げさだと思うのでしょう。そうであれば、彼女は誉め言葉を受けることを居心地悪い、もしくは不正のように感じているのかもしれません。誉めるときに、もしも強調の言葉を省いた（たとえば、「ものすごく素晴らしい仕事」ではなく、「いい仕事」と言うなど）ならば、ミアもそういった賛辞をもっと気楽に、そして好意的に受け取れるかもしれません。自分の価値や意義について認められていない女性は多くいますし、仮に認めていたとしても、自分が他人を遙かに凌駕するようにはなりたくないと思っているかもしれません。このことが美徳か、あるいは弱点かということこそ、まさに論点でしょう。

一人だけ「特別である」ことに女性がどう反応するか、こういった反応は自分の生まれ育った家庭で、その女性がどんな経験をしたかによって形作られるものです。抜きん出てきらきらと輝く存在であることを良しとするかどうか、すべての家族や人種には、こういったことをめぐっての何世代にもわたる伝統があります。子どもたちに舞台の中心に立ったり、A評価を取ったり、決勝ホームランを打ったりすることをおおいに勧める家族もあります。一方で、子どもも大人も静かにそっと大騒ぎすることなく物事を成し遂げること、それが暗黙の了解となっている家族もあります。

生まれ育った家族で自分がとっていた役割から、賞賛を受け取るのができにくくなっていることもあります。もしも、家族のなかで蔑まされている誰かを踏み台にする形で、自分の「特別さ」が成り立って（たとえば、お父さんが幼いアニーを光り輝く星のように扱う一方で、妻を愚か者よばわりする、など）いたならば、特にそうなりうるでしょう。生まれ育った家族においてあまりに過剰に評価されていたりしたら、誉め言葉を素直に受け取り、客観的にそれを評価するのは難しくなるでしょう。そして、もし私たちが育った家族で過小評価されていたとしたら、また、自分の強さや才能がきちんと認められていなかったりしたら、やはり誉め言葉を信用できにくくなるはずです。

女性は特に、最大級の賛辞を受け取るのが苦手です。慎ましさは今もなお、良質な女性性の際立った特徴であると見なされています。知的に自由主義を信奉する女性であっても、拍手喝さいを受けたり賞賛を浴びたりした場合、ほかの人びとを自分は「傷つけて」いるといった罪悪感や、周りからの羨望をかわないかとの恐れを、無意識のうちにいだいたりするかもしれません。

もしミアがあなたの良き友達であるのなら、他人からの賛辞を彼女はどう受け取るのか、またそういった賛辞への彼女自身の反応はどんなものであるのかについて、自分に語って欲しいとミアに頼んでみるのもいいでしょう。お世辞と賛辞についての複雑な思いに免疫のある人などいません。ですから、このことについて話し合うのは興味深いでしょう。私たちは誉め言葉をあまりにまっとうに受け取りすぎ、自分の価値についてうぬぼれた気持ちをいだくかもしれません。あるいはあまりに謙遜しすぎ、謙遜がむしろ傲慢なひとつの形態になっていたりするかもしれません。

慎ましさは今もなお、良質な女性性の際だった特徴であると見なされています。

## ☆アドバイスすることの何が悪いのでしょう

【相談12】 なぜアドバイスすることが突然こんなに悪いことになってしまったのでしょうか。私はいつも悩んでいる友達にアドバイスを与えます。差し出したいと思う有益な考えが、自分に湧いてくるからなのですが。でもいま、私は共依存だと言われ、友達の悩みや問題を解決したり修繕したりすべきでない、と言われる始末です。この世が始まったときから、人びとはお互いの問題を解決し合ってきたはずです。「あなたは」アドバイスをしていますか。友達とは何のためにあるのでしょうか。

【答　え】　もちろん私はアドバイスをします。仕事ではそのことでお金を受け取ることもあるほどです。アドバイスの提供は、私の場合、仕事と同様に友情においても大切な役割を果たしています。アドバイスを与えたり受け取ったりすることに、「共依存」などということはありません。

けれども、アドバイスの提供は、次から次へときりなくアドバイスし続けるといったことにもなりかねません。そうなると、どこが助けに「ならない」のでしょうか。

アドバイスを求めていない人、あなたにただ話を聞いてもらったり、かたわらにいて欲しいと思ったりしている人に、アドバイスをするのは助けになりません。アドバイスを欲しいと口では言うものの、一貫してそのアドバイスに従うことはしない人にアドバイスを与えるのも、やはり価値は怪しいと言わざるをえません。

アドバイスをするときに熱弁を振るいながら、「あなたに何が一番良いか私は知っている」といった調子でしたところで、そのアドバイスが役に立つことは滅多にないでしょう。自分はただ意見を交わし合っているだけと認識しながらアドバイスを与えること（たとえば「私の経験から言うと、これは私にはこういうことだったわ」とか、「私はこんなふうに思うけれど……」など）は、いいことです。けれども、誰かに対し、自分のアドバイスに従わないという理由で怒りを感じたり欲求不満をいだいたりするのなら、それはアドバイスを与えるべきでないという、良き証拠なのです。

さらに、アドバイスを受けるよりもむしろ与えることにばかり居心地良く感じるようになると、アドバイスがその二人の関係のバランスを崩しかねません。仮に、他人を治すことが自分の聖なる使命と見なすようになったりしたら、自分自身の傷つきやすさを人に見せにくくなるでしょうし、お返しにこちらに与えてくれるものがある人として、他人を見ることもなくなってゆくでしょう。

友情や環境によっては、私たちのできる最善の手助けが、手助け「しない」ことであることもあります。アドバイスをあげようと躍起になるのは、ちょうど誰かを急いで元気づけようとするのと同様に、他人が問題を抱えたり苦悩したりしているのを身近で見ていられない、という自分自身の脆さによるものなのかもしれません。もし私たちが解決に向けてあまりに早く動き出したなら、その本人が自分自身の能力や内的な資源に触れてみることをさらに難しくさせてしまっているかもしれません。思いやり深い聴き手になり、熟達した問いかけ人になってゆくことを学ぶのは、他人がその人なりの解決を見出してゆくのを励ますことに向けて、長い道のりを歩ませてくれます。

あなたのスタイルについて友達がどう感じているか、たずねてみてはいかがですか。「私は何でも知っている」といった態度を取る、とあなたは思われていませんか。あるいは、あなたが良しとするやりかたで他人を行動させようとする人と見られていないでしょうか。友達の意見があなたと違う場合、あなたは友達の意見を尊重しないと思われていますか。あるいは、友達の意見を十分に聞かないと受け取られたりしていませんか。

友達と話し合うことで、問題がアドバイスを与えることそのものではなく、そのアドバイスの「やりかた」だったと気づくかもしれません。友達にアプローチすることであなたが失うものは何もありませんし、あなたのアドバイスの与え方について、どうぞ「友達からの」アドバイスを求めてみてください。

誰かに対し、自分のアドバイスに従わないという理由で怒りを感じたり欲求不満をいだいたりするのなら、それはアドバイスを与えるべきでないという、良き証拠なのです。

# 4 働く女性

私が娘時代を過ごしていた頃、女性にとって職業とは、夫に先立たれたとか夫に家を出て行かれた、もしくは夫をまったく見つけることができないといった、不運な女性が担うべき事柄でした。このゲームのルールは実に単純明瞭でした。つまり、男は何がしかの人になることを期待され、一方、女は何がしかの男を見つけることを期待されているというものだったのです。

とはいえ、私のユダヤ親族においては、教育を身に付けること、ならびに達成を獲得することは最高の価値として強調されてもいたのです。私の覚えている限りでも父は、「二人のわが娘、二人の未来の輝ける博士たち」について、聞いてくれる人さえいれば誰に向かってもよく語っていたものです。姉のスーザンと私は、ごく幼いうちからお互いに、普通の女の子が高校を卒業するのと同じように、自分たちは当然、博士号を取得するものと思い込んでいました。

この家族の価値が私を前進させるものであったことに感謝しています。なぜならその時代の文化的メッセージは決してそうではなかったからです。当時のメッセージは、「女性は男性を手に入れるくらいに賢くあれ、でも絶対に男性を凌駕することなく」といったものでした。大人になってからも、私には成功についての錯綜したメッセージが刷り込まれていました。特に、ニューヨークの著名な精神分析家から、君にはペニス羨望があるなどと診断されたときにはそうでした。その精神分析家は、私が知的分野で秀でたい、また競争に勝ちたいといった戦いをしているのは、不当にも切望している男性性器の欠落を埋めたいという、無意識的な試みを映し出しているのだと決め付けたのでした。当時の多くの専門家と同様に彼もまた、ある種の女性が自分の神経症的な葛藤について、家を出ることでしか解決できないことを遺憾なことと見なしていたのでした。

これは六〇年代後期の話です。多くの仲間うちではその頃、「キャリア・ウーマン」はもはや「男勝り」でも「風変わり」でもないと認識されてきていましたが、大志を抱く女性はそれでもなお、彼女の行為が男性を怯えさせたり、不快に感じさせたりするものではないかと疑いの目を向けられていました。なかでも、幼い子どものいる母親は最も手厳しい打撃を被り、その後十年にわたって、「母親よ、家にとどまれ！」というメッセージの集中砲火を浴びせられたのでした。

今日では、家庭外の仕事が多くの女性にとって個人的にも、また経済的にも必要であることは広く認識されています。それなりの自尊感情のある男性なら、どこかでわざわざ立ち上がり、自分が性差別主義者であると語るなどということは絶対にしませんし、また、男女を問わず同一労働に同一賃金が払われることに反対だと口にしたりもしないでしょう。経済的な差別や偏見的な態度はまだまだ私たちの周りにあるものの、「男性用の仕事」と「女性用の仕事」の厳密な差別は、確実にゆるやかなものになってきています。

しかし、家族からの期待やプレッシャーに葛藤をおぼえる場合、自分の大志や力の獲得を犠牲にすることを求められているのは、今もなお女性です。今日でさえ、幼い子どものいる女性の多くが、職業上のゴールを追及する資格や、あるいは職業上のゴールを考える資格さえ自分にはないと感じています。女性たちは今もなお、仕事と家庭の綱渡りやバランス取りのストレスについて、あたかもこれが自分の個人的な問題であるかのように、つまり、自分に新しいやりくりの技を身につけさせ、より賢明な態度を備えさせることで、独力で解決しなくてはならない問題であるかのように語っています。

もちろんこの問題は十分に現実的な問題であり、単に女性だけの問題ではありません。男性もまた、家族のために家にいる時間を増やすべく、仕事を変えたり犠牲を払ったりする必要もあります。そしてこういった解決は、個人の努力だけではなされません。組織の構造や方針が、人間のもっとも基本的な真実、つまり親たちには仕事のための、子どものための、また、自分自身やパートナー互いのための時間が必要であるという真実を映し出すようにと変わるべきだということなのです。

多くの女性が、自分の生活のなかで仕事が最も自分を力づけもし、成長をもたらしもしてくれると語っています。けれども仕事はいつもいつも首尾よく進むわけではありませんし、働く女性への差別や偏見が魔法のようにすべてなくなることもありえないでしょう。組織は家族と同様に、生まれ死んでゆくものであり、健康な組織、機能不全な組織などありとあらゆる組織があります。そして、普段は最も公明正大と思われる職場であっても、不安が嵩じて組織の存亡が危機に瀕したときなど、まるで狂気じみた家族のように機能し始めることもあります。

私たちもまた、自分で知らず知らずのうちに物事を余計に難しくさせてしまうようなこともあるでしょう。私も仕事を始めて最初の頃、タイミングを考慮せず何の機転も働かさないままに、職場である事柄を言い募ったりしたことがありますが、不正に抗議し自分の意見を主張するといったこの種の試みが、周りから理解を得るのではなく、非難や不賛成を引き出しただけだったこともありました。私にとって仕事はこれまでずっと、自分の起きている時間のかなりの率を占めるものでしたから、仕事がうまくいかないときは、私的な生活もどうも低調となってしまいがちでした。長年の経験（自分のした失敗に、この「経験」という名前をつけていますが）から、自分のために聡明に行動することを学んでこざるをえませんでした。

たとえば、職場では愛されることよりも尊敬されることの方がより重要です。気楽なときを過ごすことよりも、明瞭で率直であり、信条にしたがって物事に対処する方がもっと大切です。葛藤をすべて避けようという態度は職場では役に立ちませんし、一方、あまりに感情的というのも役に立ちません。問題や期待について分かりやすくコミュニケーションし、書き物やメモに記録をとどめ、重要なことに対しては冷静な態度を保ち、重要でないことにはこだわらない、こういったことが職場での大いなる課題でしょう。

最も重要なことは、仮に必要に迫られ、ある特定の仕事がなくなったとしても、私たちが生き抜いていけるということを知っておくことです。いつも可能ではないとしても、私たちは新しい選択肢を作り出すくらいの創造的な人間でもありうるのです。もしあなたが、仕事がなくなれば生きていけないと思い込んでいるのなら、それは、本当には自分の価値にもとづいた行動をとれていない、また自分の根源的な基準を明確にできていないということかもしれません。あるいは、それはそれとして、お気楽なときを過ごしてゆくことになるのかもしれませんが。

## ☆あなたはどれくらいの収入があるの？

【相談1】 女性が自分の収入についてほかの女性に語ること、これについていかがお考えですか。私は地方の大学で教鞭をとっていますが、女性の同僚たちは収入の額を私に話したがりません。その情報があれば、昇給についての交渉におおいに役に立つにもかかわらず、彼女たちはそれを話すのを拒否します。女たるもの、ほかの女性への力になることはどんどん行なうべきだと思うのに！　あなたはほかの女性に自分の収入について語りますか。あなたの場合、女同士の連帯についてどんなことがこれまで生じてきましたか。

【答　え】 たしかに女性が皆（男性もまた）、自分の給与について口々に語り合っていたら、その情報は個人的に私たちの力となるでしょうし、最終的には、もっと公平な世界を作り出すことにつながるかもしれません。事実にもとづいた昇給の交渉を女性もしやすくなり、不公平や差別を突きとめやすくもなるでしょう。誰がいくら支払われるべきかについて、上司は明白で客観的な基準を規定する必要に迫られることでしょう。男女間の給与格差に終止符を打つことに、いよいよ成功することさえ可能かもしれません。そして私たちは皆、「あまりに多くもらっている」ことや「あまりに少なくしかもらっていない」ことをどう感じているか、非常に興味深い会話を交わすことになるかもしれません。

給与は政府機関の公的記録の一部となっていますから、あなたが私立もしくは州立の大学に勤めているのなら、探している情報を入手できるはずです。けれども多くの人は、自分の給与は自分以外の他人には関係のないことと見なしています。お金は私たちの文化では非常に私的な事柄であり、一般にはセックスよりもあからさまには語れない、「人をひどくひきつらせるもの」となっています。同僚があなたと親しい関係でなければ（たとえ親しい関係であっても）、彼女の給与についての質問はプライバシーの侵害と受け取られるかもしれません。

もちろん、何が私的かということれまでの伝統のなかに、変革されるべきものもいくつかあります。女性が私的なことを公にせず、暮らしのなかで最も個人的とされることをずっと表に出さないままであったのなら、女性解放運動そのものも起こらなかったでしょうから。しかし個々の女性は、デリケートな情報の共有について自分が安全と感じられなければ、そういったことを嫌がるものです。自分の給与をあらわにすることを断るのは、社会が女性に教え込んでいることを単純に行なっているのかもしれませんし、多くの場合、上司が女性に期待していること、あるいは要求していることをしているのかもしれません。そして、自分の収入が果たしてどのくらい多いのか、あるいは少ないのかについてただ恥ずかしく思ったり、この事実に周りの人がどんな反応をするかを心配に思ったりしている女性もなかにいることと思います。

給与を明らかにすると結局はまずいことに使われるのでは、といった惧れを感じている女性もいるでしょう。ほかの人で、情報を慎重に扱わない人も出てくるかもしれません（「モーレツ頭に来たわ！　あなたが私にくれている給与より、スーザンたら数十万円も多く稼いでいるって言ったわよ！」）。職場によっては、給与について口にする女性はトラブルメーカーとレッテル貼りされたり、あるいは上司の怒りや非難を引き起こしたりといった危険を冒すことになるところもあります。

そういった危険を冒しても平気なくらい、経済的にも感情的にも安定している女性もいますが、皆が皆そうなのではありません。仕事上の不安定さは女性に、従順、順応、波風を立てないことを強いたり、また、ほかの女性との連帯を図ることを避けさせたりする圧力になりますが、仕事上の高い地位に女性がついているのはまだごく稀なことです。もちろん私たちがいつかは同額を獲得したいと望むのなら、そういった圧力に屈服すべきではないでしょう。けれども、あなたがほかの女性からの敬意や信頼をまだ得られていない状態で、ほかの女性は自分への力になるべきだと考えるのは愚かなことです。現実には、女性が仕事で生き残ってゆくことこそ、女同士の支え合いをすぐに掲げることよりも、もっと説得力のある励ましや刺激になるでしょう。

私が自分の収入をほかの女性に知らせるか、ですか。ええ、それを問うた相手とのあいだにつながりを持てていて、その情報を私の迷惑になるようには使わない人だと信頼できていたら、伝えるでしょう。それ以外の場合で、自分の収入について特定の詳細をあからさまにしたくない場合であっても、より高い収入や仕事に見合った収入を要求しようとしている女性に対して、私は何らかの方法で有益な情報を伝え、彼女たちを励ますことはできると思います。

私自身の希望ですが、女性が現に行なっていることの情報を共有するときには、皆でよりオープンになってゆけるように、また他人が私たちに開示してくれる情報を信頼する場合は、成熟した態度ならびに良き判断力を伴ってそうしてゆけるようにと思っています。お金を稼ぐことに関する最深部にある不安についても、私たちは熟慮する必要があるでしょう。男性と違って女性は、自分自身をあまりに低く見積もりがちであり、ごくわずかの報いを過剰に喜びやすく、もっと多くを要求したりしないという傾向があります。要求すべき根拠があるときでさえも、そうです。大金を稼ごうとするのがいけないことであるように感じることすらあるかもしれません。

何はともあれ、その同僚が何について語り何については語らないか、彼女自身が個人的な決定をするわけですが、その彼女の権利をあなたが尊重できないのであれば、女性同士の支え合いを強めることはあなたには無理ではないか、と思います。女性同士の支え合いとは、「何でも話して」と強いることではなく、互いの違いを尊重することを必要とするものです。同僚との間の気まずさをあなたが修復できるようなら、その同僚とは互いに支え合い、力を与え合う別の機会をまた持てるようになるでしょう。とはいえ、彼女の収入について、彼女以外のほかの人が口出しすべきでないのは常にそうですが。

あなたがほかの女性からの敬意や信頼をまだ得られていない状態で、ほかの女性は自分への力になるべきだと考えるのは愚かなことです。

## ☆女性が上司になること

【相談2】 私は最近、ほとんど完全に男性社会といえるある組織で、取締役の地位を任命されました。男性よりも権力のある地位に女性が就くということ、私が感じている莫大なストレスはこれに起因しています。女性が男性を管理する上司であるということにまつわる特別の問題に、光を当ててくださいませんか。これからおそらく出会うであろう性差別主義的な態度と、どう私は闘っていったらいいでしょうか。

【答　え】　上司になるというのは男性、女性を問わず、難しい挑戦といえます。でもまだ、女性の上司であることのほうが難しいのでしょう。人びとは、リーダーシップは有能さとスキルにもとづくものであり、性にもとづくものではないことを、頭では分かっています。けれども腹の底では、女性権力者への拒否感が深く巣食ってもいるのです。

権力のある女性への非合理的な反応は、次のように要約されるでしょう。もしその女性が母性的なタイプなら、なだめ役のお母ちゃんなどと呼ばれ、そうでないタイプなら冷淡な女などと呼ばれるかもしれません。確固としており決断力に富む女性ならば、男勝りとか攻撃的と称されるでしょう。一方、そういったいわゆる男性的な特質を表わさない場合には、彼女は弱く無能だと見なされるかもしれません。そしてこの種の錯綜したメッセージが原因で彼女がその仕事を辞めたとしたら、女に仕事はできないということの証拠として取り沙汰されるに違いありません。

男性が圧倒的に優勢な職場文化に身を置く女性として、あなたはごく稀な存在なわけです。職場で少数派であればあるほどストレスが高まるという調査結果がありますが。これはあなたがいま経験していることを支持するものです。どういったタイプの人であれ、ごく稀な存在であれば何らかの象徴のように扱われ、非常に顕著な一連の問題に曝されやすくなります。

たとえばどういったことでしょうか。「人を象徴扱いすること」についてローザベス・モス・カンターは先駆的な研究をしましたが、そこではこの種の象徴がその個人のこととしてではなく、その個人の持っている属性を代表するものとして扱われやすいこと（「女がこういった地位をどう扱えるものか、とくとお手並みを拝見しようじゃないか」など）を指摘しています。結果的にその象徴は、その集団のステレオタイプに順応するものにおさまるか、あるいはステレオタイプを壊すべく極端に逆のものになるかがおちだといいます。いずれにしてもそういったなかで、リラックスし自然に振る舞うのは困難でしょう。こういった象徴は、特別な人間として自分を見てもらうことの満足感や、これまで自分の集団メンバーには否定されていた地位を獲得したことの充足感を引き出してくれるかもしれません。しかし一般に多くの場合は、象徴化されるストレスの方が、満足感や充足感より大きいものです。

あなたはたった一人の女性として、性差別主義と戦う立場にいるわけでもなく、職場の男性社会に大きな変化をもたらすという立場にいるわけでもありません。ですから、あなたが自分の力だけで職場の意識向上を図ろうと、不可能を可能にするといった人間を気取ったりしないように。しかし組織における取締役として、女性を雇用し昇進させるといったことなら、あなたには何なりとできるのではありませんか。集団生活における性差別主義と戦うには、ほかの戦略より有効なのが、数のうえでのバランスづくりです。そしてこういったことに取り組む過程で、あなたの地域社会にいて、仲間意識や知恵、支援などを与えてくれる、ほかの専門職女性とつながりを築いていくこと、このことを特にお勧めしたいと思います。

腹の底では、女性の権力者への拒否感が深く巣食ってもいるのです。

## ☆上司があまりに非難がましいんです

【相談3】　私はある衣料店に勤めています。先週のこと、上司が私をオフィスに呼び、不当に私を非難しました。二人のお客が私について文句を言ったというのです。そのことについて自分の言い分を話そうとしたら、上司は私のことを厄介な人間だと責めました。すごく頭にきて、その上司の対人関係上の問題点をいくつか指摘しました。自分が正しいことはちゃんと分かっていますし、おとなしく分かった振りのごまかしをするつもりもありません。でもこの一件で上司とのあいだは最悪になってしまい、もう職場に行くのが嫌でたまりません。

【答　え】　非難について言えば、自分が非難を受けるよりも人を非難するほうが、たしかに喜ばしいことではあるでしょう。一連の非難を嬉しがって受け取る人などいませんし、特に受けた非難に同意できない場合、その非難への対応はむろん最も難しいことになるでしょう。人生と同様に、非難が常に公正というわけでもありませんし。

けれどもその非難が公正だろうとそうでなかろうと、私たちがコントロールでき、変化させられるものはただひとつ、自分自身の行動だけです。人は、非難に反応「しない」ことはできません。非難について何を言うか、あるいは言わないかということが、次に起こることに影響を与えます。

ことの真理はあなたの言う通りかもしれませんが、上司との関係がいっそう悪化したことは明らかです。ですから、ことの真理がどうであったかは、実はここでの本質的な問題ではないのです。上司とぶつかったことはどこがまずかったのでしょうか。上司を自分の思うように変えることはできません。ですから、あなたは次のことに集中して取り組むべきでしょう。上司との関係悪化という、らせん状的なつながりにおいて自分がとったこと、このことについて集中的に考えてみてください。

以下の「しないように」は、あなたが次回似たようなことに出会った場合、もっとスムーズに対処できるのに役立つ、と思われます。

- 非難されているとき、自分の弁解に走らないように。代わりに、相手に敬意を表しながら耳を傾け、質問をするようにしましょう。自分の立場について話し出す前に、相手の反応について思いを巡らすための時間を取りなさい。
- あなたを非難しようとしている人をその場で非難しないように。その人についての不平不満を口にするのは、別の機会を選ぶようにしましょう。
- 非難している人を責めたてたりこき下ろしたりすることなく、落ち着いて自分の立場について話せるようになるまでは、自分の立場を主張しないように。自分が緊張していると感じたときは、あの古い格言、「何かするんじゃない！　ただ、そこに立っていろ！」を思い出すように。炎が激しく燃え盛っているようなときは、「あなたの言っていることを考えるには、時間が少し必要です。また別の機会を作って、もっと話し合うようにしたらどうでしょうか」と、いつでも言うことができるはずです。

・あらゆることをその場に持ちこんだりしないこと。重要な事柄にだけ明確な足場を置き、それ以外のことにとらわれないようにしましょう。

上司の非難を受け入れたように見せかける「ごまかしをする」気持ちはないとのこと、私はこれについてあなたを尊敬するにはします。けれども、職場の人間関係とは、同等の立場で本物の感情を自発的に共有することを求めるような、親密な関係では「ない」のです。職場では上司に権力がありますし、自発的というよりも戦略的に行動することは不正直とはいえず、現実的なことでしょう。争いごとについて選択し、タイミングや機転といった事柄について熟慮することで、上司があなたの見解を考慮するというチャンスを、あなた自身の手で最大限に増やすことができます。

あなたが感情的な反応をしないようにし、事実に焦点をおくようにすればするほど、上司もまた、同様なことをする確率が高まります。そして、「お客様に何かまずいことがあったことを申し訳なく思います。次回はこういったことに、どうすればより良く自分が対応できるか考えるつもりです」など話すことは、決してあなたの尊厳を汚すものではありません。こういう場合の陳謝とは、徹底した罪の告白である必要はなく、いかなる小さなことであろうと、客とのそのまずいやりとりのうえで、あなたが期せずして何かの役割を担ったかもしれないということへの認識でありさえすれば良いのです。

職場では、自発的というよりも戦略的に行動することは不正直とはいえず、現実的なことです。

### ☆ボランティア活動は良いことでしょうか

【相談4】　先週のパーティで、私は病院と小学校でボランティア活動をしていることについて話しました。そうしたところ、仲の良い友人が、女性は仕事に対して報酬をきちんと受けるべきであり、あなたは自分が搾取されていることを容認してしまっていると批判しました。実際のところ、夫は私に充分な暮らしをさせてくれており、報酬つきの仕事をする必要も、また欲求も私にはありません。批判した友人が正しいのでしょうか、それとも私は、自分の怒りをただ正当化しているだけなのでしょうか。

【答　え】　もちろん、友人にはボランティア活動に対する自分の意見を持つ権利があり、一方、あなたには自分の怒りを感じる権利があります。しかし、あなたが自分の人生をどう過ごし、自分の時間をどう使うかについて、答えを持っているのは友人ではありません。本人にとって何が正しく、何がベストか、このことを本人以外の誰も本当には分からないということを、私たちは皆、肝に銘じるべきでしょう。こういったことを自分たちのためにきちんと整理しておくこと、これはかなり難しいことなのです。

この女性は仲の良い友人だというのですから、彼女の言葉で自分が批判されたと感じていることを彼女に知らせてみましょう。互いの違いや不一致を認める余地があってはじめて、親しい友情は存続できます。ですから、彼女を非難したり責めたりせずに、あなたの立場をただ率直に彼女に知らせるようにしてください。

では、報酬つきの仕事の代わりにボランティア活動ということについてはどうでしょうか。良い面から言うと、世話すること、他人のために何かすること、無料でサービスを提供することは、女性的なるものの遺産の最良部分を反映しています。現代社会は、私たち女性に自然に備わっているように見えるものを過小評価し、一方、支配的な文化における競争的、階層的、かつ利益志向的な価値を過大評価することを身につけてきたともいえますが、そのためにボランティア精神への正当な敬意を払いそこねてしまっている面があるかもしれません。

他方、悪い面はといえば、女性の無償労働もしくは不当に安い報酬の労働を踏み台として私たちの社会が築かれていること、その結果、女性が非常に苦しんできたことが挙げられます。そしてまた、伝統的な結婚形態では夫婦間で力が公平に配分されず、「金を稼ぐ男だけがルールを作る」という黄金律に従うことがあまりに多く生じてきたことも真実でしょう。結婚における不均衡は、物事を決める資格が自分にあるかなどの個人のセンスに対し、影響を及ぼすものです。そのことに本人は気がついていない場合であっても、です。

夫に経済的に依存している女性が夫に先立たれたり離婚したりしたあと、しばしば貧しくなるのは現実によくあることです。「そんなこと、私には起こりっこない」と考えるよりも、現代の離婚率の高さ、一度職を離れた主婦のための高度な訓練ならびに再就職プログラムの欠落、児童養育費の低さや回収のしにくさ、取るに足らない前配偶者からの扶養料といった厳しい現実、これらを熟慮した人生設計を立てるほうが賢明です。ボランティア活動は、こういった現実を熟慮することを引き延ばしたり、あるいは邪魔立てたりするものでしょうか。ご主人が充分な暮らしをさせてくれている今のうちに、もし状況が変わったら自分で生活費を稼ぐ方法を持っているかどうか、じっくりと考えることが大切です。

あなたのエネルギーや時間をどう費やすべきか、あなた以外の他人が決められないのは明らかです。お金の管理などすべて夫に一任という状態でいるのなら、あなたのボランティア精神はあなたを脆い立場に追いやることになるでしょう。一方でもし、あなたのボランティア精神が十分に考え練られた計画にかみ合うものであり、あなた自身の価値観・優先順位・信念などに一致するものならば、ボランティア活動は明らかにあなたの人生のなかでしっかりとした場を築いてゆくでしょう。また報酬のあるパートの仕事を、ボランティア活動が邪魔立てする必要もないはずです。

ご主人が十分な暮らしをさせてくれている今のうちに、状況が変わった場合、自分で生活費を稼げるような方法がありそうですか。



### ☆仕事に嫌気がさしています

【相談5】 去年、私は隣人であるベブの家を毎週水曜日に清掃する仕事を始めました。そうしたら彼女は、あれやこれやと理由をつけてキャンセルし始めたのです。私はいつもこの日はその掃除のために取っておきますし、月一回のキャンセルであっても、割に合わないのです。結局、勇気を奮って、キャンセルするならごくわずかのお金でもいいからいくらか支払ってほしいと彼女に主張しました。ベブは「嫌よ」と、仕事をしてもらわないときに払うつもりはないと言うのです。今、私たちは二人とも腹を立てています。誰が悪いのでしょうか。私はこの状況をどう改善できるでしょうか。

【答　え】 あなたの経験は私たち誰もに、忘れてはいけないことへの重要な注意を与えてくれます。つまり、私たちが歯医者であれ、室内装飾者もしくは清掃業者であれ、いずれの職業人であっても、私たちとお客がともに受け入れ、それでやっていけるような明瞭な方針を「前もって」打ち立てるべきだということです。もしサービスの契約について再交渉するべく、ガイドラインをもう一回設定し直したい場合は、お客とその選択肢について話し合う必要があります。

ベブとの状況がもっと穏やかなものになるように心がけてください。あなた方お二人は、とりわけお隣同士に暮らしているわけですから。彼女と穏やかに話すのが無理なほど自分が怒っていると思うのなら、まずは彼女にカードを送り、二人のあいだの緊張に自分も関係していることを認めていると伝えてみましょう。それから非難や責めたてをしないで、敬意を払いながらベブに近づいてみましょう。たとえばあなたは、開始のときにキャンセルについての方針をきちんと立てていなかったことを詫びつつ、今後も家の掃除の仕事を続けるならば、今それをしなおす必要があるということを伝えるのがよいでしょう。ベブが落ち着いて座り、あなたとそのことについて話したいと思っているかどうか、彼女に聞いてみましょう。

彼女に会う「前に」、あなたが何に対してなら居心地良く感じられるか、そのことをはっきりさせる時間を、気が済むまで取ってください。たとえば、ベブが前もって少なくとも四十八時間前にキャンセルするなら、ペナルティなしでいいですか。それとも七十二時間前ならいいですか。仮に七十二時間では彼女に負担が大きすぎ、一方、四十八時間では自分にとって不十分と思うのなら、そのあいだで妥協線を出したいと思いますか。ベブが同意した時間内にキャンセルしない場合は、全額を支払ってほしいと願いますか。それとも、たとえば普段の支払いの半額といった均一のキャンセル料を設定しますか。もしベブがキャンセル料はまったく払うことなくいつでもキャンセルできる権利に固執した場合、あなたは彼女のために働くのはやめたいと思うでしょうか。

こういった詳細について自分の寄って立つところが不確かに思えるならば、家の清掃の仕事をしているほかの女性と話し、キャンセルの問題にどう対処しているかを彼女たちから習うことをお勧めします。ベブとやりとりするうえで柔軟なのは良いことですが、曖昧な要求（「たった小銭程度でいいのよ」といったような）を出さないように、そして自分があとで苦々しく恨みがましく感じるようなことには、何であっても同意しないように。もしあなたとベブが新たな同意に辿り着けたら、今後の誤解を避けるために詳細を紙に記し、そのコピーをベブに渡しておくようにするといいでしょう。

互いに満足できる契約に至らないとしても、あなた自身もしくはベブのどちらかが間違っていると見なさないようにしてください。あなたが何を正当と思うか、どういった雇用条件ならあなたは従うことも、また実行することもできるか、あなたにはそれを決める権利はありますが、しかし、それは雇用者も同じであり、ベブにも同様の権利があるのですから。

どういう分野の仕事であろうとも、私たちとお客がともに受け入れられるような、明瞭な方針を「前もって」立てておきましょう。

## ☆私は同僚に惹かれています

【相談6】 職場で、ある男性同僚と私のあいだで性的なエネルギーのレベルがどんどん高まっているのを感じています。私たちは二人とも既婚者ですし、私は浮気を良いとは思っていません。けれども彼は私を性的に魅了してきており、彼のことで頭が一杯になりそうなのが怖いのです。彼もまたそう感じているのかと直接たずねてみるのは役に立つでしょうか。それって有効でしょうか。

【答　え】 何に有効ですって？　あなたが実際に達成したいと望んでいることは何か、まずこれについて自分ではっきりさせてください。正直になりましょう。あなたの側が、あなた方二人のあいだの性的エネルギーを活発にしておきたいのでしょうか。これについては、彼もまたあなたのような気持ちを共有しているかどうか、彼にたずねればおそらくはっきりさせられるでしょう。けれど、もしあなたがこの緊張を本当に軽くしたいと望んでいるならば、あなたが彼に惹かれているというこのことについて、その同僚の彼とではなく、「ご主人と」話し合うほうが賢明に思います。

その同僚から感情的にもう少し離れてみるとか、自分たちが既婚であることを（二人ともに）思い出させる工夫として、会話に夫のことを何気なく盛り込むなどすることで、同僚との状況を変えることもできるでしょう。あなたは彼の気持ちや期待がどんなものか知らないかもしれませんが、浮気におけるあなた自身の共謀については、自分でコントロールできるはずですから。

配偶者以外の異性に性的に惹かれることは日常生活では正常なことですし、特に職場ではそういうことが生じやすいでしょう。なかには、気軽にこういったことを受けとめ、問題を起こすことなくちょっとした付き合いを楽しめる人もいます。一方、あなたのように、異性に惹かれることは大ごとだととらえる人もいますが、あなたがそのことを自覚しているのはとにかく良いことです。いずれにしても、あなたが冷静になろうと決断したならば、今の状況はエロティックなままではなくなるでしょう。どうぞそのことに安心してください。

### ☆女性は絶え間ない愚痴のこぼし屋でしょうか

【相談7】　多くの女性が経済的にかなり豊かになってきているのに、ことお金に関しては、女性は絶え間なく愚痴をこぼしている、と姉は言います。あなたはこのことについてどう思いますか。

【答　え】　人口調査連邦局によると、アメリカで、女性は貧困な全成人の三分の二を占めており、先進諸国のなかでジェンダー（性役割）にもとづいた、最悪の賃金較差に直面しているとのことです。フルタイムで働く女性の八〇％以上が、一年につき二百五十万円以下の収入しかありません。レーガン大統領の最初の任期でなされた予算削減により、女性が家計の担い手であるおよそ二万の家族が、貧困レベル以下に追いやられたそうです。
世界的に見ると、世界中の労働の六五〜七五％を女性が受け持っており、世界の食物の四五％を女性が生産しています。しかし、女性が受け取るのは世界の収入のたった一〇％のみで、世界の資産の一％しか所有していないのです。これは、愚痴をこぼす価値のあることと考えます。

フルタイムで働く女性の八〇％以上が、一年につき二百五十万円以下の収入しかありません。

### ☆部下には困った態度があります

【相談8】郡の病院で、私はケヴィンという、聡明で才能溢れる男性を監督指導しています。彼は頑固な自我の持ち主で、規則に従おうとしません。仕事に遅れて来ては早々と帰ったりしますが、こういった行動は、自分は従業規則の「上をいっている」という彼の気持ちを反映したもののようです。彼の困った態度についてあまりに何度も彼に向かって話してきたので、まるで自分が彼のセラピストであるかのように感じるほどです。どうやったらケヴィンの気持ちを理解でき、また彼に分かってもらうことができるでしょうか。

【答　え】　あなたが自分をセラピストのように感じるのだとしたら、あなたは正当な道を踏み外していま す。従業員やスタッフを監督指導し、あるいは評価する際は、「方針と手続き」から離れないこと。人びとについて分析し診断するのは役に立ちません。その人がそのことに関して、あなたに正当な報酬を支払うのでない限りは、です。

「あなたはここでの規則を超越した人間だと自分のことを見なしているんですね」といったコメントはしないこと。代わりに、「従業員が朝八時半までには出社し、午後五時に帰るということ、これは会社の方針です。先月あなたには遅く来た日、もしくは早く帰った日が合わせて十二日ありましたね。あなたは聡明で才能溢れる人物で、私たちはあなたの仕事を高く評価しています。あなたを失うことは避けたいと望んでいます。けれども、時間どおりに仕事に来て、同じく時間どおりに帰るのに足るほどこの仕事が自分にとって重要かどうか、あなたはこのことを決定する必要がありますね」と言ってごらんなさい。

ケヴィンの気持ちを理解しようとすることはあきらめなさい。代わりに、明瞭な行動の計画を立ててください。彼に見習い期間を与えたいですか。そうなら、どのくらいの期間でしょうか。彼の貢献に価値を置きつつ、一方で規則や結果を明確に打ち出すべく、これらをともに行なうような尊敬に満ちた態度で、ケヴィンと方針についてじっくりと話し合ってください。多くの女性上司は部下の世話をしないように見られることに神経質ですが、何が受け入れられ何が受け入れられないかについて最低線の見解を明確にしないことは、ケヴィンにとって何ら良いことにはなりません。

あなたの部下を分析し、診断するのはやめなさい。
代わりに、規則と結果を明確にしてください。

## ☆批判されると無力になってしまいます

【相談9】 私はこれまで常に作家になりたかったし、毎日、詩や短いお話を書く時間を確保してきました。現在、友達が私の作品を見たいと言ってきているのですが、見せるのが怖いんです。自分を表現するといった試みに対して友達が否定的な反応をしたら、自分が無力になってしまうと分かるからです。問題は、作品を出版したいのに拒絶されるのがひどく嫌だということです。書くことにまつわるあなたの体験を紹介してくれませんか。誰もが書くことを学んで身に付けていけるものでしょうか。私は自分の恐れをどうやって克服できますか。

【答 え】 作品を今誰かに見せたら、自分があまりに非難を受けやすいだろうと思うのなら、見せないようにしましょう。来月か、あるいは来年など、いずれにしてももっと将来になれば、他人からの反応を聞く準備が自分にできているように感じるかもしれません。創作活動のある時点では、自分の作品を内密にしておく必要があるようです。というのは、他者からの否定的反応は私たちを落胆させるものですし、活動停止にさせるかもしれません。あなたの作品をいつ、誰に見せるかについては、どうぞご自分の直感を信じてください。

そして作品を誰かに見せる準備が整ってきたときには、批評家たちを選ぶのに心遣いをし、書くことについて見識のある人達かどうかをしっかりと確かめてください。特に自分が傷つきやすいと感じるなら、読み手にそのことを知らせておき、最も役に立ちそうなことを事前に伝えておくといいでしょう。自分の欲求を明瞭にしてください。私ならときには友達に次のように語るだろうと思います。「この作品については私、とっても不安なの。あなたから欲しい反応は、機転のきく寛大で励ましに満ちた反応だけなのよ」と。別の場合には、友達にできるかぎり批判的で切れ味鋭くあってほしいと頼むかもしれません。

誰だって拒絶されることを歓迎しません。挑戦とは、拒絶されてもそれであなたがやめてしまわないことにあります。私の最初の著作『怒りのダンス』は、数年に渡り、数え切れない出版社からつき返されました。無数の拒絶によってくじけそうになりました。当時、私が受け取った拒絶といったら、家の一番大きい部屋の壁紙に匹敵するくらいだったのですから。私は感情的に強靭というわけではありませんでしたが、とにかく書き続けました。自分で納得のいく批判については内容に盛り込むようにし、二人以上の読者が似た反応をするときにはそれに耳を傾けるようにしました。そしてそれ以外のコメントは聞き流すようにしたのです。

誰もが書けるようになるか、ですか。書くという作業は自己表現であり、自己発見の行為です。日常会話と同様に、書くことも優れた才能の持ち主の特権というよりも、人間のコミュニケーションの基本的な形態です。私の知る限り、書くための遺伝子も出版するための遺伝子もありません。他人よりも生まれつきの才能が多い人や、幸運に恵まれている人はいるでしょうが、これはあらゆる分野において言えることでしょう。出版できる人がきらめくオーラの持ち主というわけではなく、普通の人たちでしかありません。

しかし出版されるということは、あまたある書く理由のなかで、たった一つのものでしかないのです。出版重視の私たちの社会では、書く「過程」にはそれ自体の報いがあること、特に、書くこと自体に情熱を注げるならその報いが大きいことを忘れがちかもしれません。また、出版がその作品の価値をはかる客観的指標というわけでもありません。人生のほかのことと同様に、出版業界でも常に正義が勝つわけではないのですから。

あなたに準備が出来たら、作品を誰かに見せることをお勧めします。批評を受け取ることは私たちが学んでいくことそのものなのですから。書き手たちのグループに参加したり、あるいはそういったグループを始めたり、といったことを考えたことはありますか。多くの女性や男性がいろいろなところで書いており、自分たちの希望、恐れ、欲望、大望、体験、そしてもちろん、作品を分かち合う機会を持ちたいと望んでいるはずです。

誰だって拒絶されることを歓迎しません。その挑戦とは、拒絶されてもそれであなたがやめてしまわないことです。

### ☆私は専業主婦で、そのことに誇りをもっています

【相談10】　私は専業主婦ですが、三人の娘にも同じ道を歩んでほしいと願っています。専業主婦というこの重要な役割をこきおろすような女性解放運動に、腹が立っていると言わざるをえません。専業主婦の役割について、フェミニストのお一人として先生はいかがお考えですか。

【答　え】　圧倒的に女性が占めている仕事のほとんど多くが無報酬であり、過小評価されているものばかりです。主婦もまた例外でなく、充分に評価されず、経済的に保護されていない働く女性の最大の構成員は、主婦なのです。

大局的に言うと、家事に関する女性の無報酬労働を経済的な価値ではかれば、世界の年間経済産出に対し、おおよそその三分の一もしくは五二〇兆円を付け加えることになるでしょう。しかし主婦は、社会保険、失業、身体障害者手当ての資格がありません。主婦の労働は国民総生産から除外されており、生産的労働と見なされていません。主婦はしばしば長時間働いているにもかかわらず、「仕

事を持っていない」と称されます。しかしこの不幸な状態は父権社会を反映しているものであり、フェミニズムを反映しているものではありません。

「お母さん」と「キャリアウーマン」とを互いに戦わせているのは、フェミニズムではなくむしろ主流派のメディアであり、すべての女性の尊厳と経済的保護を確実なものにするよう女性がともに手を組むことを阻んでもいます。問題の本質は、専業主婦が、たとえばエンジニアならエンジニアより価値があるかないかということではありませんし、これまでもそういったことが本質だったことはありません。真の問題は、主婦という役割が多くの女性を深刻に経済的に傷つきやすい立場に置くことになる点です。この傷つきやすさは、高い離婚率、当てにならない前配偶者からの扶養料、低額の、もしくは回収しにくい児童養育費、退職した女性向けの高度なトレーニングや職場への再入プログラムの欠如によって、いっそう拍車をかけられています。

母親であることには、これまでずっとロマンティックな理想化のオーラがかけられてきましたが、一方で、母親たちが真に価値を認められることもありませんでした（あるフェミニストが言ったように、「台座は監獄のように小さくて、歩き回るには小さな空間すぎる」のです）。価値を認められるのは素晴らしいことであり、私たちの幸福と自尊感情の基本です。しかし価値を認められるというのは、おセンチできれいごとの賛辞という、実体のない報いを受け取ることとは違います。家事が真に価値を認められるのなら、母親や子どもたちは「経済的に」保護されるべきでしょうし、男性たちが同等のパートナーとして家事に参入してきてもいいはずです。私はそんな日を楽しみに待っているのですが。

家事が真に価値を認められるのなら、男性たちが同等のパートナーとして家事に参入してくるはずです。

## ☆昇進の不安

【相談11】 六週間前に私は職場で昇進し、責任や機会も増え、また大幅に昇給もしました。それ以来私は、ずっといらいらしていて、不安に圧倒される思いで目覚める日々です。夫と絶え間なく喧嘩していますし、主婦である母とも争ってばかりいます。私はこの昇進を心の底から求めていましたし、やっとそれを勝ち得たというのに、昇進してからというもの、どうしてこんなにやりきれない時間ばかり過ごしているのか、理解できないのです。

【答　え】 本人が追求したものであっても、変化は常にストレスに満ちたものです。特に女性は成功に伴って、厳しい経験をしやすくもなります。男性は、「地位が上昇する」ことは自尊感情を高め、他人との関係も深めるものと教えられますが、男性と違って女性の場合は、これと逆のことを教えられやすいのです。多くの女性は無意識のうちに、成功は、現在所有し、かつ自分が価値を置いているものの喪失、たとえば賞賛、魅力、そして重要な対人関係などの損失と同じであると感じています。

心理療法で私が会っていたある若い女性は、執筆中の博士論文の難所を切りぬけたと感じたまさにその日、自分が心臓発作を起こしたと考えました。「ええ、博士号を取得しようとしたことへの、いわば刑罰のようなものですよ」、彼女は自分にこう言ったのです。私自身も専門の仕事を始めた頃、専門的な発表のために地元を離れないといけない場合は、乗っている飛行機が地面にまっさかさまに墜落するのではと信じ込んでいたようなときがあります。けれどもとにかく飛行機は飛び、徐々に私の恐れも軽くなってゆきました。

女性は成功について社会から、そして身近にいる大切な人びとから、数限りない複雑なメッセージを受け取ります。夫は、はじめは妻を純粋に励ますかもしれませんが、仮に妻の方が夫より多くのお金を稼ぎ出すようになったり、夫より高い地位を得たりするようになると、強硬な反応をし始めるかもしれません。母親のなかには、「成功してね！」と娘に語るものの、実際の娘の成功は無視したり過小評価したりする人もいるかもしれません。というのは、母親自身は成功を求めること、もしくは成功への願望を自分がいだいていることに気づくことさえ許されてこなかったからなのです。あるいは、自分の大望を認識することから閉ざされていた父親の場合は、娘の達成にあまりにも焦点づけし過ぎて、成功を情緒的に負荷の高いものにしてしまう、などということもあるかもしれません。

成功へのあなた自身の複雑な反応についてより理解を深めるために、あなたの家族において仕事や達成ということの遺産がどんなものだったか、このことについてあなたがもっと学ぶようにお勧めします。自分の家族の前の世代の女性たちが体験した過酷な運命や、実現されなかった切望について、成人した娘というものは深いところでの影響を被っていっています。そして、過去の女性の伝統から自分を切り離すような特権を得たり、チャレンジを試みていったりすることは、決して容易でもなければ葛藤なしにできることでもないのです。母親やほかの女性の親族と会話をするときがあれば、次のようなことをたずねてみましょう。たとえば、もしあなたが一度も結婚せずに人生の早いうちから何らかのキャリアを積むことを始めていたとしたら、あなたは何をしたと思いますか。それについて自分が成功していたと考えますか。行く道を阻むものがあるとすれば、それは何だったろうと思いますか。あなた（もしくはほかの家族メンバー）は特別な才能や大望を持っていたでしょうか。

また、父親が健在ならば、あなたの今のジレンマを彼に伝え、父親の仕事の体験についてたずねてごらんなさい。自分の昇進（あるいは昇進がなかったこと）に対して、父親はどんなふうに反応したのでしょうか。父親は、自分の成功や失敗についてどのように見ているでしょうか。達成することや成功することについて、父親があなたに与えてくれたメッセージとはどんなものでしたか。父親があなたの今の年齢だった頃、仕事の状況はどのような具合だったでしょうか。

ご主人にも同じように話してみてください。彼の家族のなかでは、あなたのように職業上、成功した女性と結婚した男性がいたでしょうか。そういった結婚はどんなものだったのでしょう？　男性ならびに女性の適切な役割について、ご主人が両親の結婚から見て学んだものは何だったでしょうか。

家族についての事実をあなたが収集できればできるほど、あなたは自分の悪戦苦闘について理解するための、より広い脈絡を持てるようになり、また、あなたの感じる不安が減少することにもなるでしょう。そして、他者とオープンに話すことは、あなたが自分の昇進の一長一短について今まで以上に客観的に熟慮すること、あなたの人生における成功を真に形作るものは何か、これについて明らかにすることへの手助けになるでしょう。

夫は妻をはじめは純粋に励ますかもしれませんが、仮に妻の方が夫より多くのお金を稼ぎ出すようになると、強硬な反応を取るようになるかもしれません。

# 5　家庭、この不思議なところ

何はさておき、私たちは皆、誰かの娘もしくは息子です。両親との関係、生まれ育った家族のメンバーとの関係は、自分の人生に最も深い影響を与え、決して単純なものではありえません。家族のつながりは、たとえ穏やかに見えるときでも、激しく感情的なものになりやすいものです。

家族とは公明正大なものではなく、また、自分が生まれたり養子にもらわれたりする家族を選べるわけではありません。その昔、「家族」という言葉は、養育と無条件の愛情とに満ちた安息所を想起させました（いささか理想的ですが）。今日、多くの人にとって家族とは、そこから「回復を」してくるべきところとなってもいます。心地良さ、安心感、自分がそこに所属しているという実感を得るために、何があってもいつでも戻ってゆける場所として家族をとらえているような幸せな人もいます。しかしなかには、家族の生活の細部に至るまでねじれてしまっているような人もいます。バーバラ・エーレンライヒが言うように、「家庭とはあまりにしばしば、小さく弱々しい恐怖が横たわっており、恐怖によって目を閉じずにはいられないところになっている」のです。

家族は宙に浮いて存在しているものではありません。多様な方法で家族に影響を及ぼすような、ある特定の文化的脈絡のなかに組み込まれています。社会的、経済的な不平等は、家庭生活の一番深い内部を形作り、たとえば、祖先が奴隷だったというように痛みを伴う歴史的な事柄が何代にもわたって威力を持ちえます。ある世代で解決されなかった問題は次の世代でもまた表に現れますし、いわゆる真実の自己を明らかにしてくれるような、完璧な情緒的風土をもたらしてくれる「理想の」家族などは、どこにもありません。

宇宙が私たちに分配してくれたこのむずかしい家族と、どのように自分が付き合ってゆくか、これを決めるのは、大人としての自分自身の責任となります。厳しい道を歩み、家族メンバーとともに「自分が何者であるか」に向かって真摯に取り組むこともできます。それも家族に対し、自分と同じ見方で物事を見るように変えさせようとしたり、説得したりせずに、です。家族間で違いが生まれたときに、防衛的になったり攻撃的になったりするのでなく、家族の歴史について明瞭な質問をしたり、落ち着いた態度を取ったりすることを身につけてゆくこともできるでしょう。あるいは逆に、楽な道を選び、気ままな自動操縦に身を任せ、疎遠と非難とのあいだを振り子のように行ったり来たりしながら生きることもできるのです。

家族関係において何か緊張が高まったなら、典型的には次のようなことが起こりがちです。まず私たちは、家族の何がまずいのか、今と違ってどう考え、どう感じ、どう行動すべきかを言いたてることによって、家族メンバーと対立しがちになります。不安に振り回されるがゆえの対立を、自分の側のより高い美徳から生まれた行動と勘違いしたりもします。そしてほかの家族を、防御的になっているとか自分の言っていることを聞かないなどと非難します。また、神や自分の側にいるセラピストなどといっしょになって、自分の母親（もしくは父親、姉、チャーリー叔父さんなど）は変わることができないのだ、したがってもう放っておくしかないと見切りをつけるのが得策だと結論づけます。自分がどのように行動を変えてみるか、あるいはどうしたらむずかしい問題にもう少しタイミングをはかって機転をきかせて対応したり、物事を異なった角度から見たりできるかといったことより、相手を非難し、放り投げるほうが何倍も楽なのです。

もちろん、相手と疎遠になることは、つかのまの安息をもたらしてくれます。密接な関わりでかき乱されていた強烈な感情から、解放されるわけですから。また、人生のある時点では、距離を求めることが本質的であり、生き長らえるための方途でさえあるときもあるでしょう。しかしもし唯一の選択肢が、「永遠に離れていること」であったならば、長期間にわたる損失が生まれてしまいます。出生家族について未解決だったりきちんと取り扱われてこなかったりした事柄はすべてこっそりと潜行し、いずれほかのどこかへ飛び火するでしょう。特に、自分自身が新しい家庭を持ったときにそういった飛び火は起こりやすいでしょう。人間は、他の育ちゆくものと同様に、自分の根から切断されている場合、結局のところはうまく持ちこたえることができないようです。

家族関係に取り組むことは変化するための王道です。ほかの家族全員を「好きに」ならなければばいけないわけではありませんし、準備ができる前にもう一度彼らとつながらなくてはいけないわけでもありません。しかし、自分の家族がどういう人びとなのか、家族を形作っている力は何なのかについてもっと学ぶことができたなら、いっそうの成熟とバランスでもって家族関係を進めてゆくことを始められるでしょう。それによって、恋愛や仕事においても、どんな関係においても役に立つ、もっとたしかな情緒的な土台を身に付けることができるでしょう。たとえ、今自分にできることが、母親の大伯母に当たるサリーに郵便を送ることであったり、あるいは家系図のなかで比較的「気楽な」親戚の誰かをちょっと訪れることぐらいであったりしても、それでもそういったことは、より確かな家族のつながりを時間をかけて築くことに向けての助けとなります。

私たちの社会では、生まれ育った家庭から「自立」することが大切なこととして重きを置かれています。しかし、自立とは何を意味するのでしょう？　自分自身を保ったまま他の家族とつながりを持つことができること、これが自立です。異なった見方をする家族メンバーを変えたり説得したりこらしめたりすることなく、感情的に重要な話題についてはっきりとした態度を持てることが自立でしょう。物事が紛糾しそうな場合に、「私」と「私たち」のどちらも保ち、片方をなくしたりしないという課題は、人間のあらゆる挑戦のなかで最も大きな課題でしょう。

自分の親や兄弟についてもう少しだけ穏やかに、また客観的に見ることができたなら、そして、自分の身動きをとれなくさせている家族関係を悪循環させている家族パターンは何か、そこにおける自分の役割は何かについて観察することができたなら、私たちのほかの人間関係も、心地良いものとなってゆくでしょう。

## ☆家族内の自殺に対処すること

【相談1】　二年前、弟のデイヴィッドが二十二歳の誕生日に自殺をしました。母は、今でも罪の意識と自責の念に駆られています。正直に言って、母が彼の死について自分に責任があると感じるのには、それなりの理由があります。母はいつでも弟のことを非難しており、ここ数年はまったく関係を絶っていたからです。弟の自殺を引き起こしたのは、母だったのでしょうか。

【答　え】　自殺とは、何年も、何十年も、ともすると何代にも及んで家族に感情的なショックを与える、とてつもなく衝撃的な出来事です。家族メンバーの誰もが、このトラウマ的な喪失に対応するための助けが必要です。それは、あなたのお母さんだけのことではありません。

母親はしばしば、子どもの死によって最も痛手を負う存在ですし、あなたの家族も例外ではありません。お母さんは子育てにおいて、世の中のすべての両親と同じように、罪を正当に感じざるをえない、そんな間違いを犯したことがあるかもしれません。けれど、デイヴィッドの死の責任はお母さんにはありません。彼の自殺に対して誰か一人が最終的な責任を担うのだとすれば、その人物とはほかでもなく、デイヴィッド自身なのです。

無数の子どもたちが、口では言えないようなひどい暴力や拒絶を家庭内で経験しつつ成長していますが、それでも彼らの多くは、自殺でもってそれらに対応するわけではありません。そのうえ自殺は、ほかの機能不全の行動や自暴自棄の行動と同様に、どんなに愛に満ちた家庭であっても起こり得るものなのですから。

自殺の原因として数多くの理論が唱えられていますが、その特定の人物を自殺に走らせた複雑で多様な要因については、私たちはほとんど知りえません。誰か一人の家族メンバーだけが自殺の「原因」となるわけではありませんし、また、特定の家族関係に絞って考えてみたところで、原因を本当には理解できるものでもないということ、私たちはこのことをよく分かっています。それと同じように、「死のう」とすでに決めている誰かを生かしておくことも、ある家族メンバーならできるかというとやはり難しいことでしょう。

自殺や何らかの悲劇、あるいは思いがけないときに生じた喪失の直後などでは、家族メンバーがこれは一体誰の責任かと問い詰めてしまうことはよくあります。面と向かってあからさまに非難することもあれば、こっそりと間接的に非難することもあります。自殺の原因についての想像はとりとめもなく広がるものです。なぜなら、愛する者の死と向き合わねばならない残された人たちが、すべての事実を集めたり完璧な全体像を再構築したりすることなど絶対にできないからです。家族システムに詳しい家族療法家に相談するのも良いかもしれません。デイヴィッドの自殺に対して前より客観的な視点を持てるよう、また、この困難な時期に支えを得られるよう、専門家からの助力を得たら良いと私は思うのですが、その過程はきっと、家族が互いに疎遠になったり、非難し合ったりすることを減らしてくれるはずです。

遺族の友の会や全米自殺研究会などのグループに連絡をとってみるようにと、あなたの地域の精神保健機関が勧めてくれるかもしれません。そういったグループは貴重な情報や支援を提供してくれます。遺族の友の会とは、もともとは子どもに先立たれた親のために設立された組織ですが、今では兄弟姉妹やそのほかの家族までも所属するようになっています。あなたのお母さんもまた、助けを自分で探し求めておられるかもしれません。アメリカでは、一年間におよそ五万人の人が自殺をします。つまり、深い罪悪感と悲しみを感じている人は、あなたのお母さんだけではないのです。

> 誰か一人にだけ弟さんの死に責任があるとするなら、その誰かとは弟さん本人です。

### ☆お父さんを結婚式に呼ぶべきではないのでしょうか

【相談2】　私は結婚の計画を立てているのですが、両親のうちどちらを式に呼ぶか決めなければいけない事態に陥っています。両親は七年前に離婚したのですが、母は今でもまだ父と同じ場所にいることを嫌がり、もし父を招くのであれば、自分は結婚式には来ないと言っています。私にとっては父も母も大切なのですが、いつも母のほうをより近しく感じていて、母が式に来なかったら自分が打ちのめされてしまうだろうと思います。どうしたらいいでしょうか。

【答　え】　あなたの父親と母親は法律上は離婚をしたものの、まだ感情面では別れ切れていませんね。それは、「彼らの」問題であってあなたの問題ではないのですが。あなたが、ご両親のどちらかを切り捨てることでどちらかの側についても、それはあなた自身のためにも、また両親のためにもなりません。親同士のあいだにある対立とは無関係に、自分と父親、自分と母親、この両方の関係を保っていくことが、私たちの誰にとっても必要です。

結婚式には、母親も父親も招いてはどうでしょうか。あなたにとって二人が出席するのは大切なことなのだと、それぞれに伝えましょう。どんなに母親に式に来てもらいたいと願っているか、どんなに母親のことを自分が大切に思っているかを、彼女に伝えましょう。けれども、どうすべきかについては母親に言わないようにしてください。もし父親を招いたことで母親から責められたなら、必要に応じて何度でもあなたの意見を伝え続けてください。批判的になったり、防御的になったりせずに、です。

たとえばあなたは、「お母さん、私は成長するにつれて、どんなに家族が大切な存在なのか気づくようになったの。お母さんとお父さんのあいだに辛いことがたくさんあったのは知っているけれど、お父さんがいないように振舞うというのは私にはちょっと難しすぎることよ。私は二人とも愛していて、人生のうちで自分の一番重要な祝い事にどちらかを呼ばないなんてこと、どうしてもできなかったのよ」などと、言ってみるとよいかもしれません。

結婚が家族を不安定にし、すでにあった対立を強めたり、あるいは激発させたりさえするような出来事であるのは予想できるでしょう。あなたの母親はもしかすると、本当に結婚式に出席しないことを選ぶかもしれません。もしくは、怒りの矛先をあなたに向けてくるかもしれません。そういう反応は、母親が不安な気持ちを何とかするためにとった方法でしかないと考えるようにしましょう。そして、自分の決断が母親にとってどんなに辛いものかを自分は理解しているつもりだと伝えてください。今、あなたがするべき挑戦とは、相手を攻撃し返したり、あるいは大切な家族メンバーの誰かを結婚式に呼ばないようにしたりといった方法で、自分の不安を処理しないようにすること、これに尽きます。

> 結婚とはお分かりでしょうが、家族を不安定にし、すでにあった対立を強めたり、あるいは激発させたりさえします。

## ☆母が恋しくてたまりません

【相談3】私は大学生です。母は三年前、四十六歳のときに交通事故で死にました。私は毎日をさほどの問題なく送ってはいますが、いまだに母のことを考えてしまいます。何かの拍子に母のことを思い出すと、大泣きしてしまいます。そして、母にたずねたいことがまだたくさんあったのにできなかったと思うと、ひどく落ち込みます。二年くらい経てば誰かの死をやり過ごせるようになると、ある本に書いてありました。なぜ、私の心の痛みはまだ去らないままなのでしょうか。

【答　え】時の経過はたしかに深い悲しみを和らげてくれます。けれども母親の死とはとてつもなく大きな感情を揺らす出来事であり、たかだか二年間などという時間で「やり過ごす」ことなどできないのは当たりまえでしょう。特にあなたが体験したように、母親が時ならぬ死、予期せぬ死に方をした場合は、老衰や予想できた死よりももっと苦痛の大きいものです。

作家であるアンナ・クインデレン（Anna Quindlen）は、自分の母親の死についてこう述べています。

「私が十九歳の時、母が死んだということ。長いあいだ周りの人が私について知るべき必要があるのは、それですべてでした。私の感情の複雑さについてほんのちょっと記すとしたら、それでもう充分だったのですから。〈十分後にロビーで会いましょう。私は茶色の長い髪をしていて、片側がちょっと短めで、赤いコートを着ています。そして十九歳の時に母をなくして……〉というように。養子縁組に自分を出した生みの母親を探し求める人、こんなふうに自分について感じる時があります。母にたずねたい、そして答えてもらいたいささやかな問いがいくつかあります。母はどうやって、子どもを夜中ずっと寝かせつけていたのだろう？　トマトソースには、オリーブオイルを入れたのだろうか。母は幸せだったのか。もしも、もう一回同じ人生をやらないといけないとしたら、母は果たしてそうしただろうか」。

寛容な思いで、そして自分を非難したりせずに、母親の死を嘆き悲しむことを自分自身に認めてあげてください。そして、何年にもわたって、ざわめき立つような感情の小波が、また大波さえもが自分を襲うだろうことを予期しておいてください。大学を卒業する時、結婚する時、初めて子どもを生む時、お母さんが死んだ歳にあなたが達した時、お母さんを亡くした十九歳にあなたの娘がなった時、それぞれの時に、あなたはお母さんのいないことを寂しいと強く感じるかもしれません。お母さんの誕生日、死んだ日、母の日にも、やはり恋しく思うでしょう。クインデレンが言うように、あなたが四十代になって台所に立ち、お母さんはスパゲッティー・ソースをどう作っていたのだっけと考える時、母親を痛切に求めたいと思うかもしれません。

どんな家族関係の変化でも、すべてその変化に伴って感情の揺れがあるだろうと心得ておきましょう。悲嘆にくれるあなたを支えてくれる家族メンバーと、そして、お母さんについてのいろいろな話を今後もずっとあなたに聞かせてくれるようなお母さん方の親族メンバーとも、これからも家族としてのつながりを保ってゆけるよう、連絡を途絶えさせないで下さい。

特に、母親を亡くしたことのあるほかの女性と話をすることは、あなたの助けとなるでしょう。彼女たちがどのように母親の死を経験し、時をかけて乗り越えてきたのかを学ぶことができるからです。このような話し合いや関わり合いを通して、あなたは、慰め、洞察力、知恵、そして自分は一人ぼっちではないことへの理解、こういったものを得られるでしょう。

> 母親の死は大変深く感情を揺さぶる出来事であり、ただ「やり過ごす」ことなど決してできません。

### ☆疎遠な父

【相談4】　子どもから大人になるあいだ、私は仕事中毒の父と関わりを持ったことなどほとんどありませんでした。母親が死んで父が退職した後、私たちの関係は前よりいっそう疎遠にさえなっています。先週、私は夫と、八百キロ離れた父の家へ、子ども（初めての！）を連れて行ったのですが、そのときに、父と娘で大切なことを話し合ったことなど一度もなかったという事実を父に突き付けました。本当に父を近しく感じたいと思っていること、でも父は無関心に黙り込んでいることなどを伝えたのです。父は防衛的になり、私は腹を立て、訪問は不快なものとなってしまいました。私は失意の念で一杯です。どうぞ助けてください。

【答え】　あなたのように感じている人は、あなただけではありません。娘にとって、父親を近しく感じることはしばしば難しいものです。多くの家庭で、父親は疎遠であり、仲間はずれの位置にいます。ときとして父親は、家族とどう親しくなってよいのかも分かりません。特に、彼ら自身の父親がいなかったり、感情的には不在のような人であった家庭で父親が育てられてきた場合は、そうなりがちです。

あなたが述べている問題は、父親には愛情や思いやりの心が欠けているといったことを示しているわけではありません。これは、私たちの文化における役割や規則に深い根があるような、通常よく見られる家族の型なのです。そのような型は、時間をかけてゆっくりとしか変われません。いっぺんに多くのことを、しかも早くやろうとしすぎると、それは、私たちがすぐに諦めたり何もやらないようになったりする際の、格好の言い訳になってしまうだけです（「ほら、彼はもうどうしようもないんだ！」）。そして、自発的になれと誰かに命令するのと同様に、親密さの追求はむしろ逆の効果を及ぼします。というのは、そうされると、もう一方の人は不安に感じて途方に暮れ、より引きこもってしまうかもしれないからです。

あなたがお父さんを訪れたのは、初めての子どもが誕生したという、人生で重要な出来事のあとであり、あなた方お二人にとってお互いに感情が張り詰めた時期であったことを忘れないでください。気持ちに負荷の大きい、そういった時期では一般に、親密になる可能性を阻むような昔の姿に私たちは余計に戻ってしまいがちです。たとえば、あなたはお父さんに親密さを追求し、父親は疎遠になり、あなたはそれを非難し、父親はいちだんと疎遠になり、それであなたは……、といった具合にです。追求、疎遠、そして非難というこれら三つの方法は、ストレス下にある関係を何とかしようとする際の通常の方法ではありますが、それらによって私たちは行き詰まりもします。

それでは一体、どこから始めれば良いのでしょうか、初めにまず、不安を少しだけ抑えて、変化が生じ得るような、より穏やかな情緒的な場をしつらえてみましょう。あなたの赤ちゃんの話題で、お父さんにちょっとした手紙を書いても良いかもしれませんし、そのなかで、二人のあいだの緊張についてほんの少しだけ、非難をしないように触れてみるのもいいかもしれません。「お父さん、先週訪ねて行ったときに、ちょっとした緊張をお父さんとのあいだに感じたわ。そのことで私も悪かったと思っていて、謝りたいの。ごめんなさい。そのときは気づかなかったけど、たぶん私は、厄介な気持ちをもてあましていたのよ。だって、お母さんがいないのが悲しくて、『今ここにいて赤ちゃんを見てくれたら』と思っていたようなの。いずれにせよ、お父さんに会えたのも、私の赤ちゃんをおじいちゃんに会わせられたのも、本当に嬉しかったのよ！」。長ったらしく重ったるい精神分析は、やめること。

さて、次に何をしましょうか。自分について時間をかけながらもっと伝え合うことができたとき、私たちは正真正銘の親しさへ向けて進めるのです。お父さんと気持ち良い連絡を取り続けてください。あなた自身の話題を伝え、それについてのお父さんの知恵、経験、見識などを請い、それらをあなたに分かち合ってくれるよう頼んでみましょう。良い質問者になれるよう、努力しましょう。当たり障りのない話題から入っても良いかもしれません。「お父さん、私たち、シカゴに旅行に行くつもりなんだけど、何を見たらいいと思う？」といった感じに。

そして、二人の間の居心地良さが前よりも高まった時に、あなたは感情的に重要な話題も取り上げられるでしょう。「お父さん、仕事に戻るかどうかで、私はすごく悩んでいるの。お父さんが自分の仕事を始めた時、どうやってそのことを決めたの？　聞きたいわ。それに、お母さんのことでも知りたいことがあるの。私たちを育てている時、お母さんは、キャリアを積みたいとか、家の外で仕事をしたいとかで葛藤したことはあったかしら？　わたし、そのことも覚えていないから」。

父親の家族についてもっと知ることも、お父さんとあなたの両方を知るための良い方法です。あなたがお父さんに、穏やかに、そして心からの尊敬を表しつつ質問をすることができればできるほど、そのぶんお父さんのほうにも感情的な余裕が生まれ答えやすくなるでしょう。しかし、もし二人の間の疎遠さについて直接に取り上げてしまうとなると（「お父さん、私たちが親密でないってこと、とても悲しいわ」）、お父さんはより不安になり、また防衛的にもなるでしょう。ゆっくりと時間をかけましょう。家族関係でのしっかりとした変化は時として、氷河がゆっくりと動くようなスピードで進むことを必要とします。

ですから、思い煩うなかれ、です。私たちはどうしてもあれこれと思い悩むものですが。いずれにしても、この挑戦を受け入れることをあなたにお勧めしたく思います。もし、お父さんともっと親密になれるようにあなたが取り組むならば、あなたは、ほかの親しい関係においても、より確かな足場を得ることになるでしょう。たとえそうしようとしたところで、自分自身を孤児にすることなどできません。親を切り捨てることで緊張関係を避けても、それは、どこかほかのところに飛び火してしまうだけでしょう。生まれ育った家庭での家族関係をより良いものへと変えてゆくことに成功したのなら、それは、私たちが子孫へと残してゆく、最も貴重な遺産となるのです。

> たとえそうしようとしたところで、自分を孤児にすることはできません。親を切り捨てることで緊張関係を避けても、それは、どこかほかのところへ飛び火するだけです。

### ☆妹はレズビアンでしょうか

【相談5】私には、二十六歳のアンバーという妹がいますが、彼女は自分がレズビアンだと家族に打ち明けました。妹が言うには、人生において初めて女性に恋をしているそうです。それまで彼女は男性とだけ付き合い、セックスもしてきました。私は、妹は単にそういう時期なだけであって、ほんとうに同性愛者のわけではないと思います。でも、私と母の両方が、「あなたをレズビアンと呼べないわよ。だって、そうだと思ってないもの」と言ったら、妹は激しく怒ってしまいました。あなたは、アンバーがレズビアンだと思いますか。このまま残りの人生もずっと女の人を好きになり続けると思いますか。同性愛者の原因になるもの、そして、人間を「ゲイ」とか「ストレート」に、つまり同性愛にしたり異性愛にしたりするものは一体何なのでしょうか。

【答　え】　私たちは誰でも、はっきりとした二つに分類して考えることで、世界を単純に見ようとしがちです。善と悪、男らしさと女らしさ、陰と陽、異性愛者と同性愛者、などというふうに。でも人間とは複雑であり、いろいろな面を併せ持つものですし、また変わりやすい生き物です。ゲイとストレートのどちらかにずっと属し、一生そのままの人も大勢います。しかし、そうではない人も、多くいるのです。

アンバーは十年後にどのような性的志向を持っていると思いますか。占いの水晶玉でもない限り、それをはっきりと知ることは不可能です。ほかの女性と恋愛関係に陥ること（もしくは、ただ単に実験的にそうしてみること）は、人生のどんな局面にでも起こり得ます。キンゼー研究所の報告によると、大卒の女性のおよそ半分くらい（そして、大卒でない女性のうち二〇％ほど）が、思春期以降、女性とのエロティックな関わりを一回以上は持ったことがあるとのことです。この報告では、全人口のおよそ一〇%が、基本的に同性に興味を持っているということも述べられています。別の統計では、だいたい五家族のうち一家族に、同性愛者の（または、そうなるであろう）子どもがいる、と示しています。レズビアンやゲイはどこにでもいます。私たちの社会が、彼らが自由に恋愛をしたり、存在したりするのでさえ認めたがらないにもかかわらず、です。

私たちは、異性愛者になる原因が分からないのと同じように、同性愛者になる原因も分かりませんが、同性愛が異性愛と同じように正常であることは知っています。その証拠に、一九七三年にアメリカ精神医学会は、精神障害の便覧から同性愛を削除しました。

アンバーはレズビアンでしょうか。アンバーは現在、女性を愛していて、自分のことをレズビアンだと呼んでいます。自分にある名前を与えることは、一般に自分が力を得たり実感したりするうえで大切な過程ですから、レスビアンと自称する権利をあなたたちに否定されたことでアンバーが傷ついたのも分かります。おそらくあなたとお母さんは、アンバーの言葉を選ぶ権利を尊重することを、徐々に身に付けてゆけるでしょう。なぜならそれは、アンバーにとって大きな意味を持っているのですから。

これはもちろん、あなたが困惑し心配していることまで意味がない、と言っているのとは違います。「自分はゲイだ」「レズビアンだ」と家族の一人が公言したとき、ほかの家族メンバーのなかに、その情報に対して一連の不安が音をたてて次々と生まれるのは避けようがないでしょう。本当の問題は、この新たな情報により、どのようにあなたの家族が変わってゆくかということですし、また、アンバーの打ち明け話への反応についてどれだけ心を開いて語ることが家族メンバーにできるだろうか、ということなのです。

妹さんにとって、お母さんにとって、そしてあなたにとって、「レズビアン」という言葉がどのような意味を持つのか、探究してみましょう。いろいろな力が、その言葉に対するあなた方の反応や感情を形作っていますし、その言葉の意味が、あなたの家族の誰かにとっては時とともに変わってきたのかもしれません。たとえば、ほかの女性を好きになったことを認めたり受け入れたりするのに、アンバーはどれだけ時間がかかったのでしょうか。あなた方それぞれの気持ちや、恐れ、信念について、相手を非難しないで正直に話し合うことは、お互いにとって助けとなることでしょう。

アンバーの恋愛関係を、ほかの家族は受け入れることが出来るでしょうか。アンバーと距離を置いたり、あるいは絶縁したりさえする家族メンバーがいそうですか。普通と違うということで疎外された人は、過去の世代も含めて、あなたの家族のなかにいますか。レズビアンという関係で自分が味わうであろう苦しみと喜びについて、アンバー自身はどう考えているでしょうか。レズビアンの妹を持ったためにあなたが最も苦しみそうなことは何でしょうか。

人びとの違いに対処することは、人間のあらゆる挑戦のなかでも、もっとも偉大な挑戦です。そして、女性同士の恋愛とは人びとの深い不安を刺激しやすいので、そのために家族関係は怒りと疎外という危機にさらされます。そういった事態にならないようにすることが、あなたの家族にとっての挑戦でしょう。

人びとの相違に対処することは、人間のあらゆる挑戦のなかでもっとも偉大な挑戦です。

## ☆両親が、私の恋人に我慢できないのです

【相談6】私は二十二歳の独身で、両親が所有している素敵なアパートの地階の部屋に、家賃を払わずに住んでいます。昨春、私はアイラというミュージシャンと付き合い始めたのですが、両親は彼に我慢できないようです。アイラは素晴らしい人だと何度も両親を説得しようとしたのですが、今では両親は、もしアイラと付き合い続けるつもりならアパートを出て行くように、とまで言います。私たちは絶え間なく喧嘩し続けています。私には、自分自身の人生を決める権利があると思うのですが。両親に、私を一人の大人として扱うようにさせるにはどうしたら良いでしょうか。

【答え】もちろん、あなたは自分自身の人生を決定する権利を持っています。しかし、御両親が自分たちの家の屋根の下で何に我慢するか、また、どんな状況ならば成人した娘に経済的な援助をするのか、これを決めるのは御両親の権利です。

あなたは、両親の言葉に不服かもしれませんが、彼らを変えたり説得したりすることは不可能で

す。あなたが変えることが「できる」人物はあなただけです。あなたが一人の大人として人生を送りたいならば、まず両親から経済的に独立しましょう。経済的にほかの人間に頼っていたり、その支援がなくてはやっていけないようであれば、あなたは自由に自分自身の選択をすることはできないでしょう。

家を離れることで、生活水準をより下げて暮らさなければならなくなるかもしれませんが、それは、あなたが成長できる良いきっかけにもなりえます。おそらく、このことが本当の論点でしょう。どんな年齢の子どもであっても、子どもが親元から出立するときは、すべての家族は、家族関係を再定義し、自分への感覚をもう一度定義し直す必要に迫られます。（両親のアパートの地下に住みつつ）両親と戦っているのは、あなたが小さな女の子のままでいることで変化に対する不安から両親を、そしてあなた自身を、逆説的に守っている方法かもしれません。

アイラが素晴らしい男性であると両親に説得しないように。アイラのどこが良いか悪いかという問題は、ことの本質ではありません。本当の問題は、両親から離れ独立することをあなたがどうやって実現してゆくのか、また、あなた自身のままでいながらも両親ともつながりを保ち続けるにはどうすればいいのか、ということなのです。そのために、非難がましくなったり防衛的になったりせずに自分の意見を表わせるよう、それを身に付けてください。たとえば、「ねえ、お母さん、アイラのことを家族で話すといつも結局は口論になってしまうわね。これじゃまるで、お母さんとお父さんはアイラの悪いところしか見えてなくて、私は良いところしか見えていないみたいだわ。こんないさかいに自分だって加担していたわけだけど、自分のやっていたこと、悪かったたって思う。ごめんなさい。たぶん、私がお父さんやお母さんの意見に反対したりしたら、どちらかが私から離れていったり、私を見捨ててしまったりする気がして、それが怖かったのね。もちろん、ここはお母さんたちの家で、ルールを作るのもお母さんたちだってことは分かってるわ。でも、〈家を出ていくか、それともアイラと会わないか、二つに一つ〉ってお母さんに言われると、家族関係を保つには何もかも同じ意見じゃないと一緒に暮らしていけない、って言っているように思うの。どう考えても、私たちは異なった人間だし、ときには違った見方をすることもあるでしょう。たとえ意見が合わないときであっても、お互いに愛し合い、助け合っていけたらいいなって、思うんだけど」などと言ってはどうでしょうか。

お互いの違いに直面しても、穏やかなまま、つながりを保ったまま、自分自身に正直なままであるようにと思いますが、このことは、人間のあらゆる挑戦のなかで、最も偉大なものでしょう。生まれ育った家族と離れること、かつ生まれた家族と共にあること、この両者のあいだのバランス調整は、一生かかる課題なのです。

変化は決して簡単ではありませんが、もしあなたが両親を非難し、両親を変えようとし続けるなら、あなたは先に進めないでしょう。あるいは、両親からのルールを受け入れたくないのに、さらに今のアパートに住み続けるとしたら、やはり進展はのぞめないと思います。

生まれ育った家族と離れること、かつ、その家族と共にあること、これらのあいだのバランス調整は、一生かかる課題なのです。



## ☆家族のなかでの死

【相談7】 父は今、急速に進行している癌のために死に向かっています。私は父にそれを打ち明けたいと思うのですが、母は反対で、「癌」という言葉をちらとでも臭わすことさえ許してくれません。その事実に父が堪えられないと、母は言い張るのです。私は、母の沈黙はかえって状況を悲惨にするだけであり、母が早くこのゲームを止めてくれないかと願うばかりです。いまや、私と母は、お互いにののしり合う毎日です。どうしたら母を何とかさせられるでしょうか。どうやって父にさよならを言えばいいでしょう？　死のようにむごい出来事に家族が対処する場合、何か前向きな方法はあるのでしょうか。

【答　え】 死とは、どんなに回復の早い家族においてでさえ、多くの負担がかかります。差し迫った死はあまりにも莫大な不安を呼び起こすものなので、家族メンバーを意見を戦わす対立陣営に分けたり、家族の他の人がしていることでまずいところにばかり注目させたり、自分自身のことを十二分に見なかったりさせがちです。

あなたにとって最も大切な挑戦とは、お母さんの、あなたとは異なった対処法を尊重することです。お母さんは彼女自身の方法で、迫り来る夫の死と向かい合っているのでしょう。あなたは、今この状況で「あなたが」お父さんとどう付き合いたいかをはっきりさせる必要があります。しかも、この困難な時期に、ほかの家族が考え、感じ、そして行動する権利のあることを、その考え、感じ、行動の中身が何であっても、そういった権利のあることを尊重する一方で、です。

そのために、あなたとお母さんとのあいだにある感情的な対立を和らげることを、率先してやりましょう。対立においてあなたが果たしていた役割を認めることは、物事を落ち着かせるのに役立つはずです。たとえば、「お母さん、私たちが対立してしまったのは、私にも悪いところがあったからだわ。ごめんなさい。たぶんそれは、お父さんを失うこととはっきり向き合うよりも、お母さんと喧嘩している方が、気が楽になれたからなのよ」というふうに言っても良いでしょう。そして、まるで自分が、お母さんはどうすべきか、お母さんにとっての答えもすべて知っているかのように振る舞っていたことについても、謝ることができるでしょう。「お父さんの死にお母さんはどうやって対応すべきか、お母さんに教えこもうとしてごめんなさい。たしかに私は専門家でもないし、お父さんはお母さんの夫なんですものね。私自身が何をする必要があるかを考えるだけでも充分大変なのに」と言ってはどうでしょうか。

穏やかな雰囲気のとき、人生のパートナーを失うことに対するお母さんの気持ちについて、あなたはたずねたくなるかもしれません。人生のなかで何が変わると、お母さんは思っているのでしょうか。これから先の何年かについて、お母さんが一番恐れているものは何でしょう？　夫が死んだ後、兄弟姉妹、親戚、友達との関係は、どのように変わると思っているのでしょうか。あなたのお父さんが死んだあと、お母さんと「あなたの」関係はどう変わるでしょうか、これについても考えてみましょう。

差し迫っている死、もしくは死後のことに家族がどう対応するか、その最善の方法などどこにもありません。死が差し迫っているあいだの理想的な状況とは、家族が心を開いて正直に話し合うことです。そうすれば、誰もが皆、怒り、罪の意識、恐れ、欲求不満、無力感、悲しみなどが入り混じった複雑な感情を、自由に表現できるように感じるでしょう。また、家族メンバーは、自分の考えや気持ちについて、ほかの家族に、ある方法で反応することを強要せずに伝えることができるかもしれません。

しかし、より典型的に見られる家族の姿とは、死にゆく本人も含め、家族メンバーが苦痛に満ちた事実や気持ちを隠すことで、互いを「守ろう」とするものです。そのような回避は、短いあいだなら人びとに居心地の良さを与えもしますが、最終的には結局、深い感情的な孤立を招きやすく、特に、家族が自分「について」話していても、自分に「向き合って」話してはくれないと感じている死にゆく本人にとっては、そうなりがちです。

死の話題を避けることは、死にゆく者のためというより、残される健康な人びとのための居心地良さを重視しているといった認識もまた、あなたに役だつでしょう。死にゆく人びとは、他人が率先して正直になったり率直になったりすることによって、普通、安心感を得られるようです。死に関係したあらゆる話題について話し合えるという幸運を、彼らはありがたいと思うかもしれません。葬式に流してほしい音楽や、死に対する哲学、人生で成したことの意味や価値、後に残す家族への思い、などいろいろなことを本人は語り合いたいかもしれません。

もしあなたがもっとお父さんと率直にやりとりをしたいと思うのなら、お父さんとの感情のつながりを保ち続けてください。二人きりの時を過ごし、お父さんが死につつあるという事実について恐れずに話しましょう。たとえばお父さんに、次のような直球の質問をしてもいいかもしれません。「お父さん、病気の見通しや癌の進行について、お医者様は何て言っているの？」「お医者様の判断に納得できる感じ？」というように、です。また、父親の人生や、迫りつつある死について父親がどんな考えを持ち、どんな気持ちをいだいているか、そういったことにあなたが興味を持っていると知らせるような問いを投げかけてもいいでしょう。

もしあなたのお父さんが、自分の感情を簡単には他人と共有しない、プライベートなタイプの人間であったなら、あなたの目的のためにお父さんに無理に話させるといったことをしないように。父親に無理やり打ち明け話をさせることが、挑戦なのではありません。むしろ、お父さんと真実に関われることが挑戦です。ほんの少しの会話で多くのことを達成しようとしたり、残された時間でたくさんの分野についてカバーしたりする必要はありません。親密な感情のつながりを持ち続け、あなたが何を一番お父さんと共有したいのか、そのことを考えましょう。

そして、もしあなたの行動に対しお母さんが批判をしても、批判し返さないようにしてください。誰が正しい、何が真実だといった論争は避けるように。誰も責めない言い方になるよう、「私」を主語とする言葉から、はずれないように心がけましょう。「お母さん、私は私自身の方法で、お父さんにさよならを言うことが必要なの。私の方法が、お母さんやほかの誰かにとって正しいなんて、言っていないわ。私とあなたは、異なった人間同士ですものね。物事について異なったように対処しても、それは当たり前じゃないかしら」というふうに。

あなたのお父さんが亡くなった後一、二年、家族関係が緊張したり、難しい時期が続いたりするかもしれません。死を取り巻く、不安な感情の渦の場では、家族は、疎遠と非難とのあいだを頻繁に行ったり来たりします。お母さんや、親戚の家族、友達とあなたがつながり続けてゆけるよう、そしてこの困難な時期に手に入れられる、地域の資源なら何でもそれを使ってゆけるよう、どうぞ全力を尽くしてください。

私たちの沈黙によって、死にゆく人がまわりは自分「について」話していても、自分に「向き合って」話してはくれないと感じ、孤独な状態にさせられます。

### ☆妹が夫に虐待されています

【相談8】 妹のアンは、ジョーという男性と結婚していますが、彼はアンを肉体的、精神的に虐待しています。今はまだアンのことをそれほどひどく傷つけてはいませんが、そのうちそうするでしょう。アンは二回ジョーのもとを離れましたが、いずれも彼のところへ戻りました。彼から離れるのがアンのため、と私が懇願したにもかかわらず、です。妹はもう私の言うことに耳を傾けません。私が、彼女を理解していないからというのですが。この恐ろしい男から妹を逃れさせるために、私に何ができるでしょうか。それとも、妹の言う通り、黙って見ているのがいいのですか。

【答　え】 家族のために何かの手筈を整えようとすることが、ときとして、その問題を長引かせるのにだけ貢献してしまいます。だからといって、今起こっている深刻な問題に対して、あなたが黙りこくったまま、何もせずに無視するべきだというわけではありません。

アンと疎遠にならず、彼女と近しい関係を保ち、「あなたが」どう感じているかを伝えるようにしましょう。アンの夫への忠誠ぶりを尊重しながら、安全についてあなたが抱いている心配をアンに話してください。

たとえば、次のように言うのはどうでしょう。「アン、あなたとジョーとの関係がどんなに緊張に満ちたものかを聞くたびに、私、とても恐ろしく感じるの。あなたが危険な状況にいるって考えるのは耐え難いことだし、いつかジョーが本当にあなたを傷つけやしないかとビクビクしているのよ。あなたの人生はあなたのものであって、私のものではないってこと、分かっているわ。でも、あなたを愛しているの。それに、あなたが傷つけられることから自分を守らないときとか、彼の元に戻る前にジョーにちゃんとした援助を求めさせようとしっかりと要求しないときとか、あなたがあなたとジョーの二人を危険に置いているって思えて、私、すごく心配だわ」。

もしアンが実際に傷つけられそうな状況であるなら、あなたはこれまでに、ほかの大切な家族メンバーやアンの親友にそのことを知らせてきましたか。たとえ姉であっても、あなた一人の力だけでアンを助けることはできませんし、また、あなたがこのような大きな秘密を一人で抱えているのであれば、あなた自身の不安感も耐え難く大きくなってしまうでしょう。そのうえ、この事実を知らない家族や友達がアンを見放すようなことがあれば、アンは虐待の螺旋を下へ下へと落ちて行くばかりとなってしまうでしょう。アンを愛している人びとこそが、自制の利かない男性と一緒にいることでアンをはずかしめたりするのではなく、彼女の問題解決に向けて手助けができるはずです。

暴力に対するあなたの気持ちを伝え続けながらも、アンへの嘆願をやめることは可能です。女性が暴力を振るわれてよいと正当化する理由はどこにもないこと、危険な状況に甘んじるべき人などいないこと、そうあなたが信じていることをアンに伝えてもいいでしょう。それと同時に、アンにとってジョーがどれほど大切か、ジョーがいなくなればどんなに恐ろしいと感じるか、アンに共感することもできます。アンにしてみれば、ジョーと一緒にいるよりも彼と離れてしまうほうが、より怖いことなのかもしれません。アンがもし自分自身を守ろうとするのなら、結婚をただ維持させようと守ることよりも、もっといろいろなチャンスが自分にはあるということ、それを知らせるのは彼女への助けとなるでしょう。

穏やかな頃合いを見計らって、ジョーが虐待をするときアンにはどんな選択肢があるか話し合いましょう。たとえば、あなたを含めた他人がアンを支えるために何をするつもりなのか、アンははっきりと知っているでしょうか。真夜中に家を出ていかなければならない場合、自分がどこに行けるのか、アンは考えたことがありますか。虐待された女性のためのシェルター（緊急避難所）の電話番号を知っているでしょうか。ジョーに対して公的に告訴しなくても、シェルターでの安全を求められるということを、彼女は認識していますか。

これまでしていたような「私はあなたに何が一番良いのか知っているわよ」といった態度にもう一度戻ってしまうのではなく、それでいて暴力に関する自分の明確な態度を打ち出すということ、このこともあなたはできるはずです。たとえば、もしあなたがジョーとアンとのあいだの暴力を目撃したり、あるいは「今、暴力を受けている」と言ってアンから電話がかかってきたりしたら、警察を呼んでもいいでしょう。そしてアンに、あなたのその決定について説明してください。「アン、警察が来たりしたらジョーがもっと怒り狂うっていうあなたの考えは、たしかに正しいかもしれない。でも、あなたが傷つけられているときに私が何もしなかったら、自分もその問題に加担しているように感じてしまうわ」といったようにです。

ところで、あなたが「あなたの」問題についてアンと話し合い、「彼女の」反応を求めたのは、最近ではいつだったでしょうか。「あなたが」つらい日々を過ごしていて、妹の肩に寄りかかりたいと感じたとき、あなたはこれまでアンに電話したことがありますか。このようなステップを踏むことは、アンをジョーから遠ざけることには役立たないかもしれませんが、アンがあなたを必要としているのと同じくらい、あなたにとってもアンが必要なのだということをアンに思い出させ、二人の関係をよりバランス良いものに回復させる一歩になるでしょう。

なお究極的に言うと、アンのジレンマは、まったく私的な個人的な葛藤であるというよりも、はるかに大きな何かを反映しています。女性への暴力はありとあらゆる形で、私たちの文化に浸透しています。暗い脇道から米国国防総省に至るまで、私たちはみな暴力の恐れのなかで生きています。すべての人類が一団となって、解決に向けて積極的に取り組まない限り、私たちは誰もが、暴力というアンの問題を共有しているのですから。

あなたの妹にとって、夫と離れてしまうことは、一緒にいることよりももっと恐ろしいことなのかもしれません。

## ☆独身でいること

【相談9】 私は二十代後半ですが、仕事を愛しており、結婚する気はありません。けれど、私が年老いて孤独に死んでいくのが心配だと、母は言います。そういったことが夫探しへの十分な理由になるとは個人的に思わないのですが、母はしつこく私にそう言い続けます。独身である今の状態について母と話すことをこちらが拒否しても、母を黙らせることができません。どういった示唆をあなたはくださいますか。

【答　え】 私たちは皆、年老いたときに、愛されたり面倒を見てもらったりする必要があります。しかし、それが結婚の重大な理由にはならないというあなたの考えは正しいです。離婚率の高さは別にしても、ほとんどの結婚した女性は、世話をされるより世話をする方がはるかに多いものです。そして、どんなに慈しみに満ちた養育的な夫であっても大ていは、女性よりも先に死ぬでしょう。

六十五歳から七十四歳にかけて、おおよそ人口の半分の女性が結婚をしています。ところが七十五歳以上になると、たった二四％の女性しか夫を持ち続けていません。七十五歳以上の男性の六九％には妻がいる一方で、です。ですから私たち女性は、人生の全体を通して豊かな人間関係を築く必要があり、たとえて言うならすべての卵を結婚の籠にだけ置くようなことをしてはいけないのです。また、社会が本当に老人のニーズにこたえてくれるようにするために、制度上ならびに社会政策において大きな新風を吹き込まなければなりません。

しかしここでは政治の話はさておき、もしあなたが本当に母親との新たな関係を築こうとしているのなら、結婚の話から遠ざかるのではなく、むしろ「近づく」ようにしましょう。あなたが結婚しないことに対する、母親の一番の恐れは何かをもっと知るために、本当に母親の話に耳を傾けたり、あなたが母親にたずねたりできそうなときを見計らって、お母さんにアプローチしてください。自分を防衛したり、自分へのあてつけだと捉えたりせずに、たくさんの質問を母親にするようにしましょう。不愉快な立場に身を置き続けることになるかもしれませんが、そう心がけてみましょう。

あなたの家系のなかで独身だった女性について知りましょう。彼女たちがどのように生活を成り立たせ、ほかの家族は彼女をどう思っていたのかを学んでください。もし夫を見つけていなかったとしたら母親の人生はどうなっていたと彼女自身は思っているのか、たずねてみましょう。もし、あらゆる選択肢が母親の前に広がっていたとしたら、どんな職業を選択していたでしょうか。

年を取ることに対する「母親の」考えについて話し合うことで、あなたはまた新たな展開を行なえるかもしれません。お父さんがまだ生きているのなら、もし彼が死に「自分が」未亡人になり、一人では自分の面倒を見ていけなくなったとしたら、いったいどういう選択肢があるとお母さんは考えているでしょうか。あなたのお母さんは、あなたより先に年を取ります。おそらく、お母さんの本当の、しかし声に出していない恐れとは、彼女自身が老いたとき誰が自分の世話をしてくれるのだろう、ということではないでしょうか。

私たち女性は、人生全体を通じて、豊かな人間関係を作る必要があります。どんなにいたわり深い養育的な夫であっても大ていは、妻より先に死んでしまいがちですから。

## ☆嘘の約束

【相談10】私の母は、小さな発作をいくつか起こしており、健康状態はどんどん悪くなるばかりです。母は今のところ一人で身の回りのことをしながら暮らしており、老人ホームに入るのは絶対に嫌だと言います。母は、自分を老人ホームに入れることなど決してしないという約束を、私や夫から無理にとりつけもしました。しかし実を言うと、私たちは一週間以上母と一緒に暮らすことには実際に耐えられませんでしたし、私たちの経済的な資源も限られています。夫は正直に母に打ち明けるべきだと言うのですが、私は嘘をつけば今のところ平和を保てると思います。あなたはどう思いますか。

【答　え】お母さんは、周りから正直な関わりをしてもらうだけの価値のある人間だと、私は思います。どんなに辛い事実であろうとも、事実にもとづいて自分の未来について考える権利が、お母さんにはあるのです。誤った情報が伝えられたり、一部しか伝えられなかったりするのは、たしかにお母さんにつかのまの安心感を与えられるかもしれませんが、しかし、嘘は信頼を崩し、長期にわたる代償をもたらします。老人ホームに入ることは、もしそれが実現した場合、そんなことは彼女には決して起こり得ないとあなた方が約束をしていたせいで、お母さんにはより大きな打撃を与えてしまいかねません。

悲惨な予想をしたり、最悪の状況を語ったりして、お母さんに衝撃を与えるべきではありません。あなたと一緒に暮らすようにお母さんを移すといったことは除いても、老人ホームに代わるほかの選択肢を、お母さんとともに全部探ってみるということ、これについてならあなたはお母さんに約束できるでしょう。もしお母さんが、自分自身の身の回りのことができないときが来たならば、お母さんが選び得る手段は何かについて、一緒に考えてもらうようお母さんに働きかけてください。

もしあなたに兄弟姉妹がいるのなら、彼らにも、こういった話題に参加するよう促しましょう。兄弟姉妹を直接巻き込むことであなたの重荷は減るでしょうし、お母さんが新たな視点で問題をとらえるようになるきっかけにもなるでしょう。また、地域社会の資源とつながっていることで、家庭内での世話についての情報を得ることもできます。

あらゆる可能性を考えましょう。しかし、お母さんに対してあなたは何ができ何ができないのかを、はっきりさせておくように。経済的な援助、大がかりな医療処置、安楽死、もしくは感情面での支えなど、どんな点においても、です。もしも「分からない」というのが正直な答えであれば、そう言っても構いません。お母さんにとって大切なことについて、嘘をついたり、事実を曲げて話したりするのは良くありません。

嘘の約束をする代わりに、老人ホームについて率直に話し合うようにしましょう。老人ホーム（今では、「ヘルスケア・センター」と呼ぶ方がより主流となっていますが）に入ることで、お母さんが一番気に病んでいるのは何なのか、お母さんにたずねてください。お母さんは実際にどのくらいの数の老人ホームに行ったことがあるのでしょうか。お母さんはあなたと一緒に老人ホームを訪れてみたいと思っていますか。お母さん自身の親や親戚で、老人ホームに入った人はいるのでしょうか。もしいるなら、その人たちはどういうふうにしてそうしたのでしょう。このような質問をお母さんにしてみましょう。

もし老人ホームで一生を終えるとしたら、お母さんはどれだけあなたに腹を立てるでしょうか。あなたと口を利かなくなりますか。あなたを愛さなくなるでしょうか。あなたをずっと許さないでしょうか。老人ホームで暮らすことによって、お母さんの元へあなたが訪問する頻度も含めて、あなたとの関係がどのように変わってしまうとお母さんは感じていますか。

これらの質問を矢継ぎ早にし、お母さんを責め立てるようなことはしないこと。代わりに、お母さんと、ほかの家族メンバー（必要ならば、ということですが）が時間をかけて話していくようにしましょう。否定的なことばかりをくよくよと考えたり、嘘に逃げこんだりしないようにしましょう。勇気を持ってください。「お母さんにそんなこと言うなんてとてもできないわ。だって、あまりにも傷つけてしまうから」と私たちが言うとき、その言葉の本当の意味は、私たちの方こそが母親の、もしくは自分自身の怒りや痛みに耐えたくないということなのです。

一番大切なことは、お母さんがどこに住むにしろ、あなたやほかの家族がお母さんとの関係を保ち続けることです。最終的にお母さんは、自分の現状に対応できるような能力を自分のなかに見出したり、また身に付けたりするかもしれません。けれども、家族メンバーがだますことによってお母さんを守ろうとしたり、疎遠になることで自分たち自身を守ろうとしたりすると、お母さんが上手に対応できなくなる可能性ばかり高くなってしまうのです。

嘘は信頼を崩します。あなたのお母さんには、事実がどんなに大変なものであっても、その事実にもとづいて自分の未来を考える権利があるのです。

### ☆母のせいで気がおかしくなりそうです

【相談11】 未亡人である私の母アイダは、世界で最も自分勝手で、要求がましく、人の心をもてあそぶような女性です。何か欲しい物があったときには、彼女が決めた日に彼女のための買い物をさせることを私に命じます。休日はいつでも、大晦日の日でさえも、無理やり私や夫と一緒に過ごすことを求め、「いやよ」という返事は頑として受け付けません。もし自分の思い通りにならなかったら、母は泣きわめいたり、氷のように冷たい態度を取ったり、あるいは「今度の休日には私はもうこの世にいないよ」と言い放ったりもします。そのため、結局いつも彼女の言うとおりにし、私たちが犠牲を払うことになるのです。母の要求は筋が通っていませんよね？　母は心理的な治療が必要だと思いますが、そのことをどうやって説得したらいいのでしょう？

【答　え】　あなたのお母さんは助けを必要としていないかもしれませんし、問題を抱えているわけでもないのかもしれません。何だかんだ言って、アイダは自分の欲求をはっきりとさせることができ、自分の目的のために人に向かって要求することができる人なのです。自分の思い通りにすることさえできるのですから。つまり、ここで問題を抱えているのはあなただということでしょう。あなたがアイダの要求に屈し、それを受け入れ、にもかかわらず「扱いにくい人」と言って、彼女を責めているのです。

もちろん、「問題を抱えている」ということと、「問題の原因になっている」ということとは別物です。あなたが悪いとか、責められるべきだとか、あなたのジレンマの原因はあなたにあると言っているわけでもありません。ただ、あなたの状況に満足していないのはあなたであり、あなたがそのことで何もしなければ、あなた以外には誰も他にする人はいない、と言いたいだけです。

何に対して誰に責任があるかをはっきりさせましょう。あなたに罪の意識を感じさせることも、あなたを思い通りに操作することも、母親にはできません。そうしようとすることだけはできるでしょうが。罪悪感を含めて、あなたの気持ちに責任を持つべき人はあなた自身です。そして、あなたが何をやって何をやらないかを決めることもあなたの責任なのです。もし母親が、あなたが決めたことに対して怒ったり落ち込んだりしても、そういう自分の気持ちをどう取り扱うか、そのことを学ぶのは母親のすべきことです。

ところで、お母さんの欲求は筋違いでしょうか。もし十人の異なった人に、「未亡人の母親は、どれだけのことを自分の子どもに求めていいと思いますか」「成長した娘は、どれぐらいのことを母親にするべきだと思いますか」と聞いたら、十の異なった答えが返ってくることでしょう。その答えは、回答者の年齢や宗教、彼らの兄弟姉妹における位置、社会経済的な階層、民族背景などによって、千差万別となるでしょう。正しい答えも間違った答えも、どこにもありません。

ですから、あなたの価値観をはっきりさせ、威厳と確固とした態度とを持って、その価値観に従って行動しましょう。あなたとは異なる考え方や感じ方をするというお母さんの権利を尊重しながら、です。あなたのジレンマは、意見を主張し切れていないことから起こっているわけではなく、むしろ、一般によく起こりがちですが、自分の内面をはっきりさせていないことから生じているのです。多くの女性と同様に、あなたは今、いくつかのとても難しい問題をはっきりさせようと奮闘しているのかもしれませんね。——自分に対する責任とは何なのか。母親に対する責任とは何か。自己中心的になるのはどういうときか。自分の欲求や優先順位に正直になるのはいつなのか。恨みに思ったり落ち込んだりしないで、何かをしたり与えたりできるのはどこまでだろうか。「いいわよ」と言って相手を恨むのと、「いいえ」と言って罪の意識を感じるのとでは、どちらが自分にはより嫌なことなのだろうか。——といった問題をです。

あなたが罪の意識を抱くようにと母親にうまく操られたとき、「いやよ」と言い、なおかつその決定にしっかりと従うことを、一つか二つのちょっとした分野で試すようにしてください。あなたが作り出した変化を母親が好むだろうと、どうぞ期待しないでください。人間関係はそういうような方法では動いてゆきません。

私たちがお定まりの古いダンス（人間関係のパターン）に新たなステップを取り入れるとき、ダンスの相手は、古いステップに戻させるようにとなんらかの対抗手段を使ってくるでしょう。たとえばですが、あなたがお母さんに、「大晦日は、夫と二人きりで過ごしたいの」と伝えようと決めたなら、彼女から激しい反応が返ってくるだろうと予想しておきましょう。

もし（「どうしてそんなに自己中心的になれるのよ」といったふうに）母親に非難されても、非難し返さないようにしましょう。ただ単に、（「そうね、たしかにこれは自分勝手かもしれないけれど、ボブと二人きりで過ごすことが、私には本当に大切なことなの、ただそれだけなのよ」というように）自分の意見をもう一度述べましょう。もし母親が議論を吹っかけてきたら（たとえば「あなたとボブは、年中夜は一緒にいられるじゃないの。どうしてこのことがそんなに神聖にして犯すべからざることなの」など）、防衛的になったり、議論し返したりしないようにしましょう。その代わり、彼女の反応に共感していることを示しましょう（「お母さんを傷つけてしまって、ごめんなさい。大晦日に私たちと一緒に過ごすことが、お母さんにとってどんなに大切かは分かっているつもりなのよ」）。

あなたが本気かどうかを見極めるために、母親は何度も試してくるでしょうが、これは当然のことです。彼女はより辛らつになるかもしれませんし、もっとうつ的に振舞うかもしれません。はっきりと、もしくは暗に、あなたと断絶すると言って脅してくるかもしれません。あなたのすべきことは、問題に対する自分の態度をはっきりさせ（小さなことから始めましょう）、それに足場をしっかりと置くことです。一番大切なことは、母親の挑発的な言動に対して歯向かったり、やり返したりせず、彼女との温かな感情的つながりを保ち続けること、そのことに最善を尽くすべきでしょう。

もしあなたが時間をかけてこの挑戦を達成できたとしたら、お母さんは今より穏やかになり、あなた方の関係はより良いものになるでしょう。そしておそらくあなたは、母親以外の他人との関係も、はるかに明澄で、穏やかなものになっていること、自分がそんなふうにほかの人間関係も扱えるようになっていることに気づくかもしれません。

> あなたがお母さんの要求を受け入れ、それでいてその気難しさを非難するならば、問題はあなたがかかえているのです。

## ☆無意識の力

【相談12】 三十歳の誕生日から、私はずっと憂うつになったままです。私の母は三十三歳のときに死にました。友達は、母の死への「記念日的な反応」のために憂うつになっているのだ、と言います。これがどういうことなのか、私はよく分からないのですが。

【答　え】 記念日は、私たちの感情の機能に強力な影響を及ぼします。それはまるで、自分や自分の子どもがある特定の年齢に達したとき、その年齢に付随する出来事を「無意識」が覚えていて、そして反応しているようなものです。

ここに、いくつかの典型的な記念日的な反応の例をあげましょう。

・息子が八歳になったとき、ルーシアは息子の幸せについてずっと考え悩むようになり、自分自身の健康についても不安に思うようになった。ルーシアの姉が、八歳のときに脳腫瘍と診断されたのだった。

・アイヴァンは三十二歳のときに、仕事で浅はかな決断を下してしまった。それはちょうど、アイヴァンの父親が破産し、職を失った年齢だった。

・ロシェルが上司と浮気し始めたとき、娘は五歳だった。ロシェル自身が五歳のときに、彼女の両親は別居し始め、後に離婚することとなったのだが。

記念日というのは、家庭生活において不安な感情の局面を作り出すものです。私たちは、記念日とある問題（たとえば、浮気など）とのあいだに、あるつながりを見落としたり、家族の歴史のなかでの重要な記念日を「知り」さえしなかったりもします。家族の歴史における大切な出来事、その主要な記念日を知ることで、自分自身の行動を理解するための、より大きな脈絡を得ることができます。そうすることによって、生産的でないやり方で突発的に行動に出たり、変な行動をしたりするのでなく、ある特定の時期に自分に影響を及ぼす不安の本当の原因は何かについて、落ち着いて考え始められるようになります。

あなたの憂うつに関して言えば、お母さんを失ったことに関して普段はうずもれている感情をこの時期に味わうのは、いたって当然のことです。記念日は危機を生み出しやすくもありますが、未解決の問題にもう一度取り組み、前へ向けて歩き出すための好機にもなってくれます。そして、三十歳になるということが、あなたにとってほかにどんな意味を持っているのかも、どうぞよく考えてみてください。十の位が変わる誕生日というのは、私たちの人生において常に大きな画期的出来事ですから。

喪失の記念日は、危機をも生み出しますが、昔の問題にもう一度取り組み、前へ踏み出す好機にもなり得るのです。

## ☆自分の葬式を計画するなんて薄気味悪くないですか

【相談13】　私は今、両親といざこざを起こしています。両親は二人とももうじき九十歳になるところで、健康を損なっています。母は自分の葬儀について、私が当日何を着るべきかにはじまり、あらゆる細部に至るまでことこまかく計画を立てています。父は病院に献体をするつもりでおり、どんな形であっても葬式や儀式のたぐいを一切するな、と言っています。私は、葬式とは生きている人びとのために行なうものであり、父のときも母のときも伝統的な葬式をしたいと思っています。両親と議論しようとすればするほど、両親は余計に頑固に自説にこだわるのです。もしあなたが私の立場だったら、どうするでしょうか。

【答　え】　あなたの両親はもうすぐ九十という年にあって、頑固になる権利があります。迫り来る死について考え、自分らの願いを周りに知らせることができるなんて、なんて素晴らしいことでしょう！　自分たちが拠り所にしてきた、あるいは求めてきた好みや価値観、そういったものを反映した死を迎えたいとご両親が願うのは当然でしょう。私は彼らの勇気と独立心とをほめたたえたく思います。

私だったら、できる限り自分の両親の求めるものを尊重したいと思うでしょう。子どもにも、私に対してそのように振舞って欲しいと思います。しかし、守れないような約束であれば絶対にしないはずです。もし父が私に、「死んだら、自分を焼いた灰を十七の都市に分けて撒いてくれ」と言ったとしても、「それは実現不可能だわ」と答えるでしょう。私は両親の願いに従いたく思いますが、自分の限界を定めることもするでしょう（「嫌よ、お母さん。私は葬儀に黄色いドレスを着ていくつもりは〈ない〉わ」「ごめんなさい、でもお父さんが死んだときには、メアリーおばさんを私、呼ぶ〈つもり〉だわ。だって、もしおばさんにお声をかけなかったら、ものすごく嫌な気分になってしまうだろうから」）。

医学に自分の体を捧げようとするお父さんの考えは、尊敬に値します。親の死について儀式を行ない、特別なものとしたいというあなたの思いが尊敬に値するのと同じように。伝統的な葬式は行なわないつもりと言って、父親に再保証を与えてあげるといいかもしれません。けれど、あなた自身のために礼拝や儀式をすることはできるでしょう。あなたがお父さんの一生をたたえ、回顧し、大切な思い出にしておくために、そしてあなた自身の生活に前向きに戻ってゆけるためにも。あなたとお父さんとがともに納得できる儀式を考え出せるよう、創意にあふれたアイデアをいろいろと出してください。ところで、自分の葬式を好きなようにしたいと考えるお母さんの考えは、どこがいけないのでしょう？　女性やお年寄りにとって、自分の好きなようにできることは、生きているあいだは本当にごくわずかだったかもしれません。そしてこの機会は、判断を下したり恩着せがましい態度を取ったりせず、あなたがお母さんの望みを尊重できるチャンスではないでしょうか。意志の強いご両親に対し、いくばくかのユーモアと感謝の念をあなたは表わすこともできるはずです。おそらく、両親の迫り来る死について悲しく感じるよりも、両親と口論している方があなたの気持ちは楽でしょう。しかし、両親の人生の最終ステージというこの期間、これまで以上のさまざまな感情や会話をあなたが受け入れられるようになるためには、これまでとどう違ったように行動できそうか、どうぞこのことについてよく考えてみてください。

もしお父さんに、「自分が死んだら灰を十七都市に分けて撒いてくれ」と頼まれても、「それは実現不可能よ」と答えることはできます。

## 6 そして結婚へ

鉛筆を削って、ハリエット・レーナーの「良き結婚テスト」を受ける準備をしてください。

恵み深い女神が天から降りてきて、「アメリカにいるすべての結婚している夫婦は一年間別れて暮らさなければならない」と宣言した、と考えてください。それぞれの夫婦は別々の所帯となり、たとえば二十分くらい離れたところに暮らさなければなりません。お互いに行き来はできますが、週に一回までとされます。一年間離れて暮らした後、すべての夫婦は自分たちの結婚生活について、新鮮な決定を下すことができるのではないでしょうか。

女神の究極的な寛大さと善意により、経済的・実用的な心配は両者から一切取り除かれているとします。面白くて収入の良い仕事、もしくは職業訓練所が女神により保証されており、心地よい住家や自由に使えるお金（たとえば五千万円くらい）も手に入ることとします。女神は、必要とあらば子どもの世話についてもまったく心配のないよう、お世話係の少女を差し向けてくれます。

さてあなたは、今まで伴侶がしてきてくれたあらゆるサービスに対して、簡単にお金を払えるようになりました。料理からステレオの修理、買い物、税金の計算まで何もかも、です。もしあなたが腕を折ったとか、もっと深刻な病気だとかによって、一人では生きていけないのだとしても、どんなレベルの介護でも自動的に受けることができます。経済的な面で言えば、あなたは人生を生き抜く用意ができたのです。

全知全能の女神は、女性が抱くであろう悲観的な感情をすべて取り除いてもくれます。恐れ（「もし病気になったら、誰が私の世話をしてくれるだろう」）や罪の意識（「私が夫から離れたりしたら、あの人は絶望的になるわ」）、もしくは自己疑惑の思い（「一人で暮らすなんて、そんなこと恐ろしすぎよ」）、または、子どもに対する心配（「両方の親と一緒に暮らしたほうが、子どもにとって良いのでは」）といった感情など、すべて取り除いてくれます。そのうえ、あなたがどんな人生を選ぼうと、ほかの人から怒られたり反対されたり苦しめられたりすることは絶対にないよう、女神は図ってくれます。

女神はいたずらにも、最後の仕掛けをしました。すべての結婚は法的に無効になったのです。一年が経ってもう一度現在のパートナーと結婚したいと思ったら、結婚証明局へ出向き、正式な手続きをし直さなければならないのです。

さて今、一年間がほとんど終わりに近づいていると考えてみてください。別れて暮らし出したその日に、早々と決定が済んでしまった人もいるかもしれません。そういう人にとってこの一年は、実験的に試してみるというよりも、解放を満喫する期間だったことでしょう。そうでない人たちはおそらく十二カ月間、お互いが平等であるという新たな環境のもと、罪の意識や恐れを感じることなしに、あなた自身について、また伴侶について、よりよく知ることになったのではないかと思います。

自分の決定について考えれば考えるほど、あなたは、ほかのアメリカ人女性がどういう選択をするか知りたくなるでしょう。過去も未来も自由に見通せる女神は、この顚末がどうなるかについてあなたにはっきりと知ってもらいたがっており、そこで、最終的な決定をあなたがくだす前に、次にあるようなデータを渡してきたのです。以下が、女神からあなたへのデータです。

〈一年を終えた後の結婚人口統計〉

①**正しい理由による再婚**――アメリカ人女性のうち一七％が、再び同じ男性と結婚。そのうち半分が住居をまた一緒にし、半分は別々に暮らすことを好む。この再婚のカテゴリーに属する女性は、愛、快適さ、欲求、安心感、慈しみ、心地良いセックス、良い会話、良い沈黙、あるいは一緒にいた方がただ気分が良いから、といったような、分別ある理由から再婚する。

②**間違った理由による再婚**――一四％の女性は、根深い、もやもやとした不安などの理由で再婚する。この不安は、女神の全能の知恵をもってしても、女性の心から取り除きれなかったものである。女神でさえも、いかにそのような不安が女性の心に条件づけられており、深く根を張っているかを推し測れなかったのである。

**③独身を保ち、前の夫と友達になる**——前の夫と再婚したり特別なパートナーとして付き合い続けたりしない女性が、三六％にのぼる。しかしその女性たちは、前の夫を親友のひとりであると思っている。場合により、恋人であるのかもしれないが。

**④独身を保ち、前の夫はあまり好きでない**——全女性のうち三三％は、前の夫と再婚もしないし、誰かと一緒に夕食や映画に行きたいと思ったときであっても、あるいは誰かとちょっと外出をしたいと思ったときでも、前の夫に電話をしようと考えもしない。

何故に賢い女神は、あなたが最終決定をする「前に」、これらの統計を見てもらいたがるのでしょう？　それは、人間は総じて大多数の人の行なう決定を知りたがるものであり、地位や賛同や特権を生むようなグループに属したがることを、そして女性もその例に漏れないということを、女神は分かっているからです。歴史的に見れば、結婚することが大多数のグループに属することを意味してきました。しかしこのデータでは、結婚する女性がもはやアメリカ社会において少数派になるであろうこと、つまり結婚もそうしたいのならそれを選ぶという、ひとつの選択肢的なライフスタイルとなるだろうことを示しています。独身の女性が「売れ残り」などと肩身を狭く感じることはもうないでしょう。この実験は、ストレートだろうとゲイだろうと、または想像すらもできないような形での付き合いであろうと、どんな生き方をもすべて完全に公平にしたのです。さて、一年が過ぎました。あなたには素敵な家も良き仕事も良き友達も、そして経済的な安定もあります。となると、あなたは一体、どのカテゴリーに属しているでしょうか。

私のここでの意図は、あなたに自分自身の評価をさせることではありません（女神だけが、私たちが十分にやったということを知っています）。また、結婚の複雑な制度を解体し、「あなたはどれだけ純粋に夫を愛しているか」といった単純なものに問いを変質させたいと思っているわけでもありません。私たち全員を一律に中流階級にし、消費を求めさせ快適さを志向させるような、より高次な力を創造しようと目論んだわけでもありません。

私が試みたかったのは、結婚という昔ながらの制度に対し、新たな見解を提供したかったことです。結婚が、相手がいなくても良く生きてゆけるという選択をいつもでき、それでもそうしないこと（二人がともに暮らすこと）をより好むような、経済的にも平等な二人のパートナーによって選ばれるものなら、そして多くの祝福され、かつ社会的にも報われやすい多くの選択肢のなかのひとつとして選ばれるのならば、結婚は非常に異なったものとして見なおされることになるでしょう。

このような仮定の状況であれば、おそらく第一に、そもそも結婚する女性がもっと減るのではないかと思いますし、結婚したとしても、二人ともより独立可能であり、お互いに高め合えるような関係を築けるのではないでしょうか。しかし逆説的ですが、結婚には強制的な何かが本質として潜んでおり、経済的・社会的な不平等が昔から続いてきています。そして結婚生活があまりうまくいかない場合がなぜ頻繁にあるかといえば、そういった不平等がすべてに関与しているからです。

私は最近、結婚、離婚、継父母家族についての有名な専門家であり、家族療法家でもあるベティ・

カーターの専門的なワークショップに出席しました。ベティは、私たちがよく知っているある統計を挙げました。一回目の結婚で離婚する確率は四九～五〇%であり、二回目の結婚ではそれが有意に高い率になる（約六四%）という統計です。そして、次のような問いを投げかけました。「もしある制度が人びとを、五〇%もの確率で失敗させるのであれば――結婚という制度がそうであるように――その「制度の」どこがいけないのでしょうか。五〇%ものうまくいかない率を生み出す、結婚と呼ばれるものとはそもそも何なのでしょうか」と。

この問いは、人びとが「見」ようとしない、明らかな疑問のひとつでしょう。「もし何か〈ほかの〉制度で五〇%もの失敗率があるならば」と、ベティは続けました。「ただ単に失敗した個々人の問題としてみるだけでなく、制度そのものを見なおす必要があるでしょう。むろん結婚にとどまり、不幸に感じている人についても、言うまでもなく見なおすべきでしょうが」。ところが人びとは離婚すると、今日の結婚制度の役割と規則について、または社会的な不平等や性別役割分担とそれらが結婚に与える影響について、より包括的な文化の視点から問うことよりも、自分自身を責め、伴侶を責めます。まるで、一つひとつの離婚の統計が、誰かの非常に個人的な失敗を表わしているかのように、です。

今日、私たちは開拓者以外の何者でもありません。なぜならば、異性間の結婚が、親密さとつながりの可能性に満ちた世界において、ただひとつのペアになる形態となっており、そのために、結婚や男性とまったく関係のないところで、喜びに満ちた暮らしを築いている人もいるからです。そして、結婚生活を上手くいかせようと、また、より平等でお互いに成長し合えるパートナー関係を築こうと、努力している人もいるからです。

これはとても大変な課題であり、より正確に言うならば、一生をかけての挑戦となるでしょう。開拓者になるのは、いつでも簡単なことではありません。しかし女性や結婚のこととなると、立ち戻れるような「古き良き時代」などこれまでもないのですから。

## ☆夫に裏切られました

【相談1】　一カ月前、夫のマックスが浮気をしていることに気づきました。問い詰めたら彼はすぐに相手の女性と会うのをやめました。夫の裏切りはずっと私の心を占めていましたが、それ以上マックスを問い詰めることはしませんでした。もう済んだことにしようと決めたからです。私は誰にもこのことを話さないまま、きています。問題なのは、私がいまだにショックから抜けきれないということ。マックスに、「もしまたあなたが不誠実なことをしたら、私、子どもと一緒にこの家を出ていって次の日、離婚手続きをとるわ」と言いました。マックスは「こんな事はもう二度としない」と誓いましたが、その約束を守ってくれると彼を信じるには、どうすれば良いのでしょう？

【答　え】　あなたとマックスが結婚したとき、お互い、一生相手だけを愛し生きていくことを誓ったと思います。しかし実際は、この約束を守れない夫婦は少なくありません。配偶者以外の人との浮気がとても多いことは、統計によっても明らかになっています。浮気は、不幸な結婚でだけ起こりうる、ひどい異常行為というわけではありません。いくつもの多くの理由によって、そうあれたらと思うほどには、私たちは一夫一婦主義でいられるわけではないようです。

人間が完全に一夫一婦制の種族であるとする誤った観念は、現実を否認したり(「夫がほかの女性を好きになることなんて、絶対にないわ」)、孤独や恥といった感情を呼び起こしたり(「夫に自分が裏切られたこと、誰にも知られたくない」)、自分に非があったからと自分を責めすぎたり(「夫がほかの女性と関係を持たなきゃならないなんて、私のせいね。私のどこに悪いところがあったのかしら」)することを、もたらしやすいものです。その結果、あなたのように多くの人びとが、配偶者以外の人との浮気について語ることを躊躇してしまいます。

あなたが自分の結婚生活に真にエネルギーを注ぎ、失われた信用を再建することに取り組みたいと心底思うならば、もし新たな浮気を発見したら家を飛び出すという、あなたの最後通牒について、もう一度熟慮した方がいいでしょう。それはマックスに、「ほかの女性と浮気をしたり、ちょっとしそうになったりしただけであっても、そんなこと私に伝えたらどうなるか分からないわよ」と言うメッセージになるのですから。そのような態度は、ますますマックスのごまかしや更なる浮気を招きやすくなるかもしれません。

代わりに、マックスに本当に正直でいることを心がけてもらうよう頼みましょう。現在と将来における性的な誘惑についてだけでなく、あなたとマックスの二人の関係に影響するすべての感情的な事柄について、彼に正直であって欲しいと伝えてください。あなたにだってこれから先、誘惑の機会がおとずれるかもしれませんし、そういうことは、結婚生活でオープンに取り上げられたり、ちょっとでもふれられたりしないような場合、いっそう起こりやすくなるのです。ペギー・ボーンが『一夫一婦婚の神話』の著書で書いているように、自分自身と伴侶について真実を知ること、話し合いを共有することにお互いが真剣に取り組むことによってのみ、結婚生活での信頼は深まることができるのです。

コミュニケーションと親密さとを高めるという目標に向かって、マックスの浮気についてもっと詳しく知るようにしてください。彼に細部まで質問するのは苦しいかもしれませんが、幻想や恐れよりも事実に対してのほうが、あなたは上手く対処できるようになるでしょう。相手の返答を聞いても自分は大丈夫と思える質問をだんだんにしていけばいいですし、そうすればマックスも、話せる事実について、もっと明らかにしたり、前より詳しく話すようになるかもしれません。マックスが正直に語ったことについて、彼を罰しないようにしましょう。たとえその事実を聞くのが耐え難いとしても。

浮気をする「前に」その気持ちについてあなたはマックスと話したいと願っていること、実際にほかの女性とセックスをしたのなら、その事実を直接に彼から聞きたいとも思っていること、あなたのこういった希望を伝えてください。「どんなに聞くのがショックであっても、あなたから事実を聞きたいわ。少なくとも、そのことをあなたとともにもっと明らかにしようとするあいだは、結婚生活に自分がとどまりやすくなるのですもの。そうしてこれから先、私たちはどうするか、良く考えたうえで決断することができると思う。もしあなたが浮気をしていて、そのうえ嘘をついていたと知ってしまったら、私たちの結婚はもっともっと危ういものになるでしょうから」というように言ってもいいでしょう。

あなたの今の経験を、信頼できる人たちに話してみてはいかがですか。秘密にしておけばおくだけ、恥と思う気持ちが強まり、マックスの不貞がいっそう強烈に焦点づけられ、本来ならあなたが得ていいはずの助けを遠ざけることになります。むろん、友人や家族のなかには、助けにならない反応をする人もいるかもしれません。あなたやマックスを非難したり、あなた方の結婚をこきおろしたり、勝手なアドバイスをしたり、過剰に反応したり、しなさ過ぎたり、あるいは「マックスと別れるべき」（もしくは「絶対に別れるべきではない」）と決め付けて言ったりというような反応も、あるかもしれません。

自分にとって何が助けや支えになり、何がそうでないか、周りの人にあなたはそのことを知らせるようにしましょう。たとえば、あなたの気持ちを聞いてくれ、彼女たち自身の経験を話してくれるような友達を欲しているならば、そう伝えてください。また、ある特別な日に自分の気を紛らしてくれることを友達に頼みたいと感じたら、そう言いましょう。

今回の浮気につながっていたかもしれない、感情的な問題や出来事について検討するうえで、結婚カウンセリングが二人に役立つかもしれません。しかし、どんなに素晴らしい結婚であっても、ほかの誰かに強く惹かれることや浮気は起こりうるということを、私たちは配偶者とともに、互いに率直に認め合う必要があります。逆説的ですが、一夫一婦制は保証されたものではない、誓約どおりにはやり通せないと認識したときに、より実現可能なものになります。結婚生活において正直になること、コミュニケーションすることを心がけましょう。それだけが唯一の、信頼を築きうる基礎なのですから。

たとえ、最善の結婚であっても、誰かに強く惹かれることや浮気は起こりうるということを、私たちは率直に認め合う必要があります。

### ☆月経前症候群？　それとも月経前健全状態？

【相談2】　生理の一週間前になると、私は夫のエディーに対してものすごく苛々してしまいます。エディーがだらしないとか、自分のものを絶対に片付けないといったことであっても、癇癪を起こしてしまいます。そういうときエディーは、私がひどいＰＭＳ（Premenstrual Syndrome　月経前症候群）だと言います。一ヵ月のうちのそれ以外の三週間、私は機嫌が良いからです。またエディーは、私の爆発的な癇癪は、女性ホルモンが不安定であること、いわばストレスのもとで女性は、上手く自分をコントロールできないことの証明だとも言っています。彼の考えが時代遅れなのは分かっています。でも、ＰＭＳが私を「私自身ではなく」させていて、結局、彼の意見が正しいと証明しているようなとき、それについて彼と議論するのは難しいのですが。

【答　え】　月経の周期に伴うホルモンの変化は、たしかに、あなたの感情を高ぶらせ「あなた自身ではなく」感じさせてしまうかもしれません。しかし、そういうとき自分の不満に気づき、不満を声に出すことができれば、そのホルモン変化は、あなたが「よりあなたらしく」なれることをも意味するのではないでしょうか。普段は敢えて言おうとしないことを配偶者や自分自身に向かって言うことのできる期間として、診断的な名前のついた用語もあります。その用語は「月経前健全状態」(Premenstrual Sanity) です。

女性はしばしば、自分の正当な怒りを、非合理的、ヒステリー、子どもじみている、あるいはあなたの場合のように「ああ、月に一度のことか」と周りが見なしてしまうのを容認するような形で吐き出してしまい、それによって自分の正当な怒りに対し、資格剝奪を行なってしまいがちです。自分の痛癪について、「何かがおかしい」ことを知らせてくれるシグナルとして尊重してください。そして、エディーが自分の物を片づけないことに対し、あなたが本当はどう感じているのかについて、よく考えてみましょう。

もし、あなたが落ち着いてエディーに接したとしたら（たとえば、ほかの「機嫌の良い」三週間のようにです）、彼はどう反応すると思いますか。そして彼に、もう少し家事にも心を配るように頼んでみたら、どうなるでしょうか。もしあなたがエディーの行動への不満を彼に伝え、それでも彼はいつまでも変わらなかったとしたら、彼のあなたへの心遣いということについて、あなたは何を言いたいでしょうか。結婚生活において、このことについて、またほかの重要なことについて、あなたは自分の意見を彼に聞いてもらえていると感じていますか。

激しい怒りを起こす女性ホルモンとやらについて、少し考えてみましょう。月経前症候群の激痛の渦中にいる、統制不能で非合理的な女性からの攻撃を恐れて、エディーは夜に外出するのを控えるのでしょうか。たぶんそうではないでしょう。夜に家にこもっているのは、男性の非合理的な行動を怖れる、女性のほうではないでしょうか。地下鉄の駅や暗い脇道から、国家の首都に至るまで、注意と関心の恩恵を被るべきなのは、明らかに男性の行動です。

ホルモンと攻撃性に関する研究からは、私たちの主要な関心をプロゲステロン（黄体ホルモンの一種）からテストステロン（精巣から分泌される雄性ホルモン）へと移すべきであることが示唆されています。男性における高いテストステロンは、非行や薬物中毒といった反社会的行為と関係づけられてきました。しかし、それが主な話題になったことはこれまでありません。社会心理学者キャロル・タヴリスは、なぜＰＭＳと呼ばれる症候群があるのに、ＨＴＳ——Hypertestosterone Syndrome（高テストステロン症候群）——はないのだろうかという問いを提起しています。

とはいえ、究極的にまとめるのなら、キャロルが著書『女性における誤解』で述べているように、男性にしろ女性にしろ、ホルモンだけによって非行に走らせたり貞淑にさせられたりすることはありません。エディーのホルモンが彼に自分の靴下を片づけさせないというわけでもないのと同様に、あなたのホルモンが彼への激しい怒りを引き起こすわけでもありません。「単にホルモンのせい」とか、「ただ頭のなかだけ」といったことはありません。人間の感情的な生活の、ある予測できる部分について反応を過剰にさせたり、あるいは過少にさせたりするのには、多くの要因が関与していますし、粗暴、不機嫌、そのほかあらゆる種類の配慮の足りない行動にも多くの要因が組み合わさっているはずです。

上記のことは、月経前のあなたの経験を軽視するものではありません。私たちは誰もが、月経や妊娠や閉経に関するホルモンの変化について、よく学ぶ必要があります。自分自身を神経症的な不平たらしと見なさないためにも。しかし、女性の自然なホルモンと生殖の周期に関わる「病気」には、非常に長い歴史があります。なぜ人びとが女性の生殖周期の「問題ある性質」に対しては「そんなにたくさんの関心」を注ぎ込み、一方で、女性の暮らしに関わる本当の健康の問題には「ほぼ無関心」であるのか、このことこそ私たちは深く考えなければなりません。

私たちについて非合理的とか、あなたの場合のように「月に一度のこと」と周りが名づけるのを容認するとき、私たちは自分の正当な怒りに対し、資格剥奪を行なっています。

## ☆私は一夫一婦主義ですが、彼はそうではありません

【相談3】　五年間の結婚生活を通して、私は常に胸を痛めてきました。というのも、私の夫バーネットは、ほかのご婦人方のベッドからいっときたりとも抜け出すことができないからです。一夫一婦主義は人として不自然であり、そう信じなおすよう二人とも考え方を変える必要があると夫は言います。でも私はそれに賛成できませんし、これはそもそも夫の問題であって、私の問題ではないと思っています。あなたは、どのようにお考えでしょうか。

【答　え】　一夫一婦主義がすべての人間にとって自然かどうかはさておき、あなたの夫は、それは自然ではないと考えていますし、問題はそこにあるようです。バーネットの行為が彼のホルモンによるのか、トイレット訓練のせいか、月の満ち欠けによるのか、そんなことは大した違いではありません。重要なことは、彼は一夫一婦制を拒否しており、あなたが辛い思いをしているということです。

こうして考えてみると、「あなたが」問題を抱えていることになります。誤解しないでほしいのは、あなたが誤っているとか間違っているとか言っているわけではない、ということです。私が言いたいことは、この状況でただ一人不幸を感じている人はあなたであり、あなたの方からバーネットに対し何か行動を起こさない限り、誰もあなたのために何もしてはくれないということです。結婚生活を終

わりにしたくない、だからバーネットのしていることは受け入れられなくとも我慢してこれからも彼とともに過ごそう、とあなたは決めるかもしれません。また逆に、「これ以上ほかの女性と寝続けるのなら、もう我慢できないから、あなたのもとを去るつもり」とある日バーネットに告げることとなるかもしれません。どちらにしろ、あなたが受け入れることができ、それとともに生き、これからそれに従ってゆける決断をくだすということ、それをするのはあなた自身です。

人はしばしば、それを変えたくないときには、「生まれつきの性質」とか「生物学的にそうなっている」というふうに主張します。しかし、人間は本来このように振る舞うように決定づけられているといったたぐいの事実は、ある特定の行動が正しいか道徳的か、私たちにとって良いかなどにはほとんど無関係です。生物学的なことにしても、不変とは限りません。何かが人間の生物学的な本質の一部であるからといって、それが夜空の星のように確固たるものとは限りません。ときには生物学的な傾向を変える方が、深く根づいた学習パターンを変えることよりも、簡単なことだってあるのです。

では一夫一婦主義は、すべての人間にとって良いものなのでしょうか。おそらくその答えは、誰にたずねるかによって異なるでしょう。たとえば、フェミニスト学者であるソニア・ジョンソンは、一夫一婦主義について、「誰かとともに寝るときに、私たちの魂がどんな状態か、そして私たちの心に何があるかについて問うよりも、どれだけの数の人と寝るかの方に私たちの目を向けさせる、本質逸らせの手段」と批判的に述べています。その一方で、一夫一婦主義を神聖なるものと見ている人びともむろんいます。

あなたが今すべきことは、「あなたの」価値観と信念をはっきりさせることです。言っていることと行なっていることが違っていた場合（口では「もう一緒に暮らしていけないわ」と言いながらも、そのまま暮らし続けるといったように）、実際の行動の方が大きな意味を持ちます。自分の意見を考え、計画を練るのに、必要と思うだけの時間を十分に取りましょう。あなたのジレンマをほかの人にも話し、彼らの考えを聞いてください。ただし、あなたにとって何が一番良いことなのか、これはあなた以外のほかの誰にも分からないということを忘れずに。

誰が正しいのかといった議論、あるいは生まれか育ちかといった討論で、バーネットと一緒に堂堂巡りにはまらないように心がけましょう。大切なことは、あなたがどれだけ痛みを感じているか、彼にそのことを伝え続けることです。あなたを失うか、さもなければ浮気をやめるか、バーネットが現実に選択をつきつけられたなら、そのときはじめてあなたは、彼の優先順位は何か、また彼が言うところの「自然な」行動を彼が抑制しようという動機があるのか、これらについての明瞭な像を描けるようになるでしょう。

夫の行為が彼のホルモンによるのか、トイレット訓練のせいか、月の満ち欠けによるのか、そんなことは大した違いではありません。重要なことは、あなたが辛い思いをしているということです。

### ☆私はスミス夫人ではない！

【相談4】 先月、私は結婚したのですが、お互いに今までの自分の姓を名乗り続けるようにしました。ところが義母は、私たちを紹介するときや手紙の宛名を書くときに、「スミス夫妻」と表わします。私は義母を二回ただしましたが、どうやら彼女は「忘れる」ように決意しているみたいです。どうして、結婚前の姓を使い続けることが、そんなにもおおごとになるのでしょうか。このことについて義母ときちんと話し合うのは、夫の役目ではないでしょうか。

【答 え】 とりあえず、結婚前の名という時代遅れの単語を頭から消すことから始めましょう。その代わり、誕生の名だとか出生家族の名、もしくはただ単に名前としたほうがいいですね。事実、生まれ育ってきた過程で持っている名と、未婚かどうかということとは、もはや関係がないのですから。

結婚における姓の問題は複雑な問題です。それは、私たちの文化での女性の従属的な地位を反映しているからです。支配者層の人びと（たとえば男性）に、結婚したら女性側の姓を使うべきだと言うことは、womankind だとか she だとか chairwoman だとかの言葉が、本当に彼らを含んでいるのだと納得させるより、はるかに難しいことだったのです。一人ひとりの女性をとってみれば、夫の姓を使うことで自分が傷つけられたとは感じていないかもしれません。しかし、このような伝統がジェンダーによって当然のこととされ決められている場合、それは制度的な不平等さを反映しているのです。

もともとの姓を使い続けることで、あなたは、歴史と文化に深く根付く男性支配という伝統に挑戦していることになります。あなたが自分の決めたことを確固として譲らないのであるならば、家族や周囲の人びとに幾度となく試されるようになるのは当たり前です。めげずに何度も周囲の人びと――あなたの義母や、近所の人びとなど――をただしましょう。それが、先駆者となる方法の一部です。なおこれは、あなたの役目と考えるべきであり、あなたの夫の役目ではありません。必要であれば、壊れたレコードのように言い続ける覚悟もしましょう。

もしかするとあなたの義母の「忘れっぽさ」は、ほかのこととも関係しているのかもしれません。彼女の息子の誰かがこれまでに、彼女自身とは全く価値観や信念の違う女性と結婚したということはありませんか。もしそうならば、彼女は無意識のうちに、息子の選択を、自分への拒絶や脅かし、裏切り、あるいは潜在的な喪失と受け取っているのかもしれません。にもかかわらず、彼らのあいだではそういう微妙な話題を出すのは難しいと感じているならば、その感情があなたに向けて発せられているのかもしれません。

ですからあなたは、明るく、カリカリせずに、いささかユーモラスにさえして、姓に対する義母の間違いを指摘するようにしましょう。もしあなたが批判的になったり感情的に激したりしたら、まるで避雷針のように、夫の家庭における否定的な感情をあなたが一身に吸収することになり、それによって夫を守ることにもなるかもしれません。敵対心からではなく、愛情をこめてちょっとからかう調子で義母をただすよう心がけてください。

変化は常に不安を伴うものだということを忘れないように。過去数十年における女性の変化がとてつもなく大きいものであることを考えれば、義母の抵抗など、個人的な無礼として小さく思えるようになるかもしれません。そしてあなたと義母との関係が穏やかで仲良いときに、旧姓を使おうというあなたの決定に対して義母がどんな受けとめ方をしているのか、このことについて率直に話し合ってみましょう。防衛的にならないで彼女の意見に耳を傾けてください。彼女にはあなたと違ったように考えたり感じたりする権利があります。その権利をどうぞ尊重するようにしてください。

ところでもし今の状況を困難な状況と感じているならば、赤ちゃんが生まれたときに、この問題をどう解決するつもりですか。それを自分自身に問いかけてみましょう。そのときこそ、私たちのフェミニストとしての基盤にある価値が、本当に試されるときなのです！

男性に、結婚したら女性側の姓を使うべきだと言うことは、she だとか chairwoman だとかの言葉が本当に彼らを含んでいると納得させるより、はるかに難しいことだったのです。

## ☆私は白人で、彼は黒人です

【相談5】 先月私は、ジェシーという、この世で一番完璧な男性と結婚しました。ジェシーはたまたま黒人だったのですが。アイルランド系カソリックで未亡人である私の母は、結婚式にも現れず、今でもジェシーが家に入るのを拒んでいます。私は激怒していますが、同時に母を失うことを怖れてもいます。皮膚の色で違いはまったく生まれないものだし、人間は皆同じと母を何度も説得しようとしましたが、まるで氷の塊に話しかけているみたいです。どうやったら私は、母にジェシーを受け入れさせることができるでしょうか。

【答　え】 もうすでにお話したことがあるかと思いますが、あなたはお母さんに何かを「させる」ことはできません。他人の意見や感情を変えることは不可能ですし、変えようとあなたが頑張れば頑張るほど、お母さんは自分の考えを譲らなくなるでしょう。ジェシーを一生受け入れなくなるかもしれません。

私は、「皮膚の色で違いはまったく生まれない」というあなたの考えを疑問に思います。もちろん、皮膚の色は違いを生むのです。白人でアイルランド系カソリックであるお母さんは、アフリカ系アメリカ人であるあなたの夫とは異なった伝統や血縁を受け継いでいます。どちらも同じくらい価値があり尊いという考え方には、私は賛成です。しかし、同じであるという意見に対しては反対したいと思います。

お母さんのように考える人は、お母さん以外にほかにもいるでしょう。あなたの結婚に対して、友人や職場の同僚のなかにも否定的に反応している人がいるかもしれません。私たちは誰もが人種差別的な社会に生きており、その社会の価値観を吸収しているのです。違いに対して価値づけられるようになるには、多くの人生経験とあわせて、高度な成熟性が必要です。違っていることに恐れを抱き、狭く限定された生活を送っている人のほうが大半なのです。

ですから、ジェシーもみんなと「同じ」であると言ってお母さんを説得するよりも、まず、良き聞き役になり、良き質問者になるようにしましょう。どんな形であれお母さんと関係を持つためには、彼女の強烈な反応についての何らかの理解があなたには必要です。批判したり怒ったりすることなしに、質問してください。「お母さん、私が黒人と結婚したことで、お母さんが一番困っていることは何かしら?」ですとか、「お母さんが一番恐れたり心配したりしていることは何なの?」、もしくは「もしお父さんが生きていたら、どうしていたかしらね?」「お母さんの両親だったら、どうしたかしら?」「私のした選択で家族のなかでほかに誰が心を痛めているのか、知っている?」「ジェシーを受け入れることについて、親戚のなかであまり抵抗のなさそうな人って誰だと思う?」「お母さんの選んだ夫について、お母さんの両親はどう思っていたのかしら?」というようにたずねてみましょう。

質問をすることは、お母さんの反応について、より広いレンズで、また世代を超えた視点で見ることを助けてくれるはずです。また、こういった質問は、あなたの結婚に対する他の人びとからの反対に準備しておく手助けにもなるでしょう。また、あなたの家族や親族において、違いということがどのようにして取り扱われてきたか、どのくらいあなたは、こういった家族の伝統について知っているか、このことも示唆してくれるでしょう。家族とは違う宗教や民族の人と結婚した人が、ほかに誰かいたのか、あなたの両親はアイルランド系カソリックということによって差別を受けたことはなかったか、など。ある世代において問題として燃え盛った事柄は、次の世代へも受け継がれるものです。

質問をする準備を整えるために、「あなた自身の」不安を母親に語り、共有することから始めるのが良いでしょう（「白人女性の私と結婚したことによって、ジェシーがほかのアフリカ系アメリカ人から裏切り者と見なされないか、私は時どき心配になるの」など）。簡単なことではないでしょうが、心がけてください。そういう共有の行動によって、あなたとお母さんが今はまっている極端な対立状態から、抜け出せるかもしれません。今のところ、まるでお母さんが「すべての」心配をしていて、あなたが肯定的な感情を「すべて」抱いているかのように見えます。ストレスのもとでは、家族メンバーはえてして極端な対立関係に陥りがちですが、そういった対立関係では、誰もが抱いている、より複雑でまじりあった感情に目を向けることができにくくなります。あなたがにっちもさっちもいかなくなっているのも当然でしょう。

一番大切なことは、あなたが今取り組んでいる課題が、非常に長いプロセスの一部だと心に留めておくことです。何年もかけてゆっくり進むかもしれませんし、一生かかるかもしれません。お母さんとともにあなたが立っているところをはっきりさせるための好機を、あなたはこれから数多く持つでしょう。どうぞそのことを信じてください。理想的には、母親を変えようとしたり、母親と隔絶したりしないまま、そういった好機を生み出せるはずですから。

たとえばお母さんは、ジェシーを家に招くことを拒み続けるかもしれません。あなたの立場は、母親の決定を好きになれないし賛成できない、というものでしょう。しかし、その決定とともに生きることなら、あなたはできるのです（「お母さん、あなたがジェシーを家に入れたがらないのは、私にはとても辛いことだわ。私はお母さんもジェシーも、どっちとも好きだからよ。でも、お母さんとの関係を失ってしまったら、それ以上に辛いと思うの。だからこれからも、ジェシー抜きで、私、ちょくちょく立ち寄るようにするわね」）。

また逆に、お母さんの決定に添うことは無理だと強く思うような状況もあるかもしれません（「ごめんなさい、お母さん。でも私は、ジェシーをトム叔父さんのお葬式に連れてきてはいけないという お母さんの主張は受け入れられないわ。何といってもジェシーは私の夫だし、葬儀のときは彼に隣にいて欲しいのですもの。そのせいでお母さんが傷つくことは分かっているし、私も残念に思うわ。でも、私たちは夫婦として一緒に教会に行くつもりよ」）。

あなたの見方で物事を見ろと母親に説得することなしに、あなたが自分自身の価値観について、穏やかに丁寧に、そしてはっきりと伝えることができたなら、あなた方三人がもっと仲良くなれるときがいつかはやってくるでしょう。また、結婚に対していだいていた喜びや困難さについて、あなたはジェシーとともに話し合い続けてください。できるかぎり率直に、喜びと困難さの両面を家族メンバーと共有するようにしましょう。

大事なことをひとつ言い残しましたが、どんな家族においても結婚がライフサイクル（人生周期）上の主要な出来事であることを忘れないでください。結婚は、感情を激しく強く揺り動かすものであり、特に、その背景に重大な喪失（あなたの場合ですと、お父さんの死です）があった場合にはひときわそうなります。仮に、アイルランド系カソリックで申し分のない男性をあなたがパートナーとして選んでいたとしても、最近結婚したことは、家族のなかで（あなたも含めて）強い感情を引き起こすことでしょう。そして、あなたが母親の反応に焦点づければ焦点づけるほど、自分自身の反応へは気を払わなくなってしまうかもしれません。

追記：どんな皮膚の色であれ、完璧な男性（もしくは女性）など存在しません。

もちろん、人種によって違いは生まれます。

## ☆夫を愛していますが、セックスはひどいものです

【相談6】一年ほど前に結婚するまで、私は処女でした。結婚してからというもの、セックスは私にはずっとつらいものです。夫であるネイルは、私が感じているかどうかは気にも留めず、いつも自分の好きな同じ体位でセックスしようとします。彼の言う前戯とは、勃起したペニスを私の腰に当てがい、自分に準備ができたと知らせることなのです。私がどんなに満ち足りない思いであるか、何回か話し合おうとしました。また、置手紙をしたことまであります。しかし、何も変わらないままです。ネイルのことを愛してはいます。でも、もうどうしようもなく絶望的な気分で、彼から離れることも考えています。

【答 え】とりあえず、良いセックスということは忘れて、良い会話に気持ちを集中させましょう。穏やかな気分のとき、そしてベッドの中でないときを選んで、あなたがネイルと話をしたいのだということを彼に伝えましょう。一個の人間として、また一個の性的な人間としての彼をよりよく知りたいという望みを、あなたの目標にしてください。挑戦すべきは、あなたの気持ちをネイルに話す新しい方法、ならびに彼に聞いてもらえるような新しい方法の発見です。

ネイルに特定の質問を何回かすることから始めてください。自分とのセックスは彼にとってどんな

経験か。彼の今のやり方はこれまでやってきた唯一の方法なのか。ネイルのほうでは何か問題があると感じているのか。ネイルは、彼の行為を理解する手助けとなるような家族のことや性体験について話せるか。私が満足していないこと、絶望的な気分になっていることを、ネイルは気にしているか。ネイルは、私を思いやることができないのだろうか。

ネイルと会話を始めることの価値は、単にこの問題を片づけることや、彼の現在の想像力不足のセックスのレパートリーを増やさせることだけにあるのではありません。すべてのことについて語り切るような、非常に長い対話を一度にする必要はありません。むしろ私が提案したいのは、難しい話題について根気よく話し続ける能力、困難さが生じたときに感情的にお互いに相手から逃げ出さないでいられる能力、こういった能力がネイルとあなたにどのくらいあるかについて、あなたが試すようにということなのです。

あなたが話してくれたセックスの問題はたしかに深刻なものです。それに、どうしようもないほど絶望的というあなたの気分もよく分かります。しかし、セックス以外の、ほかのすべての関係について曖昧にしないでください。セックスは別として、ネイルは、あなたが何かを必要としたらそれを気に留めてくれる人ですか。あなたが欲求や不満を声にしたとき、何らかの対応をしてくれますか。あなたとネイルは、どれくらい、お互いの違いについて話し合うことができますか。また、互いの欲求をともに斟酌したような解決法を、あなた方二人はどれだけ見つけ出せるのでしょうか。

二人の関係のなかでも、また外でも、あなた自身の声を見出し、それを表現するようにしましょう。結婚生活を続けるためにあなたは結婚に何を求めているのか、何なら大目に見ることができるのか、これらについてはっきりさせてください。あなたが合わせている限り、ネイルのセックスの行為は変わらないでしょう。あなたにとってセックスが重要であり離婚を考えるほど深刻な問題だというならば、ネイルがしっかりとそのことを理解できるまで、何度もそう伝えましょう。あなたが自分のもとから離れるなんて、彼は予想だにしていないのかもしれません。出し抜けにそういったことが起こらないかぎり。

あなたは今結婚を続けているわけですから、あなたの話を彼に聞いてもらえるようにする新しい方法を実験し、また、実際に何が起こるかを観察する実験として、二人の関係をとらえてみたらいいでしょう。ネイルとのあいだにある困難を、自分の欲求や欲望についてよりよく知ることができ、それらの解決策を見つけるための新しい方法を開発できるチャンスと見なしてみてください。あなたが度胸を持ち、勇敢であればあるほど、ネイルとあなた自身について、より深く学ぶことができます。

> あなたにとってセックスが重要であり離婚を考えるほど深刻な問題だというならば、夫がたしかにそのことを理解できるまで、何度もそう伝えましょう。

## ☆どうしようもない姑

【相談7】　私の姑エセルは年に何回かわが家に来ます。実際のところ、また近々わが家を訪れることになっています。歯に衣着せぬ言い方をすると、エセルはとても不快な、批判がましい女性で、一緒にいると気が狂いそうになります。彼女はことあるごとに私を責め、自分の息子のアレックに対してはまったく責めません。私たちの家や子どもに関することで彼女が何か完璧でないものに気づけば、いつだって私を責めるのです。節度をわきまえてもらうか、家に来ないでもらいたいと姑に伝えて欲しいと、アレックに何度も言いました。でもアレックはただ姑をかばうだけで、何もしようとしません。私たちは姑のことでずっと言い争いをしていて、そのせいで結婚生活はばらばらになりかけています。何か私ができることはあるでしょうか。

【答　え】　あまりにもよくある姑と妻と夫との三角関係についての話ですね。結婚すると、妻と姑のあいだに否定的な感情が起こることは珍しくありません。典型的には妻と姑がお互いに戦い合い、男性は蚊帳の外に身を置いているといった事態が多いのです。

これは、本当の問題をはぐらかすのに実に効果的なありかたです。本当の問題とは、あなたと姑のあいだにあるのではなく、夫とその母親とのあいだに存在しているものなのですが。妻と姑が戦っているのを見る場合、夫とその母親が自分たち自身の感情的な問題に触れないままでいられるのをよく目にします。アレックも自分の母親に対して怒っているのかもしれませんが、あなたの非難から母親をかばうことに忙しすぎるために、自分の怒りに気づいたり対処したりしないでしょう。もしあなたが、夫と姑の両方を非難し続けるとしたら、あなたがよそ者とされている関係を強めるだけになり、現状維持に加担するだけです。

ですからあなたが最初にすべき挑戦は、自分の感情的な負担を軽くすることです。なぜなら、激しい感情はより激しい感情を招くだけですから。たとえばですが、三カ月間、アレックのお母さんを非難せずに過ごせますか。三週間では？　三分間ではどうでしょう？　今は、あなたたち二人にとっての「感じる作業」をあなただけがすることによって、あなたはアレックを守っていることになります。あなたがエセルを非難すること「だけ」しかできないならば、アレックはかばう「だけ」しかしないでしょう。エセルを非難することをやめて、その代わりに彼女の有能さや良いところについて話すようにしたら、そのとき一体どうなるのかを観察しましょう。姑の難しい性質についてアレックが前より自由に認めやすくなることに、あなたは気づくようになるかもしれません。

物事が穏やかにいっているときこそ、姑からの非難で味わっているあなたの苦しみについて、アレックに話しやすくなるときです。アレックや姑を責めたり、アレックにどうすべきかを指図したりせずに、あなたの思いを伝えましょう。この問題における自分の責任は引き受けながら、アレックの見解を引き出せるように誘いましょう（「アレック、思うんだけれど、私はあなたのお母さんに対して反応しすぎだし、あなたはしなさすぎだわ。私の反応とあなたの反応とは、何か関係があると思う？」）。

アレック自身が母親と対立したときにどのように表現してきたか、このことをもっと知るようにしてください。アレックは自分にとって重要な問題について、自分の母親に対して明確な立場を取れますか。自分の母親に、「ノー」と言えると思っていますか。自分の母親との関係がアレックにとって大切であることを認め、それを支持するようにしましょう。あなたが彼に、自分と姑のどちらかを選べと迫ったら、彼は麻痺してしまうでしょう。アレックにとって、自分と母親の双方を高め合え、誰かを犠牲にしたりしないような方法で母親とのつながりを築き始めること、これが挑戦なのです。

もしアレックがこの三角関係の「自分の」役割を変えようと思い始めるのなら、母親とより強い感情的なつながりを持ち始めることで、それは達成され得るでしょう。たとえば、姑があなたたちの家にきているあいだ、彼女と二人きりの時間を作るなどによってです。姑が、自分は得るべきことは得られていると感じたならば、あなた方二人の関係によって脅かされることが少なくなるでしょう。そしてアレックにとっても、大きな問題に取りかかる前に「簡単な」問題について、自分自身の意見を述べるための好機になるかもしれません。

さて、アレックが心から「準備よし」と感じたならば、自分が、母親も妻も両方愛していて、母親が家に来ては妻をなじるのを聞くのが心苦しいということを、母親に率直に話せるでしょう。アレックは、これで最終決着をつけようとするのではなく、自分の気持ちを伝え共有したいという思いから、そういった言動がとれるはずです。

またアレックは、母親が息子である自分を弱い立場の人間と思っていないかどうか、からかうような調子で確かめることもできます(「お母さん、もしかして、僕らの家で唯一強いのは妻だと思ってるんじゃないの? どうして「僕」でなく、「彼女」を非難できると感じているのかな?」)。もし、アレックが母親に対して、非難ではなくユーモアを持って関わることができたなら、三角関係の緊張はさらにほぐれることとなります(「ねえお母さん、思っていることを正直に言うと、二人が喧嘩しているのを寝転んで眺めているほうが、僕の人生はずっと楽なんだ。でも、僕はできるだけ正直に僕らの違いについて話せるような関係をお母さんに求めたいし、自分自身にも求めたいんだよ」)。

とにかく一番大切なことは、姑のエセルに対して和らいだ態度をとることです。彼女が次に訪ねてきたとき、ユーモアで持って非難をかわしましょう。あなたが特別に勇敢な気持ちになれたなら、姑が子育てや家事をどう思っているのか、彼女の見解を求め、それらを認めるのに向けて踏み出せるかもしれません。あなたが前より穏やかな気持ちになり、彼女を非難する気持ちが少なくなったなら、そのときに彼女に率直に伝えてみてください。自分は姑の意見を尊重しているし、彼女は自分にとっても子どもたちにとっても大切な人なので、そんな人に非難されるのは辛いということを。

家族における本質的な変化はゆっくり起こりますが、嬉しいことに、たとえ小さな変化であっても、あなたの人生に大きな違いをもたらしてくれるのです。

妻と姑が戦っている場合、夫とその母親が彼ら自身の関係の問題にいっさい触れないままでいられるのをよく目にします。

### ☆私は、夫よりも成功しています

【相談8】私と夫のフィリップは、二人とも才能も野望もある人間です。私たちは今までキャリアのことでは競争心を抱くというよりも、お互い支えあって生きてきたと言えるでしょう。けれど最近、私はある大きな成功を収めて、大がかりな晩餐会で栄誉を与えられるほどの経験をしました。それとは逆に、夫のキャリアは行き詰まっており、彼はあの晩餐会以来ふさぎこんでいて、私と距離をおこうとさえします。私は、「あなたは嫉妬しているのね」と夫に言いましたが、彼は否定します。彼が不機嫌であることについて、私に何かできるでしょうか。もし私が成功し続けたら、彼を失ってしまうのではないかと恐れる気持ちもあります。たしかに夫に対して私が競争心を抱いていることは認めなければなりません。こういった気持ちや、私の成功に対する夫の反応は正常なものなのかどうか、当惑しています。

【答　え】競争心を抱くこと（特に自分と近しい人間に対して）は、正常であり普遍的です。また、女性がそういう競争心のことを不安に感じるのもうなずけることです。なぜなら、それは、私たちがそれとともに育ってきた、あるゲームのルールを破ることになるからです。

女性たちは、男性を「巡って」競争心を燃やすように、くれぐれも、男性に「対して」競争心を抱かないようにと育てられてきました。実際、私たちの多くは、自らを犠牲にしてまでも男性の自尊心を支え守るようにしろと教えられてきました。教えによると、女性とは、男性をつかまえられるくらいには賢く、でも、決して男性よりも賢くてはいけないものなのです。

その結果、多くの女性は、自分の成功は誰かとの関係をより親密にするものではなく、むしろ脅かすものなのではないかと無意識に怖れています。特に相手が男性であった場合、その怖れはいっそう強くなります。そのような怖れは根拠がないわけでも、不合理なわけでもありません。多くの知的で野望のある男性が、男友達のなかの自分と同様の側面には尊敬の念を抱くにもかかわらず、結婚相手には、自分よりも職業的な地位が低く、稼ぎも少ない女性を選びがちです。

もしこのような伝統的な結婚が途中で形を変えたならば、その変化は大きなストレスのもととなるでしょう。私たちはみな、文化によって教えられることを学んでゆくものですが、その教えとは、男性が一家の主な稼ぎ手であり、本当に大切なのは男性のキャリアだということです。結婚生活における経済的・社会的なパワーのバランスが変化し始めるとき、男性が自分の名誉を傷つけられたと感じることは一般的です。昔からのジェンダー（性役割）のルールはなかなか変わり難いものだからです。そのうえ、一方の伴侶（もしくは親友や同僚でさえ）のキャリアが前進・昇格すれば、もう一方が自分の仕事に「停滞している」気分を感じてしまうのも避けがたいことでしょう。

では、この問題についてあなたには何ができるでしょうか。まず夫に、いくらかの感情的な空間を与えましょう。彼の不機嫌さを変えたり「落ち着かせ」たりしようとしないこと。彼には自分の感情に対してどう感じるかという権利がありますし、時間をかけながら自分の感情について具合良いものへと対処していくにちがいありません。不機嫌さが理由で死んだ人は誰もいないこと、また永遠に不機嫌な人などほんのわずかであることを、肝に銘じてください。

もちろん、夫に感情的な空間を与えるという意味は、あなた自身が冷淡になったり、怒りからよそよそしくなったりするのとは違います。夫が感じている気持ちから彼を救い出そうとすることなしに、彼とのつながりを保ち続けるという意味です。嫉妬していることを夫自身が否定しているのですから、それ以上の解釈を試みても何の役にも立たないでしょう。しかし、彼のではなく、あなたの考えや気持ちについて語ることによって、彼とのコミュニケーションをし続けることなら、あなたにできることです。

たとえば、こんなふうに言っても良いでしょう。「フィリップ、あの晩餐会からというもの、あなたが前よりよそよそしくなったように感じるわ。私の最近の成功がその原因じゃないかと不安なの。このうえ、私があまりにも成功しすぎたら、あなたはどこかに行ってしまうのではないかと心配よ。母と姉のことを考えるとね、彼女たちは、自分自身のキャリアの計画は何にもなくて、男性のキャリアを一番に尊重していたでしょ。だから、あなたと一緒にこれから何を達成しようとしているのか、私には身近にお手本が思い浮かばないのですもの」。夫との会話を続けるうちに、彼もまたあなたを失うのではと不安に感じていること、特に、あなたが成功し続け、彼がこのままパッとしなかったらそうなってしまうのではないかと怖れていたことを発見したりするかもしれません。

フィリップは妻として聡明で野心的な女性を選んだこと、したがって、今は彼を脅かすかのように見えるまさにその資質に、彼はたしかな価値を置いているということを覚えておきましょう。夫には自分の感情をいずれ何とかコントロールする能力があると、信頼を置いてください。あなたの成功に対する夫の初期の反応は、今後ずっと彼が物事をうまくやっていけないということを意味するわけではありません。

どんなに素晴らしい結婚であっても、あなたが語ってくれたような状態は不安をかき立てるものです。だから、もっと柔軟性とユーモア精神を持ってこの状況に対処しましょう。お互いに相手に集中しすぎるよりも、自分自身の個人的な仕事の目標や人生設計に気持ちを向けた方が、二人ともうまく生きられるようになるでしょう。ほかの人間と同様に、あなたと夫は、愛情と仕事の両方の闘技場において、男性であること、女性であることとは一体どういうことか、その新しい定義を作っている先駆者です。新たな土地を耕すのは、常にストレスがついてまわりますが、わくわくすることですし、実り豊かなことです。

一方の伴侶のキャリアが向上することで、もう一方が自分の仕事を「停滞している」ように感じるのは、避けがたいことです。

### ☆私は失敗者ではない

【相談9】 十七年間の結婚生活の末、私と夫は友好的な離婚をすることにしました。結婚したことも、またそれに終わりが来たことも後悔していません。でも腹立たしいのは、私の「失敗した結婚」について語る人びとがいることです。結婚が終わったことは、私や夫を人生の落伍者とさせるものでありませんし、一緒に暮らした多くの良い歳月を失敗としてしまったわけではないということ、こういったことをどうしたらそのような人びとに伝えることができるでしょうか。

【答　え】 あなたの手紙を読んで、亡くなった人類学者マーガレット・ミードが、彼女の三回の「失敗した結婚」について問われたときのことを思い出しました。「私は三回の失敗した結婚をしたわけではありません。私がしたのは、むしろ三回の成功した結婚です。自分の人生における、三つの異なった発達段階での、それぞれに成功した結婚だったのです」と彼女は答えました。

離婚にまつわる否定的なステレオタイプはなかなかなくなりません。アメリカでは人びとの五〇%

が離婚を経験し、社会において離婚が一般的なライフサイクルに組み込まれるようになった今でも、なおそうです。ある夫婦が離婚すると、他の人びとの結婚にも衝撃の波が伝わるようです。あなたの離婚に対して軽蔑的な言葉を送る人は、自分たち自身の結婚の問題や、どんな結婚も離婚と無縁ではいられないという事実に向き合いたくないのかもしれません。

多くの人びとは、不幸な状況で身動きがつかなくなっている夫婦に対してよりも、後悔せずに離婚をした人に対しての方が過失を見つけやすいものです。ですから、この問題についての見方を変えて欲しい、またはもう一度考えてみて欲しいとあなたがほかの人に伝えたところで、ほとんどうまくいく見込みはないでしょう。その代わりに、私たち一人ひとりにとっての挑戦とは、できるだけ自分自身の価値観に即して生きようとすること、そして、ほかの人びとがどう考えているかにとらわれすぎないことなのです。

### ☆子どもを持たないと決めること

【相談10】 私と夫は、子どもを持たないと決めているのですが、そのせいで、私にどこか問題があるのではないかと考えている人に対して、いつも自分自身を防衛したり、説明したりしています。私は本当は大切な何かを経験しそこなっているのでしょうか。それとも子どものいない女性でも、完全に充足した人生を送れるとあなたはお考えですか。そして、私を非難する人びとをどうやったら説得できるのでしょうか。

【答　え】　あなたを非難する人に対して、説得しようとするのはやめましょう。あなたが自分のために長々と議論すればするほど、それはあなたが自己弁護しているように聞こえてしまいます。人びとには、それがあなたの選択だということをただ知らせるだけにしてください。できるなら、あっさりと、ユーモラスに。それに対して周りの人がどう反応するかは、彼ら自身の問題とさせましょう。

すべての女性は、子どもを「持ちたがらなければならない」というように教え込まれて育っています。しかし、女性とは一人ひとり違うものです。女性は全員母親にならなければならないと決め込むことは、すべての男性は会計士にならなければならない、なぜなら男性はおそらく数学が得意だからだと決め込むようなものです。子どものいない（childless）という言葉さえも、子どもから自由な（child-free）に比べると、子どもを産まない女性に対する、なかなか消え去らない否定的な感情を反映しています。

十八歳から四十四歳までのアメリカ人女性のうち、四〇％もの人が子どもを持っていません。そういう人たちのなかに含まれることで、あなたは何かを経験しそこなっているのでしょうか。もちろん経験しそこなってはいます。しかし、子どもを「持っている」女性もまた、何かを経験しそこなっているのではないでしょうか。重要な人生の選択というものはすべて、選択しないほかの経験や選択肢を排除する、まさに複雑な事柄なのです。

## ☆とどまるべきか、立ち去るべきか

【相談11】 私は、夫のもとから立ち去るべきかどうかを決めようとして、もう永遠にセラピーに通っているような気がしています。離婚したいとはっきり思うと、たちまち自分がどうやって経済的に生きていけるのか、どんなに孤独になるか、子どもがどれほど私に対し怒り狂うかを考え、パニックに陥り始めます。このまま夫のもとにいようと決めると、残りの人生を彼とともに過ごしたくないという気持ちで憂うつになります。私のセラピストは結婚生活を続けるように励ましてきました。一方、友達はもうやめるべきだと言います。もちろん、あなたは状況をご存知ではありませんが、でも、最終的な決断ができず、またひとつの決断に腰を据えられない私のありかたについて、あなたはどうお考えになるかご意見をください。この問題で本当に私は苦しんでいるのです。

【答　え】 多くの人びとがあなたのように別居したり離婚したり――さらにいうならば、とどまったり――する勇気をかき集める前に、大変長いあいだ葛藤するものです。あなたが最終的な決断をする準備ができていないからといって自分自身を非難しても何の役にも立ちません。また、ほかの人びとは、セラピストも含めて、あなたのための答えを持ってはいません。大切なのは、自分の状況をはっきり認識し、今の結婚が肯定的な変化を遂げるような潜在性はどれだけあるのかを見きわめること、そのために必要なだけの時間をきちんと取ることです。

今あなたは結婚しているわけですから、この関係の中と外の両方であなた自身をもっと強くしてゆくことに焦点を当ててください。いくつかの方法を示しますので、どうぞ考えてみてください。

（1）感情面ででも経済面ででも、あなたが結婚を必要としないでも生きていけるような人生設計を持つよう努めましょう。たとえば、もしも明日、夫に死なれたり離婚したりしたなら、どんな技能や専門知識を新たに身につける必要がありそうですか。まず、それらを身につけることを今から始めてください。経済的な見とおしを持てるように、もう一度学校へ通うことにしても良いかもしれません。一人で新しい場所まで車を運転して行き、もっと自信を持てるようにしてもいいでしょう。仮に離婚した場合、法律上あなたのものとなる、今の二人の全資産の半分について、あなた自身で管理を始めるというのはどうでしょう。

（2）豊かで長続きするような人間関係の輪を作りましょう。離婚する場合だけでなく、結婚生活を続けさせようとする場合でも、あなたは明らかに、友達や家族や仲間による助けを必要とするでしょう。もしあなたが周りから孤立し切り離された状態にいるとしたら、結婚はより緊張し、いっそうの重荷を背負ったものとなると思います。あなたの人生において大切な人びととのつながりを強めてください。

（3）あなたのかけがえのない本当の自己を、もっと結婚生活に持ち込むよう心がけましょう。これは、感情に関する大切な話題（とどまるべきか立ち去るべきかというあなたの苦悩をもです）を、夫ともっと率直に話すようにして欲しい、という意味です。また、あなたの価値観、信念、信条、主義は何かを把握するようにし、それらにしたがって行動し続けること、大切な問題についてあなたがどういう立場を取るかをはっきりさせることを含みます。さらに、あなたの人間関係において、受け入れたり耐えたりできるものは何かを明らかにし、心地良く行なったり与えたりできるのはどこまでか、その限界をはっきりさせること、こういったことも、「かけがえのないあなたを結婚生活に持ち込む」という意味になります。

（4）　最低ラインをはっきりさせましょう。あなたが結婚から期待すること、あるいは受けて当然と感じることはどういったことか、そういったことについての最も根底にある、あなたの価値観や信念は何でしょうか。そういった価値観や信念から、どれくらいなら離れられそうですか。どの地点であなたは「もう十分！」と叫び、変化が起こるまではといつものように物事が進むのに任すことを拒絶するでしょうか。すべての女性に通ずる、「正しい」最低ラインなどはありません。しかし、もしあなたが最低ラインを「何にも」決めていなかったなら（「子どもが育つまでは、私が夫から去れるわけないもの」など）、結婚生活も自己尊敬の思いも、手ひどく傷つけられることになるでしょう。必要ならば、夫なしでも暮らしてゆけるという準備をすればするほど、その結婚にとどまることをも自由にあなたは選べるようになります。

あなたが自分のためにとる、大胆で勇敢な一歩一歩は、あなた自身のこと、夫のこと、そして二人の関係のことをよりよく知る手助けとなってくれます。結局のところ、とどまるにしろ立ち去るにしろ、それは、やりがいのある冒険なのですから。

必要とあれば、夫なしで生活できるよう準備をすればするほど、とどまることを選ぶのも自由にできるようになります。

# 7 親の復権

自分に子どもが生まれるまでは、周りの母親たちがおかしな行動をするのを目にするたびにびっくりしていました。自分はスーパーマーケットの列で子どもを怒鳴りつけることもしないし、テレビに子守りをさせたりもしないし、マクドナルドのハンバーガーを食事にあてがうようなことも絶対にしないと、新生児のわが子の目を覗き込みながら私は確信していました。自分の母親のように、心配性の母親になることも決してないと信じていました。子どもがちょっと姿が見えなくなったり、その子の後を追いかけ回せなかったりしても、誘拐されたとか、溝に落ちて死んだのではないかなどと思うはずはないと思っていたのです。

もちろん、いま述べたことを実際はすべてしましたし、おまけに、想像がつかないくらいそういったことをしました。親になること以上に人を謙虚にさせることはないと思います。子どもが私たちに何を引き起こすか、実際に子どもを持つまではなんらその手がかりもないのですから。二人の息子に

対して実感した、自分の感情の多様さとその強烈さといったら、母親になるまでまったく準備していなかったものでした。消耗感、保護したいという思い、あるいは強い愛情、こういった感情を自分がいだける人間だとは知りませんでしたし、激しい怒りが強烈に爆発するといった、そんな感情を持つとも知りませんでした。子どもたちに何か悪いことが起こったのかも、と考えることがどれほど自分を脅かし、大きな災難をどれほど素早く自分が想像してしまうか、といったことも親になるまでは分かりませんでした。

ところで母親であることは、歳をとるとともに私には容易なこととなってきました。自分にとってもですが、子どもらにとってもそうでした。赤ん坊が成長するのを見ることを嫌がる母親もいますが、私はそうではありません。息子のマットとベンは今、それぞれ大学生と高校生です。彼らが自分で着替えをし、トイレをすませ、気のきいた会話をするという事実を私は愛しています。

自分の安全については彼ら自身に大半の責任があり、たとえば彼らの手の届くところに尖ったものを置くといった、私の不注意があっても、それが彼らを危険な目に遭わせるわけではないことに喜びを感じています。彼らが赤ん坊であった頃や、あの初期の関わりの純粋で激しい身体接触を、ときには懐かしく思うこともあります。けれどもそういった年月がもう過去のものであることを私は嬉しく思っています。

マットがまだ生後数週間だった頃、当時おそらく六十代だったと思われる近所の女性が地域の慈善への募金を頼みにわが家に立ち寄ったことがありました。赤ん坊をうまくあやすことができずほとんど一晩中起きていたため、私はすっかり疲れ切っていました。その女性は寝入っているわが子に身をかがめながら、赤ん坊ってどんなに素敵な匂いがすることでしょう、と私に語りました。「ええ、そうですね。母親が真夜中に赤ん坊を窓から放り投げないよう、きっと神様はすべての赤ん坊に特別な匂いをつけてくれているのでしょうね」と私は応じました。ちょっとした冗談のつもりだったのですが、その女性の緊張した沈黙と素早い退出から、自分が社会的常識に欠ける言動をしたことに思い至りました。冗談ではあったものの、母親であることにまつわる暴力的な感情についてほのめかしたわけですから。

母親であることをめぐって、私は友人との率直な会話を当たり前のものと受けとめていました。しかし私の母の場合には、先の近所のご婦人のように、そういった機会はありませんでした。その世代の女性は、母親がわが子に怒り狂うときや、育児という「神聖なる使命」に不満足感を表わしたりするとき、自分自身を怪物のように感じたのでした。その時代においては、「良き母親」とは規則によって決められており、自分を無にしてわが子に捧げるのが良き母親でした。自分の不幸については、当時の母親は自分自身を非難するだけだったのです。

罪悪感と自己非難、この二つはずっと、母親であるという職業を侵す危険要因でした。息子たちがまだ幼かった時分、女性たちは専門家から一連の矛盾した、気をくじけさせるようなメッセージをまだ受け取り続けていました。その専門家らは、女性でもなく、また母親でもなかったわけですが。「働く母親たち」は、子どもが経常的な母性的愛情不足から十分に成長しないだろう、といった警告を受けていました。一方、「主婦」は、自分の不幸な生活を補償するためにわが子を支配しコントロールしていると非難されていました。母親であることには感傷的なオーラがかけられていたにもかかわらず、のべつまくなしに磨きあげた床をよだれをたらしながら眺めている、仕事をしていない愚か者として、主婦はメディアのなかで描かれていました。家庭生活において何かまずいことがあれば、そのすべての責任を担うのが母親であるとされていたのです。

けれどもこういった罪悪感を強要するような宣告に対し、現代では母親たちが「もう結構！」と言うようになっています。今日では、自分の就労が子どもに及ぼす心理的悪影響を心配する母親からの相談は少なくなりました。子どもを置いて仕事に行くことをすまなく思う母親は、今もいるかもしれませんが。その代わりに、良質な健康保険の整っている仕事を見つけること、今の仕事を失いやしないかということ、これらについて、両親が共に心配するようになっています。あるいは、伝統的な「家にとどまる」という選択をし、犠牲を払っている母親もいることでしょう。子どもが生まれれば、家庭生活のための余裕をつくるべく、大人の側の野心を縮小し、前より仕事を少なくする必要があるのは「両方の」親ともそうだということは常識なのですが、しかし旧来の役割を変えることへの抵抗はまだまだ根深いものがあります。

子どもの問題を見るときは最大の広角レンズを通して見るようにするのが、子どもの欲求に最も良く対応できるコツでしょう。今日、私たちは「親としてのスキル」「家族システム」といったことをよく耳にするようになっていますが、これらは、母親を完璧にし、かつ改良するといった、かつての狭い焦点づけより明らかに進歩したものといえます。社会的不公平ならびに仕事上のプレッシャーといったものは、家族関係を規定し、また子どもに深い影響を及ぼすものですが、こういった事柄への着目が以前よりよくなされるようになってきています。「女・子どもを先に」といった概念は、車のバンパーに貼るスティッカーなどではこれまでずっと人気のあるものですが、一方で、母親と子どもは今日においてもなお、アメリカのなかで最も経済的に保護されていない集団のままに置かれてきています。

現代において両親が自分の息子や娘にどれほどしっかりと生き抜いて欲しいと願っているか、世界のなかに自分の居場所を見つけてほしい、またささやかでもいいから確かな尊厳をつかみとってほしいとどれほど強く願っているか、しかし、そういったことが起こらないのではと、どれほど親はわが子に大きな不安を感じているか、親たる人びとはこういったことを私によく語ってくれます。親のこういった願いが実現するようにしていくには、子どもたちが育っている多くの環境について、現実的に、かつ丁寧に見る必要があります。私たちの国では、シングルマザー、離婚した母親、経済的に貧困な母親、再婚した母親、レスビアンの母親、継母、有色人種の母親、障害のある母親が、十把一絡げの大集団と見なされ、そのために、アメリカにおける母親はそういったものと安易に片づけられがちです。

どんなカテゴリーに入る母親であっても、尊敬、保護、承認、制度上のサポート、彼女たちを心にかけてくれる家族や友人とのつながり、こういったものが必要です。これはまた、父親についても同じことでしょう。そしてこういったものこそが、折々の良きアドバイスとあわせて、子どもを最も助けることにもなるのですから。

## ☆養子と自尊感情

【相談1】　不妊という問題と長期にわたって悪戦苦闘した結果、私と夫ユージーンは赤ん坊であった養女アニーをわが家に迎えることに決めました。彼女は私たち二人にはとても貴重な存在であり、自分が妊娠できなかったことはむしろ神様からの祝福であったのではないかと、今では感じるほどです。私たちはアニーに、彼女が五歳のときに養女であることを告げました。現在、彼女は十三歳ですが、自尊感情が低く、教師は養子であることとそれが関係あるのではないかといった疑念をいだいています。養子であることをアニーに言うべきではなかったのでしょうか。彼女が選ばれた子どもであり、私たちの家族はほかの家族と何の違いもないことを、どうやったらアニーにわかってもらえるでしょうか。

【答　え】　養子であることをアニーにあなた方が話したのは賢明です。子どもとは、出生ならびに自分がどうやってこの家族にはいってきたのかという真実を知るべき価値のある存在だからです。養子を巡っての秘密があると、その秘密は家族によそよそしさや混乱をもたらし、信頼よりも欺瞞にもとづいた関係を生み出しやすくなります。

養子のほかにも、家族には感情的に負荷の高い事柄はいろいろありますが、それらと同様に養子についても、家庭生活のあらゆるステージにおいて、穏やかに、率直に話し合えるものですし、またそうあるべきです。子どもが成長するにつれ、自分が養子であることについて子どもは新しい問いを投げかけてくるでしょうし、あるいは、子どもからの同じ問いが時を経ると違った意味を持つようにもなるでしょう。たとえば、「私のお母さんは誰なの?」という問いが幼女には文字通りの意味しかないとして、一方、思春期の少女にとっては、自分のアイデンティティを明確にし、自分の世界を理解しようという試みであったりします。

あなたの家族が「ほかの家族と何の違いもない」ことをアニーに確信させようという、あなたの望みについて、どうぞ再検討してみてください。そういった見解は、有益でもなく、また真実でもないのではありませんか。養子のプロセスが、違いの否認にもとづいてなされてきているために、あなたの彼女への愛情深い関心がその「違いはない」といった表現によって表わされていること、このことは非常によく理解できます。生物的な家族と養子関係の家族はまさに同じであるといった原則、この原則にのっとって養子の方策はこれまで進められてきています。しかしこれは、養子関係に関与している人すべて(養子になった子ども、養父母、その子どもの生物的な両親)の感情と、真実とを否認し、抑圧するものではないでしょうか。

自分が養子であることについてアニーがいろいろな感情をいだくのは当たり前です。彼女は、喜び、感謝、忠誠心、満足を感じるかもしれませんし、また、喪失感、恥、怒り、当惑を感じるかもしれません。アニーが重要な他者の喪失や、命を与えてくれた母親との離別、また生物上の両親ともう決して会えないかもという可能性について、深く嘆き悲しむことも自然でしょう。彼女がもう少し年長になり、仮に生物上の両親を探し出そうと決意したとき、重要な事実に近づくことが彼女に許されていなかったら、彼女が感情的になることも十分にありえるでしょう。養子についての改善への要求が高まっているにもかかわらず、ほんの一握りの州を除けば全国的には、わが国の法律は今もなお、養子の記録を封印しています。

アニーが自分のなかにある多様な感情を受け入れられるようになる必要があるのと同様に、あなたとユージーンもまた、不妊や養子に関する自分たちの感情をできるだけオープンに扱えるようになることをお勧めし、また促したく思います。もしあなた方お二人が、一度は持てるかと夢見た生物的な子どもを持てなかったという喪失について、まだ十分に嘆き悲しんでいないとしたら、アニーの感情のありとあらゆるものを理解することは、あなた方には難しくなるでしょう。養子にしたことでアニーに低い自尊感情しか持てなくさせてしまったと、その「原因」についてあなたが罪悪感を感じているのでしたら、彼女の特別さに過剰に焦点づけることによって、あなたは過度に補償しようとしているることになります。養子を迎えることがあなた方の最初からの選択ではなかったことをアニーは知っているわけですから、彼女があなた方の「選ばれた子ども」であると固執することは、かえって彼女を困惑させるか、不正直になってしまうでしょう。

あなたとユージーンにとっての最も重要な課題とは、アニーが質問をしたり自分の感情をわかち合っても安全と感じられるような、穏やかな情緒的な風土をつくりだすことです。すべての家族が、たとえどんなに家族として一緒にやってきたとしても、似たような課題に直面するものです。

さらに、養子以外の数限りない感情的な状況においても、子どもは怒り、拒否された感じ、当惑、悲しみなどを感じるものであるということを、どうぞ忘れないでください。思春期の少女は自分への敬意を保ち、本物のアイデンティティの感覚を保持するために、日常的に激しく奮闘するものです。ですから、アニーの自尊感情が低いことに、たったひとつの原因を求めようとしないでください。養子ということに過剰に焦点を当てることは、そのことをまったく無視するのと同じくらいにかえって問題が多くなります。

> 子どもとは、自分の出生の真実や、どうやって自分がこの家族にやってきたかという真実を、知るに足る価値ある存在です。

### ☆息子には男親が必要でしょうか

【相談2】愛すべき夫が二年前に亡くなり、私は七歳の息子ジョシュを一人で育てています。私と息子は二人とも互いにうまくやってきていますが、息子が家に男性のいない「マザコン坊や」にならないかと心配しています。母親があまりにも息子に親しいと、彼の男性性の発達が母親によって損なわれるといった内容をどこかで読んだことがあります。もし息子との距離を私が保てるなら、私の女性的な側面と同一化するようなことは彼には起こらないでしょうか。息子をあまりにも愛してもいいものでしょうか。

【答 え】 もちろんどの親も、息子もしくは娘を損なうくらいに、侵入的で支配的、侵食的かつ統制的になりえます。けれどもあなたにとって、息子を愛しすぎることはできないはずです。

十八歳以下の子どもたちの二五％が、現在、片親と暮らしています。男の子も通常は母親と暮らしていることが多く、男の子たちが母と息子という組み合わせから打撃を被っているわけではありません。

代わりに男の子たちは、できるかぎり自分の母親とは「違った」人間に成長しなくてはいけないといった、間違った通念からの打撃を被っているのです。そして母親もまた、息子にあまりに親しくすると息子を「女性化」し、「汚染」してしまうといった神話によって苦しめられています。実際のところは、女性が主な稼ぎ手である家では貧困によって苦しめられていることが多く、これは誰の人間関係にとっても、あるいは誰の精神衛生にとっても良いことではないのですが。

息子さんはどういった恐ろしい「女性の性質」をあなたから吸収すると考えているのでしょうか。

良い親であろうというあなたの献身ぶりからですか。息子さんを愛し世話するという、あなたの能力によって示されている強さが、結果的には大いなる損失になるのでしょうか。あなたの優しさや感受性がいけないのですか。ジョシュが母親であるあなたの長所に同一化することから受けられるであろう恩恵について、むしろ熟慮してみてください。このことについて私は、家族療法家オルガ・シルバースタインの成し遂げたことを心から支持するものです。オルガの本『良き男性を育てる勇気』は、父親だけが息子を男性にすることができるとか、母と息子の過剰な親しさは悪いことだといった神話をみごとに一掃するものです。

その本では、片方の親を予期せぬ早さで喪失することは、家族にとって受け入れていくのが最も困難な情緒的な課題であること、どんな親も子も一人として、そういった強烈な情緒的な悲嘆の渦のなかで孤立すべきではないことを述べています。私たちはみな、叔父・叔母、いとこ、祖父母などを含めた、ほかの家族メンバーとの多重的なつながりを必要としています。子どもというのは、自分のルーツ（家族の根っこ）と豊かにつながれているときに落ちついて行動できるものだからです。ですからあなたは、父親の思い出をジョシュのために生き生きととどめてあげられるよう、父親についての話や儀式、亡夫の親族との定期的な付き合いなどを通じて、思い出を鮮やかなものにしてあげてください。

あなたと息子さんは、はかりしれない喪失の痛手をこうむっています。あなたが今すぐにできる最善のことは、自分の心に従うことであり、彼に対して、ありとあらゆる愛情と親密感を与えてあげることです。ジョシュが今一番に欲しているのは、その愛情と親密感なのですから。

もちろんどの親も、侵入的で支配的、侵食的かつ統制的になりえます。けれども息子を愛しすぎることなどできないです。



### ☆親の離婚に子どもが対処できるような手助け

【相談3】　私は最近、自分の結婚に終止符を打ちました。というのは、夫が自分の気持ちを表現できず、また自分の問題についても何も語れない人だったからなのです。今、私は十歳の息子、ジェイがまるで父親に瓜二つなことを心配しています。きっと経験しているに違いない恐れや怒りについて、息子に話をさせようと私はありとあらゆる手を尽くしています。それなのに息子は貝のように押し黙ったまま。父親が十五年間ずっとそうだったのとまるでおなじなのです。彼を心理療法に連れていったほうがいいでしょうか。

【答　え】　離婚に対処するというのは、あるいはほかの主な情緒的な出来事に対処するのもそうですが、困難かつ長期に渡る過程です。ジェイには、自分の家庭で起こった変化に対処する能力もあれば、自分の感情をコントロールし、また何について、誰に向かって話したいかを自分で決めてゆける能力もあります。まず、そういった彼の能力に信頼をおくように心がけてください。プライバシーへの欲求や、時機を選ぶ彼自身のセンスなどにも敬意を払いましょう。

ストレスに対処するのに唯一絶対の正解などありません。子どもたちはストレスについて、いろいろな方法で対処しようとします。自分の感情をすぐに人に向かって話したり、誰かとの緊密な情緒的つながりを急いで求めようとする子どももいれば、他方、プライバシーや人と離れることを求める子どももいます。これらの対処の仕方はどちらも正常なのですが、それでもなお、いずれもが親を困らせうるものでしょう。

あなたは明らかに、考えや気持ちを率直に表現するといった関係を息子さんとのあいだで求めています。けれども彼は、情緒的なスペース（間合い）といったものが欲しいのかもしれませんし、もしあなたが自分を開けとばかりにジェイに迫り続けたとしたら、彼は今まで以上にあなたと距離を置こうとし続けるに違いありません。おそらくあなたがジェイに与えられる最良の援助は、あなたを彼から引き離してしまうことなく、彼をちょっと元気づけてあげることでしょう。まず、最もよくジェイが知るべきことは、あなたがジェイのためにそばに居ること、父親と息子として今後も続く関係をあなたが応援しているということ、自分があなたがた二人のいずれも失ったわけではないこと、こういったことなのです。

あなたが離婚の原因を前夫の欠陥、つまり、感情を認識し表現することができないという彼の欠陥にあると前夫を非難するならば、息子に父親のようになって欲しくないと思うのはうなずけます。けれどもこういったメッセージを言葉で、あるいは言葉以外の何かで息子に送ったところで、あなたは何も得るものがないでしょう。父親をあなたに思い起こさせるような面を自分のなかから消さないといけないともしジェイが考えたなら、あなたに近づくことは彼には余計に難しくなるでしょう。

あるいは逆説的に、ジェイが父親の「ようになる」（つまり、自分を開くよりも外に出さないようにするということ）にはあなたから許可を得ることが必要なのかもしれず、となると、父親と「違うようになる」のを選ぶほうが自分にとっては居心地良いことと徐々に感じ取ってゆくかもしれません。もしもジェイが、自分が父親に似たり父親を尊敬したりすることがあなたへの裏切りになり、また失望させることになると感じているとすれば、この離婚の過程を切りぬけ、時間をかけてあなたに自分の胸の内を開いてゆくことは、ひときわ困難であると感じることでしょう。

心理療法については、ジェイのためというよりむしろ、あなた自身のために考えてもいいでしょう。家族関係の情緒的な雰囲気を明らかに好転させうるような変化を作り出せる力は、十歳の息子よりも、あなたの方がはるかにあるはずですから。心理療法によって、あなたの結婚生活はどこがまずかったのか、どこが良かったのか、これらについての自分の見方を広げ、離婚へと至った過程であなたが果たしていた役割についても明確にする手助けが得られることでしょう。

あなたの主なエネルギーをあなた自身に向かって使えば使うほど、ジェイもしくは父親に向かって心配や過剰な非難をするといった焦点づけは少なくなってゆくはずです。その間、子どもたちに対して、親である私たちと感情を共有せよとは要求できないということを、どうぞお忘れにならないように。私たちができる唯一の手助けは、正直な自己開示をはぐくむような、情緒的な雰囲気をつくることだけです。

子どもたちに対して、親である私たちと感情を共有せよ、とは要求できません。私たちができる唯一の手助けは、正直な自己開示をはぐくむような、情緒的な雰囲気をつくることだけです。

## ☆十代の息子が家にポルノを持ちこんでくることを許していいでしょうか

【相談4】　十三歳の息子が低劣極まりないポルノ雑誌を家に持ち帰って来ていたのです。私は女性解放論者ですし、このことで多いに困惑しています。夫は私に、そういった雑誌を買うことを息子に禁止はできないよ、もし禁止したら余計に読みたくなる気持ちを掻きたてるだけだからと言います。こういった息子の行動に対して、あなただったら個人的にどんな対応をするのか、もしあなたの家庭でこんなことが起こったらどうするのか、とにかく教えてほしいのです。だってもう私はこのことで気が狂いそうなのですから。

【答　え】　私だったら息子に、こういった雑誌がわが家にあるのは私には不愉快だし、家族のルールに違反していることだと語るでしょう。どうしてこのことが私を困らせるのか、こういった雑誌に私はどんな感情をいだくか、そしてどうしてこういったものを家に持ちこんで欲しくないと考えるのか、これらについて簡単に息子と話し合いをすると思います。

同時にまた、息子が何を読むかについて、これを決める責任があるのは私でなく息子であることも、彼に伝えると思います。息子の読書の選択について仮に私がコントロールしたいと望んでも、実際のところそんな力は私にはありません。わが家に何を持ち込むかについて、私はいささかのルールを設けているということ、けれどもこのことについて彼の価値観を明らかにするのは彼のするべきことであり、その彼の価値観は私のものとは異なるかもしれないということ、私が息子に発したいメッセージはこんなところです。また私は、十三歳くらいの少年は多くの場合、実際に女性に対して性的な関わりを持つというよりも、友達とポルノを見たり話したりすることのほうがはるかに多いことも、心にとどめておくでしょう。

私はできるだけ穏やかにこの状況に対応しようと心がけると思います。ポルノ雑誌への息子の興味は、彼が何を読むか、彼が何を選ぶかについて私が騒ぎ立てないでいれば、今以上に強まることはないはずですから。もし息子がそういった雑誌を買い続け、けれども友達の家にそっとしまっておくなら、それもまた彼の選択でしょう。とはいえ、こういった問題について私は息子と互いの価値観や信念について共に話し合えたら、と願うでしょう。そして私は、息子もいつかそのうち読書の趣味を今より洗練させていくはず、と信じることと思います。

子どもが何を読むか、彼らの読書の選択をコントロールする力は私たちにはありません。

### ☆子どもたちに病気や死について話すということ

【相談5】　八歳と十三歳の二人の娘は、私の母ととても仲良しですが、その母は病気で死を免れない状態となっています。祖母が死にかけていることを娘たちに話すべきでしょうか。また葬儀に参列させるべきでしょうか。日頃、親分風を吹かしたがる私の姉にこのことを相談したところ、どちらにも断固として反対だと言います。でも私は、十三歳の娘のほうならこの問題に向き合える気がするのです。あなたのお考えをきかせてください。

【答　え】　病気と死というのは、家族が直面するうえで最も困難な課題でしょう。そしてまた、あらゆる人生の挑戦のなかで、最も避けられないものであり、逃げられないものでもあります。したがって私たちは誰でも、自分自身の死と同様に、家族の死に直面せざるをえません。

人は生まれた瞬間から死に向かっているとも、あるいは、人生とは性的に子孫へと伝達されていく終焉状態であるとも、これまでよく言われてきていることです。

親はしばしば、みずからの喪失に関する不安に対し、秘密や沈黙によって子どもたちを「保護する」ことで対処しようとしがちです。その時点だけ見ればこういった行動はたしかに不安を減らすかもしれませんが、長い目で見ると、コミュニケーションの通路を絶ち、より深刻な問題を生みだしやすくなります。子どももまた、悲嘆する欲求を持っていますし、大人が子どものためにとすぐさま悲嘆から回復させようと騒ぎ立てたり、急いで物事を平常に戻そうと慌てるべきでもありません。

死について両親が明澄であり事実にもとづいた態度をとり、家族のすべてのメンバーが別れを告げることや死の儀式への参加を許されているとき、子どもたちは彼らなりの最善の対応をします。あなたは、二人の娘さんのどちらにも、死ぬ前に祖母に会いに行くこと、そして祖母の葬儀に参列することを促すべきです。子どもは大人と同様に、死についての事実にもとづかないファンタジーに対してよりも、事実に対しての方が対処できます。もし子どもたちが悲嘆の過程から閉め出されている場合、事実にもとづかないファンタジーが必ずはびこるに違いありません。

また、母親が死にゆくということについてのあなた自身の悲しみを率直に子どもたちに伝えるとしたら、それは、子どもたちがこの重要な喪失をしっかりと体験しながら切り抜けてゆけるための手助けとなりえます。むろん、子どもたちを自分のセラピストのように扱うことも、あなたの情緒的な強烈さを子どもたちに肩代わり的に担わせることもすべきではありません。けれどもこの重要な喪失に対し、あなたが本物の感情を隠すといったように、不自然な矮小化した反応をしたならば、子どもたちが逆に過剰な反応をするようになるかもしれません。

あなたのお姉さんはあなたとは違った対処をする人のようですが、彼女のそのスタイルをどうぞ尊重してあげてください。彼女に向かって何をすべきか話したり、あなた自身の行動の正当化をはかったりしないように。個人個人は違うものであり、あなたと彼女とでは、苦痛の大きい状況に対する対処の仕方が異なるのだということ、このことを彼女に伝えてください。

家族のライフサイクルにおいて、親の喪失は殊更にストレスの大きいものです。不安が高まるために、あなたとお姉さんが責めたてあいをし、もしくは疎遠になるといった、非生産的な状態にからめとられやすくなります。親の死後、兄弟姉妹が互いにいがみ合うようになることがよくあるのですが、これはおそらく、親の死をめぐっての強烈な感情を脇へ逸らす、無意識的な試みなのだと思います。

あなたもお姉さんも、互いを支え合うためにお互いが必要なはずです。ですからお姉さんとできる限り最良の関係を保てるよう、あなたの方で二人の関係においてできることがあれば、どうぞそれをしてみてください。お姉さんが通常、主導権を握ることで自分の不安に対処しやすい人であれば、この困難な時期にいっそう親分風を吹かそうとするのは想像に難くありません。

死について両親が明澄であり、事実にもとづいた態度をとる場合、子どもたちは彼らなりの最善の対応をします。

### ☆約束を破ること

【相談6】 離婚後に私は、彼女たちが嫌いだと感じるような男性とは絶対にデートしないという約束を十代の娘たちと交わしました。現在、私は、娘たちが気に入らないと感じているある男性とデートをしており、あの約束を守るようにと娘たちは言いたてます。これまで娘たちには、嘘をつかないこと、約束を破らないことを教えてきました。でも私は本当にその男性が好きなのです。自分がまさに引き裂かれる思いでいるのですが。

【答 え】 守れない約束をしたことについて、娘さんたちに詫びましょう。「嘘をついた」ことで彼女たちがあなたに腹を立てたなら、彼女たちには怒る権利があると正当に認めてください。ただし、いつまでもこの問題で尾を引かないようにしましょう。

約束を破ったことについてあなたに怒るというあらゆる権利が、お子さんたちにはあります。しかし、あなたにもご自分の気持ちを変えるという権利があります。その男性を嫌う（けれども、彼に対して非礼にはならないようにという条件のもとで）という権利を娘さんたちは持っていますが、彼とデートする権利をあなたは持っています。お子さんたちの気持ちを変えようとか、あなたと同じ見方をするように変えようとかせずに、彼女たちの気持ちに耳を傾け、共感してください。

約束は簡単にされるべきではありませんし、また簡単に破られるべきものでもありません。しかし、約束は石に刻み込まれるわけではありません。お子さんたちと以前にした約束は、あなた自身の価値観や人生設計を熟慮したうえでというよりも、離婚についての当時の不安な気持ちや罪悪感によって刺激されたものであったかもしれません。「ごめんなさい」と詫び、どうぞ新しい一歩を踏み出してください。

## ☆息子が同性愛者だと打ち明けたのです

【相談7】　十九歳の息子ラルフが、先日、夫と私に向かって自分は同性愛者だと言うのです。自分の性的ファンタジーはいつも男性についてだったし、これまで性的に惹きつけられたのも皆、男性ばかりだったと言います。女性とセックスしようとしても、気の滅入る失敗ばかりだったとも言いました。彼が結婚しないかもしれないことに、私たちは打ちのめされています。手遅れになる前に、彼を精神分析家のもとに通わせ、女性とのセックスがうまくできるよう援助してあげるべきでしょうか。

【答　え】　同性愛の子どもを持つ両親は、そのことを純粋に受け入れられるようになるまで、しばしばショックを受け、悲しみと疑惑にうちのめされがちです。息子さんが伝統的な人生を決して過ごすことはないだろうということ、息子さんについてあなたが描いていた将来像を変更せざるをえないこと、こういったことを認識するのはきっとお辛いこととお察しします。

ラルフの性的な好みはおそらく変わらないでしょうが、彼が同性愛であることを恥に感じたり、罪悪感や不安感をいだくとすれば、彼は異性愛者であるように見せかけようと自分の性的好みの情熱を否定し、隠蔽しようとし、もしかすると結婚さえしようとするかもしれません。仮にそういった道を辿るとすれば、彼は抑うつ的になるかもしれませんが、人は誰でも、嘘ものの、そして喜びの少ない人生を過ごせば抑うつ的にならざるをえません。そしてその過程で、異性愛のように振る舞おうとした相手の女性をも絶望させるかもしれません。

ラルフは精神分析家のもとに行くことを「望んでいる」のですか。もしそうならば、彼の体験を支持してくれるような人、すなわち異性愛者へと「治療」するといった誤った主張をしていない人を選ぶように励ましてあげてください。ラルフは彼の人生において、尊厳と自己への尊敬と同様に、愛情と喜びをもつに足る存在です。しかしそういったことは、彼が同性愛者であることを、彼にとって重要な周りの人びとが受け入れることができず、一方的に彼を変えようとしたならば実現しないでしょう。

私たちは皆、同性愛が恥ずかしいことであり、病気であり、悪いことであるといった社会からのメッセージを取り入れているかもしれません。事実は、同性愛もまた異性愛と同様にノーマルであり、どちらの集団にも健康な人びともいれば、おかしな人もいるということです。

もしあなたの悲しみが罪悪感からきているのであれば、子どもを同性愛者にならせる「原因」に、両親がなることはできないことをどうぞ認識してください。

また、孤立感をいだかないようにしましょう。アメリカには、おおよそ二千五百万人のゲイもしくはレズビアンの人がいますし、五千万人の両親ならびに一億人の祖父母がいるわけです。ご夫婦で、サポートグループのＰＦＬＡＧ（レズビアン、ゲイの人の家族や友人たちの会）に連絡を取ることをお勧めします。ＰＦＬＡＧの全国的なネットワークは、三百五十以上の地域の支部とホットラインを有しており、あなた方の今の困難な時期に援助をしてくれるはずです。

ラルフには、すでに感じてきた孤立感以上にもっと強い孤立感を感じさせられる必要などありません。味方になってくれる家族や友達をこそ、彼は求めています。人が異なっていてよいという権利、自分が何者であるかについて知る権利、これらの権利こそ私たち人間にある最も貴重な権利です。

同性愛もまた異性愛と同様にノーマルであり、どちらの集団にも健康な人びともいれば、おかしな人もいるということです。

### ☆私は子どもを甘やかしすぎ、夫は厳しすぎます

【相談8】　私たち夫婦には長子で一人っ子である、もうすぐ三歳になるベッティがいますが、彼女に何を食べさせるかで夫と私は意見の合ったためしがありません。ベッティはお菓子やデザートなら何でも好きで、そういったものを食べてもよいと私は思っています。しかし夫は、彼女には砂糖抜きのものしか与えたくなく、健康食品だけを食べさせようとします。このことで私たちはいつも喧嘩ばかり。何がベストだとあなたは思われますか。

【答　え】　ベッティにとっていちばんいいのは、たとえ特別な問題に関して意見の一致をみないとしても、自分の育児について互いに良く耳を傾け合い、なんらかの意見の一致を導き出せるような両親がいてくれることでしょう。あなたと夫とのあいだで、子どもに何を食べさせるかについて全く同じ信念や価値観を持つ必要はありませんが、しかし、あなた方は明瞭な方針を打ち立てる必要がありますます。このことで絶え間なく争っていたならば、早晩、不安で問題の多い子どもをかかえることになるでしょう。

お互いにそれならやってゆけるという折り合いを見出せるように、二人とも柔軟になり、妥協をするようにしてください。もしかしたらベッティは、お菓子を食べても被害を受けないかもしれません

が、一方では、お菓子なしの生活でもかまわないかもしれません。しかし、彼女があなた方夫婦の強烈な感情的な主題であり続け、あるいは彼女が何を食べ何を食べないかをめぐって、両親であるあなた方が不安で、過度に注意を集中させ続けるならば、ベッティが被害を受けるのは確実でしょう。

娘さんにとっていちばんいいのは、自分の世話についてお互いに良く耳を傾け合い、意見の一致を導き出せるような両親がいてくれることです。

## ☆子どもに嘘をついていいのでしょうか

【相談9】 娘のコニーと仲の良い友人が、浮気についてのテレビ番組を見ていました。友人が帰ってから娘は私に、「パパに不誠実だったこと」がこれまであるかと聞いてきました。実際、私は八年ほど前に、束の間の浮気をしたことがあるのです。でも私は娘を守りたく、というのは彼女はまだ十三歳ですし、また彼女が他人に話してしまわないかと心配だったこともあり、嘘をついて、「そんなことはないわ」と言いました。夫は私の浮気を知っているので、娘に嘘をつくべきでなかった、私たちは彼女に嘘をつくことを禁じているじゃないかと指摘するのです。私の嘘は正当だったでしょうか。どんな場合であっても、娘に真実を話すべきなのでしょうか。

【答　え】　もちろんあなたには、ある情報を娘さんから隠す権利がありますし、また逆も真なりです。世代を超えたあいだの秘密は、両者の健康な境界やプライバシーへの欲求を反映していることがありえます。親は子どもたちにどんな情報を分け与えるか、そしていつどうやってそれを伝えるかについて、日々の決定を行なうものです。

あなたの嘘が正当だったか、ですか。その答えは、あなたがこの問いを誰に発するかによるでしょう。家族についての専門家ですら、ある特定の嘘がたたえられるべきか、弁解の余地があるか、問題ぶくみか、はたまた嘆かわしいかについて、非常に異なった見解を持つはずです。このことについて、「あなた自身の」見解を明瞭にするように心がけましょう。また、コニーを守るために嘘をつくことが滅多にないぐらい珍しいことなのか、それとも習慣的でよく繰り返されることなのか、どうぞこれについても熟慮してみてください。

嘘をつく、もしくは「すべを言い尽くす」こと以外に、いつでも別の選択肢もあるはずです。たとえば、軽い感じで「ある種の個人的な事はお母さんにもあるものだし、性生活もそのなかに入るのよ」と言っても良いでしょう。こうすることで子どもたちは、両親の生活のある側面が「他人が口出しすべきことではない」ことを身に付けていきます。家族メンバー各人の尊厳を守り、かつ究極的には家族でも一人ひとりが独立していることを守るという意味において、プライバシーは人間の権利の最も基本的なものです。

同様に、コニーがあなたに秘密を持とうとする事実も、大事にしてあげてください。あなたに嘘をついてはいけないと彼女に禁じたとのことですが、健康で正常な十代の子どもはありとあらゆる理由から、ときには親に対して「嘘をつく」ものであることを、どうぞ胸に刻んでおいてください。罰や不承認を避けたいから、親の息のかかっていない空間が欲しいから、親を心配から守りたいから、されたくない押し付け、注意、侵入を排除したいからなど、嘘をつく理由はいろいろでしょうが。

ご主人とは、お互いの見解の違いについて会話を続けてください。そして彼の言い分に良く耳を傾けましょう。コニーにあなたの浮気を知らせてよいという彼の思いは、あなた方二人がそのことについてもっとよく話す必要のあることを示唆しているのかもしれません。おそらく彼はまだ自分が傷つけられたと感じていたり、怒りを感じているのかもしれません。大人のパートナーのあいだでその事柄が十分に話し合えたときにはじめて、その情報を私たちは子どもに、最大の明瞭さと落ち着きを伴いながら伝える（あるいは伝えないという決意をくだす）ことができます。

あなたにはこの難しいジレンマに真剣に取り組んできたという、賞賛すべき点があります。私たちの多くは、嘘をつくか真実を語るかといった問題に出会うと、機械的な操縦者になってしまいます。両親に不安が高い場合は極端に走りやすく、子どもたちに影響の大きい真実を話し損ねたり、あるいは大人の心配事から十分に子どもを守ってあげることができなかったり、となりがちです。どちらの場合も親が極端なのは問題を生じさせるでしょう。

家族メンバー各人の尊厳を守り、かつ究極的には家族でも一人ひとりが独立していることを守るという意味において、プライバシーは人間の権利の最も基本的なものです。

## ☆子どもに秘密を語る

【相談10】　十四歳の娘シンディは、十二歳の妹メグに秘密にしておくことができません。私の母親が近いうちに心臓手術をする必要があることを、最近私はシンディに話しました。このことは二人のあいだだけにとどめておいて欲しいと頼んだのですが、いつものようにシンディは翌日にはメグに話してしまいました。メグはとても感受性の繊細な子で、こういった難しい内容をうまく対処できる子ではないのです。私はシンディに何でも話しますが、同時に、彼女に秘密を守らせるにはどうしたらいいのでしょうか。彼女を罰することはこれまでもやってきましたが、役に立ちませんでした。どうぞ良い助言をお願い致します。

【答　え】　シンディの問題は、秘密を守れないことにあるのではありません。口を滑らせるのは、もしかすると、「あなたの」行動について自分がいだいている不快感をあなたに知らせるためなのかもしれません。

シンディはメグの姉であって、親ではありません。あなたの腹心になることにシンディは満足感をおぼえているかもしれませんが、一方で、これは妹に隠さないといけないとか見せてはいけないといったような拘束のないところで、自分が妹とオープンに関わりを持てること、またそのことに気兼ねはいらないと感じ取れることこそ重要です。妹に隠すべき秘密を守らないといけないという課題は、シンディを非常に困難な事態に置くでしょうから。

不要な不安からメグを守りたいとあなたが感じるのは自然なことです。けれども、家族のなかで世代を超えてある内容は共有し、またある内容は漏らさないといった選択（「妹にはないしょにしてよ！」「お父さんには言わないで！」など）を始めると、それは家族のなかで「インサイダー」（内輪の人）と「アウトサイダー」（よそ者）を生み出します。秘密の否定的なパワーは、語られない事柄・内容の情緒的重要性からももたらされますが、また、隠された同盟、三角関係化、ならびに秘密が生み出す忠誠心への要請など、そのプロセスからも同様にもたらされるものです。

兄弟姉妹には、お互いの存在が必要です。もしシンディが秘密を守るという課題をこなし続けたら、彼女とメグとは時が経つにつれて疎遠になってゆくでしょう。さらにシンディ自身の不安（この場合、祖母の手術についての不安ですが）は、彼女が秘密を守れば守るほどただ高まってゆくことにもなるでしょう。母親の腹心もしくは「一番の友達」といった地位にいることで、大人になるにつれ、シンディはメグの恨みの対象になってしまうかもしれません。

メグもまた、秘密の影が漂い続けるなかでは、十分に成長してゆくことが難しくなるかもしれません。徐々に彼女は自分の好奇心を鈍らせ、自分自身の知覚や直観をあてにしないようにするために、問いかけや違った見方はしないということを身につけていってしまうかもしれません。自分の人生に関係のある情報が煙に巻かれたり隠されたりすれば、彼女の不安は嵩じるでしょうし、また、自分に不安があると感じ取りつつもそれを理解する方法がないのであれば、余計に不安は高まるだけでしょう。メグは壊れやすいからということで、家族のなかに彼女を入れることができなかったとしたら、自分の有能さや強さを示すための悪戦苦闘を、彼女は余計に強いられることになるかもしれません。

二人の娘さんに向かって、祖母の切迫した手術についてあなたがどう話せそうか、どうぞ思い巡らしてみてください。祖母の切迫した手術や娘さんたちに影響を及ぼすようなほかの重要な事件について、家族が問いを投げかけあい、時間をかけながら自分たちの感情を共有できるような、安全な空間を作り出すこと、これが大切な課題なのです。

では、秘密はいつもいけないことでしょうか。もちろんそうではありません。すべての家族には、家族ライフサイクルのある特定の時期、絶対に隠しておくべき必要がある秘密がいくばくかあるものです。大切な関係を壊すのではなく保護したいがために、秘密を守ることもあります。けれども、秘密に隠された代償は深刻に人の力を損なうものであり、たとえば、人とのつながりをむしばみ、本物の人と人との関わり合いや信頼をはばみ、家族から自発性や生き生きした生命力、そしてつながりを奪ったりします。

両親が落ち着いており、自分たちの不安について確かめ続けることができるのならば、子どもというのは、困難な出来事に対処するのに実にすぐれた能力を示すものです。あなたのお母さんの手術が近いというこの大変な時期、コミュニケーションの回路を開き続け、あなた自身のための助けを見出せるようにしてください。そして、娘さんのどちらかにある情報を隠しておきたいと思ったときには、姉妹の両方に話さないことをお考えください。

### ☆私が全部悪いというのは本当でしょうか

【相談11】 十九歳の娘のエイミーは、うつ病でセラピーを受けています。去年の夏、娘を訪ねたときのこと、彼女はセラピーの場に私を連れて行き、自分の問題の原因はすべて母親にある、と私を非難しました。私が彼女の人生を台無しにしたとさえ、ほのめかしたのです。彼女の担当セラピストはほとんど無言のままでしたが、どうも彼女に同意しているように見うけられました。私は怒りも、また罪悪感も感じ、それ以来、娘とは連絡をせず口をきいていません。一体どちらが先に謝るべきなのでしょうか。どうぞ助けてください。

【答　え】 たいていの娘は母親に対し、ある時点で怒りを感じるようです。というのは、母親という役割に伴う不可能に近い期待に、実際にこたえられる母親などはいないからです。セラピストのなかでさえ、あらゆる家族の問題は母親の責任だとみなしている人もいるかもしれません。

悲しいことにこの母親非難は、私たちの骨の髄にまで沁みこんでいます。けれども、母親がたった一人だけで子どもを駄目にするのでは「ない」ですし、子どもを病気にさせるわけでもありません。家族のなかで何か問題が起こったなら、それは何世代にもわたって存在していた未解決な問題や複雑な家族パターンによることが多いのです。

娘が成長し、たとえば本人が母親にでもなると、この母親非難のスタンスはしばしば緩和され、もっと現実的かつ共感的な見方に取って代わられます。攻撃を受けてもこの母親は頑丈で大丈夫と確信できているときに、大ていの娘は母親をあれこれと激しく攻撃するということ、どうぞこのことを覚えておいてください。こういった爆発があっても、ほとんどの人間関係は生き抜いてゆけるものですし、なかにはそれによっていっそう緊密になる関係もあります。

あなたが怒りと罪悪感の両方を感じておられ、また娘さんに謝罪させたいと思っているのはうなずけます。あなたが自分で選ぶのであれば、娘からの謝罪を待ち続けることもできますが、でも彼女からの謝罪は決してないかもしれません。あるいはあなたのほうから防衛的でない穏やかなありようでエイミーと再びつながりを築けるよう、イニシアティブを取れるかもしれません。自分の怒りはあなたに受け取られたとひとたび感じ取ったなら、彼女は前とは違った反応をし始めるかもしれません。

今の状況を少しでも和らげるには、あなたが不安になったり攻撃を受けたりしたときに、普段、自然に行なっていることをやめること、これがまず必要でしょう。自分を弁護し、娘を非難し、「真実」を彼女に気づかせようとし、あるいは彼女とまったく縁を切る、こういったことが普段の反応には含まれるかもしれません。これらのうちどれであっても、問題をただエスカレートさせるだけです。

エイミーとまた連絡を取る前に、あなたの家族における母‐娘関係の歴史を検討してみることをお勧めします。娘との関係は、あなたがあなたのお母さんとのあいだで築いていた関係とどう似ていて、またどう異なっているでしょうか。お母さんが「彼女の」母親とどんな関係を持っていたか、あなたは何か知っていますか。前の世代において、親と子のあいだではっきりとした戦い、もしくは疎遠といった何らかのパターンがあったでしょうか。ご両親のどちらかはあなたの目から見ると「悪い奴」でしょうか。あなたとエイミーが今、体験している問題は、あなた方のどちらも生まれる前の、あなたの家族の遺産であり、また私たちの文化の遺産でもあるということ、このことをどうぞ念頭に置いておいてください。

娘と接触を持つのにベストなときはいつかといえば、あなたがもっと穏やかに感じられるようになるときでしょう。電話の代わりにちょっとした手紙を送ってもいいでしょう。手紙は送り手・受け手の双方に、これまでの決まりきった方法で反応するのではなく、ゆっくりと考える時間と空間を与えてくれます。二人のあいだの緊張を和らげるのに役立つコミュニケーションはどういったものか、次にそんな手紙の一例を示してみます。

エイミーに

あなたを訪問してからしばらく、私からは連絡を取りにくかったわ。あなたが私に言った事をできるだけ客観的に考えてみようと心がけてみたの。難しいことだったけれど。だって非難されたと感じると防衛的になるものですし。でも、とにかくそうしようと心がけてみました。あなたが自分の気持ちを私に伝え、共有しようという強い望みを持っていること、このことを本当に嬉しく思っています。なぜなら、重要なことについて率直に話し合えるような関係を、あなたとのあいだで持ちたいと願っているのだもの。あのセラピーの時間ではあなたの話を私が十分に聞けなかったことをわかっています。でもとにかく、始まりなのですよね。

あなたを訪ねてから、自分と母親との関係についてもよく考えるようになったわ。自分が怒っていても母親には決してそれを伝えることができなかったし、恐れずに立ち向かったり一度もできなかったのよ（おそらく、だからあなたとのあいだに葛藤があると、そのことにひどく神経質になるのだと思います）。母親にいっさい逆らわないことで、ときには物事がうまく運びもしたけれど、でも結局は、母との関係がかなりよそよそしくて表面的なものになってしまったことは事実だと思うの。

私の母がその母親とそれこそ四六時中喧嘩していたということを、私は知っています。母親の話によると、いつも二人は戦争のようだったとのこと。それで彼女と私は、それとは正反対のことをして、二人のあいだには違いなど微塵もないようにすることで、そういった母-娘関係の家族の歴史に、自分たちなりに対処しようとしたのでしょう。

家族のなかでの、この母-娘のあいだのパターンについていろいろと考えれば考えるほど、自分がはっきりと感じるようになったことがあります。家族の歴史のなかにあったものとは違う母-娘関係を、あなたとのあいだに築きたいと、どんなに強く願っているかということを、です。これが簡単でないのは分かっていますが、私はあなたを愛しているし、本当にそうしていこうと心から思っています。

愛をこめて

母より

エイミーとの関係を変えてゆくのは、これからもずっと続く挑戦となるでしょう。彼女はあなたを非難し続けるかもしれませんが、大切なのは、このダンス（二人の相互関係）においてあなたが「あなた自身の」ステップをどう扱ってゆけるか（二人の関係でどう自分の関わり方を変えてゆけるか）にあります。

たったひとつの会話だけがきわめて重要ということはありません。時間をかけてゆっくりと、関係がもっと悪くなるのではなく、もっと良くなるように、あなたの「できる」ところからやってゆけばいいのです。

攻撃を受けてもこの母親は頑丈で大丈夫と確信できているときに、たいていの娘は母親をあれこれと激しく攻撃するものです。

### ☆遺児となったわが子

【相談12】　およそ一年前、夫は交通事故で亡くなりました。その時以来、八歳の息子ウィリーはさまざまな行動上の問題を引き起こしています。アパートで大騒ぎをしたり、欲しいものは何でも買えと私に要求したり、要求にこたえないときは金切り声で叫んだり。この一年間というもの、父親を亡くした息子に対して、自分が「ノー」を言えないことに気づいています。親友は私が息子に甘すぎると言いますが、息子がとにかく哀れに思えて、彼の失ったものを埋めることなら何でもしてやりたいとの思いに駆られるばかりです。彼の欲求を満たしてやるのがいけないのでしょうか。息子をセラピストのところに連れていくべきですか。

【答　え】　このきびしくも困難な時期に、息子さんの手助けになることは何でもしてやりたいとあなたが願うのもよくわかります。けれどもまずは、あなたには家族を守ってゆける力があること、そしてあなたはその責任を引き受けてくれていること、こういったことについての再保証をウィリーは欲しています。彼はまたあなたから、間違った行動への明確なルールを示してもらい、期待や結果を彼にきちんと伝えてもらうことで、「自分自身の」有能さを励まして欲しいという欲求をいだいています。

もちろん、同時にウィリーはあなたの愛情、慰め、理解も求めています。けれども思いやりは同情ではありません。「何をしても、いっさいお咎めなし」の雰囲気では、どんな子どもも成長するのは難しいものです。父親の死について怒りを感じたり混乱をおぼえたりすることは正常であるし、そのことを話すのもOKであるとウィリーに説明してあげましょう。けれども、間違った行動をしたり、他人に対して乱暴に振る舞ったりすることはOKではないのです。彼からあなたが期待しているものはもっと別なものであることを、彼に伝えてあげてください。

あなたが「本当に」そういったことを意味しているのか、おそらくウィリーは何回も確かめてくると思います。けれども最終的には、あなたが確固とした姿勢でいることによって彼は元気を与えられ、また再保証も得られるでしょう。とくにあなたが彼を怒ったり責めたてたりすることなく、感情を穏やかに保ちながら制限を定めたり、彼の行動の結果がどうなるだろうかについてていねいに話したりできるのであれば。もちろんこれは理想であり、重大な喪失の後で不安が高まっている家族が、現実的にそういった行動をとるのは至難の技でしょう。

ですから、ウィリーをセラピーに行かせるよりも、まずあなた自身が、悲嘆にくれる家族への援助について豊富な経験がある有能な家族セラピストから専門的な援助を求めることをお勧めします。この困難な時期、ウィリーのことを善処するのにあなたに支えと実際的な助言を提供できる人を選んでください。セラピーのセッションにウィリーが加わることも可能でしょうが、セラピーから援助をあなたが得ることで、最終的にはあなたが彼をもっとも良く援助してあげられるはずです。セラピーは、問題解決のため、より良い人間関係を作り出すため、家庭生活の情緒的な雰囲気を変えるためなどに行なわれますが、こういったセラピーを利用する資源は、子どもよりも遙かに多く大人にあります。

ウィリーのこうむった喪失は、あなたがどんなにそうしてやりたいとしても、あなたが埋められないものであることをよくおわかりのはずです。あなたもウィリーも、嘆き悲しみ、そして家族としてあなた方二人が持っている力にもう一度ふれてゆくための時間が必要です。必ず、友達や家族メンバーとのつながりを保ち続けるようにしましょう。亡夫の親戚もふくめて、です。子どもが親を亡くすと、叔父・叔母・いとこといった、親の家族とのつながりもまた失いがちだからです。

最も重要なことをもう一度。あなた自身をどうぞいたわってあげてください。誰かに頼りたいと思っているのなら、そうしてください。配偶者の喪失とは、まさに人を打ち砕く出来事です。この大変な時期にご自分への支えや手助けを得ることは、あなたにとって本当に大切なことでしょう。

> 息子さんはあなたから、間違った行動への明確なルールを示してもらい、期待や結果を自分にきちんと伝えてもらうという、再保証を求めています。

## ☆娘を心配することをやめられません

【相談13】　たった一人の子どもローリエが別の州にある大学に入るため、家を出て行きました。娘はとても幸せにやっています。問題は、私が彼女の安全について四六時中、心配でたまらないことです。特に娘は大都市に住んでいるものですから。夫は、心配することは何もない、私がいつもあれこれと心配しているので自分は気が変になりそうだと言います。心配するのは正常でしょうか。

【答　え】　もちろん、娘さんの安全について心配することは母親であれば正常なことです。世界は安全とは言い難く、特に女性にとってはそうだからです。子どもが（あなたの場合は最初の、かつ最後の子どもでもあるわけですが）大学のために家から離れるとき、それは親には苦しいときになるのもまた正常なことです。どんな家族においてもライフサイクル上、不安に満ちたときであるとも言えましょう。

しかしよくあることとして、自分の「心配エネルギー」のすべてをひとつの籠に押し込め、ほかのストレス源を確かめられないことがあります。子どもが家を離れるときとは、すべての家族メンバーにとって、重要な情緒的適応をなし、また自分たちの関係の再調整をする必要に迫られるときでもあるのです。ですからあなたの心配についても、より広い脈絡のなかに位置づけてみましょう。

たとえば、娘の旅立ちはあなたの結婚生活にどのような影響を及ぼすでしょうか。これから数年にわたって、あなたと夫とはもっと親密になるか、あるいはもっと疎遠になるか、どうお考えですか。またあなたには、娘について心配するのではないやりかたで彼女に近しさを感じる、何か別の方法がありますか。

ローリエには大学生活のあいだ、何の害も及ぶことはないと魔法のように確信してみてください。だとしたら、あなたのあらゆる心配エネルギーはどこへ向かうでしょうか。今や娘は旅立ったわけですが、では「あなた自身の」将来について、あなたはどんな計画をお持ちですか。もっと伸ばしていきたいと考えているような特別の興味や関心はありますか。あなた自身の人生プランを立てたり、またそれを実行したりすることを邪魔だてているものがあるとすれば、それは一体何でしょうか。

あなたの生まれ育った家族において、家を離れることはどうであったか、もっと学んでみましょう。あなたが娘の年齢だった頃、あなたは何をしており、家族はそのとき、どんなふうに冷静で、あるいは不安げだったでしょうか。家を離れることがどんなふうであったか、そして子どもたちの船出について両親がどのように反応したか、こういったことについてほかの家族メンバーと話してみてください。子どもたちがライフサイクルを進みゆくとき、私たちの反応は私たち自身の家族の歴史というフィルターを通したものとなりがちです。より包括的な多世代の見地から、自分の心配を見つめてみると、おそらくあなたはもっと落ち着きを感じられるようになるでしょう。

ひとつの実験として、むこう数週間、夫に心配について語るのをやめてごらんなさい。そして何が起こるか見てみましょう。あなたが前より少なく心配するようになると、夫が前より多く心配するかもしれません。親としての心配という重荷を公平にする、もしくは少なくとも交替し合うのは、試みる価値があります。そしてなんと言っても、あなた方お二人に、おめでとうを伝えます。一人立ちを始めた娘さんを、あなた方がこれまで育ててこられたということに。

子どもが家を離れるときとは、すべての家族メンバーにとって、互いの関係を再調整する必要があります。

# 8 愛すべきこの世界

一九六〇年代後半の女性解放運動に対して、私の最初の反応は、いわば無関心というものでした。結局のところ、それが私にどんな関係があるのだろうと思っていたのです。私は臨床心理学の学位を取るのに際し差別に直面したことはありませんでしたし、むしろ女性であることに喜びを感じてもいました。

夫と私が育んだ愛情は、平等と相互の尊敬を基本にしていました。私たち二人の関係は家事労働の固定的な分担を伴う、上下関係ではありませんでした。私は、涙や傷つきやすさ、馬鹿馬鹿しさを表わすことのできる、「女性的な」特権を甘受していました。私が当時、不平を漏らしていなかったとしても、それは何故ほかの人が不平を言わねばならないのか分からなかったからでしょう。

またその頃、徐々に大きくなってきていた女性の怒りや不満の声にもいささか疑問を持って見ていました。もし女性が、台所を這いつくばる女中であるかのように自分を感じていたならば、どうして

女性自身が台所から出て行こうとしなかったのか。成熟した女性として扱われることを望んでいるのなら、どうして彼女たちは自分たちを少女であるかのように表現したのか。子どもを育てることは、多くの男性が行なっている労働よりも創造的で挑戦に値する仕事ではなかったのか。男性もまた同じように、男らしさという強固な概念によって抑圧されていたのではないか、などと。

大体において、わたしは男性を気の毒に思っていました。仕事のためにあちらこちらに飛ばされたり、あるいはそれと同じぐらい気の毒なことに、スーツとネクタイという地味な制服に身を包み、毎日仕事のため人前に出なければならないとは、これ以上悪いものなんてないのではと考えていたのです。一人の心理学者として、また当時の「解放された」心理学者の一人として、女性解放運動の怒りについては、神経症的な内面の葛藤の合理化としか見なせませんでした。もし女性が自分のいる生活の場を気に入らなかったならば、どうしてその生活の場をどうにかしようとしなかったか、そういった疑問が自分には大きくあったのです。

しかしまた、女性が自分ではほとんど選択できない現実があることにも気づいていました。ですから最初から、フェミニストの抗議に対して見下した態度を自分が取っていたにもかかわらず、そういった自分を居心地悪く、また不正直であるとも感じていました。私が男の世界で成功しつつあることで尊大になっており、そのため部分的に見えていないところがあったにせよ、結局のところ、フェミニズムに対する私の批判は、私の男性との関係、女性との関係、そして私自身との関係をあるがままに見つめることへの、自分自身の抵抗から生じていたわけであり、その事実に徐々に直面せざるをえなかったのです。

さらに当時、私はフェミニズムを「理解して」もいなかったのです。CR（コンシャスネス・レイジング）に参加するまで、当時の支配的な神話に対して疑問を抱きませんでしたし、当然のものとして受け入れていた男性優位の現実の向こう側にいったい何があるか、それを見ようともしていなかったのです。周りから自分が受け入れられなくなることを怖れ、自分の経験について自分自身に嘘をついていたわけですが、この事実に向きあうのは私には特に難しいことでした。「怒れる女性」の一人といったレッテルを貼られたくありませんでした。トラブルメーカーと見られたくもありませんでした。ほかの人は差別が存在しないとか、そんなことはたいしたことでないという振りをしているなかで、自分だけが差別を見てゆくという重荷を背負いたくはなかったのでした。

このように私自身が女性解放運動に対してはじめは防衛的だったために、おそらく、ほかの人の抵抗についてもよく理解できるのではないかと思っています。私たちは皆、性差別主義が民族差別主義と同じくらいに複雑で、邪悪で根が深いという事実に直面して、不安になるものです。私たちの生き方やお互いの人間関係のあり方を変えるのは、いつも恐ろしい課題です。父権主義が私たちの知っている唯一の現実であったわけですから、別のあり方を想像してみることさえ難しいでしょう。

さらに、いわゆる「私的なこと」と感じられている、個人的な問題もそこにいろいろと加わっています。離婚や抑うつ、あるいは低い自尊感情といった事柄で悩んでいる場合、私たちはそういった問題は、個人が率先し奮闘して解決すべき、個々人の責任問題としてだけ見なしがちです。社会的、政治的不平等といった問題もまた、個人の生活においては同様に重要であると認識すること、これは骨の折れることです。けれども社会的、政治的不平等は影響力の大きい問題であり、しかも計り知れないほどの影響を及ぼす重大問題です。

個人の変化は、社会や政治の変化と切り離せないものです。それらの関連が常に明白だというわけではなくても。不正と不平等がはびこっている状態では、親密な人間関係ははぐくまれません。社会正義のために活動するのは、それが自分たちの利益を主張するためであれ、他人をも含むためのものであれ、決して簡単ではありません。最近、大学を出たばかりのある若者が、ざっくばらんに次のように述べました。「多様性は消耗しつつあり、皆、苛ついている。自分の言い分が聞かれるべきとがなりたてているような、ありとあらゆる異なった声は、私に頭痛しかもたらさない」と。

意識高揚（CR）ということは、あなたがもはや夢遊病者には戻れなくなることです。ひとたびあなたが、どの集団が「招き入れられ」ていて、「価値あるものとされ」ていて、「報酬が与えられ」ているか――そしてどの集団がそうでないか――に気づいてしまったら、もう後戻りすることはできません。こんな難しい時代にあっても、私は今に生きていることを喜ばしく思っています。女性が集団睡眠から目覚め始め、仕事や友人関係やコミュニティについて、情熱的で新しいビジョンを生み出している時代なのですから。

### ☆フェミニストという文字を避ける

【相談1】　友人と私はおよそ二十年間にわたって、女性の権利拡張のために戦ってきました。皮肉なことに、私たちの娘の多くは大学生なのですが、彼女たちは自分たちをフェミニストとは呼びたがりません。私たちが作り上げてきた布石を当然のこととして受け取っているように見受けられるのに、です。なぜ多くの若い女性たちが、「フェミニスト」という言葉を避けるのでしょうか。本当に闘いは終わったとでも思っているのでしょうか。あなたはこの「フェミニスト」という言葉について定義できますでしょうか。

【答　え】　もし若年層の女性たちがFという言葉（フェミニスト）を避けるとしても、それは、先人たちが女性を含み込み、また女性に価値を認めるような世界を作り上げることにすでに成功したからではありません。そのような世界はまだ作り得ていません。女性の平等を当然のものとして受け取る人は、いわば夢遊病者か、あるいはもっと正確にいえば、昏睡状態にあると言えるでしょう。

ある特定のフェミニストの意見に賛成しようとそうでなかろうと、フェミニズムはこれからも私たちの生活のすべてを変革し、挑戦し続けてくることでしょう。市民権運動がそうであったように、フェミニスト運動もまた、深部に至るまでの変化を促し、活気を与え、人びとの力を引き出すような社会革命です。しかしながら、このフェミニスト運動がこれまであまりにもうまく進んできたために、反動もまた辛辣なものとなっています。たとえば、女性に対する暴力は増加していますし、女性がわが国の新たな貧困層となってもいます。さらに憲法に規定されている、子を産むか否かを選択する権利すら常に脅かされ続けています。

そのような反動に直面すれば、すべての女性は魔女のほうき箱に逃げ込むはずと期待されたのかもしれませんが、そのようなことはこれまでのところ起こっていません。しかしフェミニストがしようとしていることを支持するときでさえ、若年層の女性のなかに自分をフェミニストと称するのをためらう人がいるのは、なんら驚きではありません。女性が自分自身のために主義主張を掲げることは(他人の利益のために闘うのとは対照的に)簡単ではないという歴史があります。なぜならそういったことをすれば、いまだにステレオタイプの見方をされることになるからでしょう。かの「怒れる女性」の一人と言われたり、あるいは男性嫌悪だと非難すらされるかもしれません。無慈悲であるとか、女らしさがないとかのレッテルを貼られるかもしれませんし、耳障りなキイキイ女、男性へこまし女、男性を去勢する猛女とさえ呼ばれてしまうかもしれません。そのような軽蔑的なラベルを受けるのはあまりに苦痛ですし、それゆえ私たちは沈黙してしまうのです。

でも心配するには及びません。フェミニズム(多くのアフリカ系アメリカ人はウーマニズムという語のほうを好んでいますが)は生きており、健在です。フェミニズムは私たちの周囲の世界だけではなく、女性と男性の心、頭、そして魂をも変革し続けているのです。人権運動と同様に女性運動も力強いものであり、また広範囲にわたり根づいてきています。いくら主流の書き手たちがフェミニストの後の時代について書きたてたり、フェミニズムは死んだという報告を出しても、女性運動が消えてなくなることはないでしょう。女性の声はもはや沈黙に伏されることはなく、忘れ去られることもありません。私たち女性が歴史や未来から消し去られるということもありえません。

では、フェミニストとは何なのでしょうか。作家のレベッカ・ウェストは一九一三年に、「私自身はフェミニズムが正確には何を表わすのか、全くわからない」と言っています。「ドアマット（いつも人に踏みにじられ、汚れを担い、でも声は発せない）と私は違うんだという自分の心情について述べると、人はいつでも私をフェミニストと呼ぶことだけは知っていますが」と語っています。

フェミニストの定義で私の好きなもののひとつに、アリス・ドゥア・ミラーが一九一五年に書いた詩があります。

「お母さん、フェミニストってなあに？」

「娘よ、フェミニストっていうのはね、自分自身についてよく考え、自分の世話を自分でしようとする女性たちのことよ。女性はそうすべきでないと男性が考えているときであっても」

### ☆肌の色は重要です

【相談2】　月に一度の研究会があるのですが、私はそこでただ一人のアフリカ系アメリカ人です。その研究会では、母と娘についての本を数冊読んでいますが、それらの本の著者はすべて白人です。この事実について私が言及したとき、人種は重要でないとほかの人びとから言われました。皮膚の下を見れば人間は大同小異だからとも言われました。でもなぜこんなに、私の心はかき乱されているのでしょうか。

【答　え】　あなたはおそらく困惑したことと思います。なぜなら、その会のあなたへの反応は、人種差別主義的なものだったからです。もっとも誰もそれを意図してのことではなかったかもしれませんが。現実の世界の豊かな多様性をもっと反映するよう、読み物リストに変更を加えてほしいと、会に頼んでみてはいかかですか。あるいは最低限のこととして、会の参加メンバーの構成に合わせた本のリストに変えるよう頼んだらどうかと思います。アフリカ系アメリカ人の手による、母と娘の物語

女性の平等を当然のものとして受け取る人は、昏睡状態にあります。

や詩は豊富にあります。なかにはマヤ・アンジェロウ、アリス・ウォーカー、ベル・フックス、ジューン・ジョーダン、ソニア・サンチェスなどの、注目すべき作品も含まれています。

ほかはみんな白人というグループのなかで、あなたがただ一人の少数者として声を発しないといけないという状況は、学習のための最適な環境とは言えません。あなたはその会に、有色人種の女性をもっと招くとか、より文化的に多様である別の読書会に参加する（あるいはそのような会合をあなたが作る）とかできるはずです。いずれにせよ、ある特定の支配的な文化の所産を全人類の所産であると誤って受けとめていたり、このような非民主的やり方の再検討を拒否したりするような会に、とどまっている必要はありません。

会のメンバー全員が、読書リストやメンバーを多様化することから恩恵を被れるはずです。「自分と同じ人びと」にしか狭く関心を示さなくなってしまったとき、人は、「自分自身」について理解したり正しく評価したりすることも、もはやできなくなるのですから。

ほかはみんな白人というグループのなかで、あなたがただ一人の少数者として声を発しないといけないという状況は、学習のための最適な環境とは言えません。

### ☆女性は依存しすぎでしょうか

【相談3】 私は大学三年生です。哲学の教授がクラスで、女性はあまりに依存的である、だから男性のほうが好ましいと言いました。女性は本当に男性より依存的でしょうか。彼のコメントには腹が立ちます。私が過剰に反応しているだけかもしれませんが。

【答　え】 依存性は、男性よりも女性に多くある悪しき特質であるということ、これが私たちが教わってきた事柄です。これはまあ、よく言っても疑問多き仮説でしょう。なぜなら、感情的な依存とは、全世界に見られる人類の経験の一面なのですから。しかし、男性の場合は自分自身にさえもその依存性を隠すのがうまいようです。それは元来女性が、日々の生活で男性の欲求を予測したり、気遣ったりするのが上手だからなのでしょう。

あなたの教授とは対照的に、私は女性がそれほど依存的でないと信じています。女性は自分自身の依存の必要を自覚し、わがままにそれを求めるということよりもずっと、他人が依存を必要としていることに注意を払うのに長けている傾向があります。さらに言うと、女性を脆弱な立場に追い込んだのは、男性への感情的依存性ではなく「経済的」依存性なのであり、そのことは特に結婚においてよく見られることです。

クラスのほかの女性たちもおそらく、教授の意見に対してあなたと同じような意見を持ったのではないでしょうか。でもたとえあなただけが怒りを感じたとしても、彼の言ったことについてあなたが過敏に反応したというわけではありません。あなたがただ目覚めているだけなのでしょう。

## ☆セルフヘルプの本を読みすぎな女性

【相談4】　私は他人と付き合うのが苦手で、自尊心に欠けているという問題をかかえており、そのために女性向けの心理学的なセルフヘルプ（自助）の本をこれまでたくさん読んできました。読み始めるときには希望に満ちているのですが、読み進むうちにやる気を失い、自己嫌悪に陥ってしまいます。専門家たちがいろいろと違った、矛盾さえしたアドバイスをしていることに、私は気づいているのですが。あなたはこの種のセルフヘルプの本についてどうお考えですか。何を信じるべきか、読者はどのように判断すればよいのでしょう。私にとって一番良い本を、どうすれば手に入れることができるでしょうか。

【答　え】　アドバイスの提供を売りにしている産業に、私たちは日頃、気軽に接してしまいます。女性向けのセルフヘルプの本は非常にお金になる産業であり、私たちの不安とお財布に見事に調和したものです。女性がきりのない、不可能な完璧さの追求にのめりこまされるような、いわばポップコーンを無限に食べ続けさせられるような本が、市場には無数に出まわっています。

これらの本の多くは人間の経験を、決まり文句、霊感を与える言葉、成功の秘訣といったものに単純化しており、また、個人に力や自尊感情、人と関わる幸福をもたらす、何もかも簡単に説明し尽くせる、いわばガイドブックのようなものです。あるジャーナリストがかつて言ったように、セルフヘルプの本というのは、お手ごろなテレビドラマがトルストイを解説するように、人生を解説しようとします。実際は、感情の葛藤に関しては、知られていることよりも知られていないことの方がはるかにたくさんあり、ある特定の問題に名前を付けるとか、枠組みを与えるとか、あるいはその解決に取り組むには、無数の方法が存在しているわけです。

女性はいつもセルフヘルプの本の主な消費者でした。女性を改善し、より完璧に近づけさせることに、私たちの文化は情け容赦ない面がありますが、そういった文化のもとではこのことは驚きではありません。もし女性が男性をもっと惹きつけられるようになり、男性を今ほど必要としなかったなら、また女性が仕事と家庭の両立をもっとうまくでき、傷ついた子どもをもっと丁寧に保護でき、内なる女神やトラブル解決の十二のステップ法をうまく使いこなし、さらに個人的な問題を女性だけでどうにか解決できたなら、そうすれば男性ならびに彼らが作った諸制度は変わる必要はないわけですから。

しかし、他人との関係性や自分自身に価値を置き、助けを求めることができるというのもまた、女性の素晴らしい強さでもあります。友人、恋人、親族そして宇宙全体とのつながりを大切にするのと同様に、自分自身への配慮を育てるスキル（技能）を獲得するのが良いアイデアだというのも、これまた疑いの余地がありません。というわけで、助言好きの私としてはここに、セルフヘルプの本のコーナーであなたが本を選ぶ際、六つのすべきこと・すべきでないことのリストを掲げましょう。

（1）大げさでばかげた約束をする著者を信用してはなりません。セルフヘルプの本は、恍惚のセックスとか高い自尊感情とか、あるいは私たちを人間たらしめている苦痛の感情からの逃避を、あなたにもたらすものではありません。多くの欲求不満や脱線とともに、本質的な変化は時を経てゆっくりと起こるものです。小さな変化がときにあなたの人生を大きく変えるだろうということ、これこそ本当の良き知らせです。

（2）これだというヒントを見つけたならば、そのヒントを試してみましょう。あるセルフヘルプの本のなかで、ある女性がわいせつな電話に対する戦略的受け答えを紹介していました。そういう電話をかけてきた相手に対し彼女は、「ちょっと聞きづらいんですが、繰り返してもらえますか」と言うとのこと。で、相手がそうすると、彼女は「すみません。まだ分からないんですが、もっと大きな声で言ってもらえませんか」と言うそうです。もし相手がまだ電話を切らなければ、相手が自分の言ったことを繰り返すまでそうするよう彼女は言います。これは私にとって非常に役に立つヒントでしたので、それゆえこの本の値段は妥当だと十分に満足できた次第です。

（3）罪悪感を駆り立てるような本は買ってはいけません。女性はもう十分に罪の意識を持っており、さらに罪の意識を感じさせられるような本に、お金を費やすべきではありません。

（4）専門家の助言は、あくまで一つの意見として聞いてください。真実について確信があると思っている著者に対し、健康な疑いの目を持ち続けてください。すべての女性にとって標準であるとか、正しいとか、真実であるといったものは存在しません。せいぜい、専門家は部分的な見通しを持っているだけであり、それはあなたにとって、もしかしたら役に立つかもしれないし、または役に立たないかもしれません。良い助言は取り入れて、残りはどうぞ無視してください。

（5）家族メンバーへの、一方的で偏狭な非難を駆り立てるような本は買わないこと。家族は公平とは言えず、誰しも生まれる家族を選ぶこともできません。にもかかわらず、こうした関係のなかで自分の役目をいかに果たすかについて、私たちには一人の大人としての責任がありま す。良いセルフヘルプの本というのは、家族パターンにおけるあなたの役割を変化させるのに、創造的な選択肢を提供しうるものであり、しかも自己非難をかき立てることなく、あなたの正当な怒りや傷ついた感じなどをないがしろにすることなく、そうできるものです。家族の問題は、いく世代をも経て作られてきているのですから。

（6）あなたの心や気持ちが惹きつけられる本を探してください。否定的なものも含めて、自分自身の評価と直感を信じましょう。仮にあなたが変われなかったとしても、自分自身を責めるよりむしろ、その本を責めてもよいのです。

生徒の方に準備ができると、先生がちょうどやってくるものです。それはすばらしい本という形を取ることもままあります。女性の生き方について価値深い見識を持っている多くの著者もいます。またセルフヘルプの本は、心理療法や精神分析よりずっと安上がりで、時間もかかりません。自分に有効でないと分かったときにそこから抜け出すのも、本の方がずっと簡単でしょう。

> セルフヘルプの本は、恍惚のセックスとか高い自尊感情とか、あるいは私たちを人間たらしめている苦痛の感情からの逃避を、あなたにもたらすものではありません。

## ☆女性は女性差別に半分の責任があるのでしょうか

【相談5】　女性差別が存在することを私は知っています。でも女性はこの国の人口の半分以上を占めており、私たちはどうやら父権社会を受け入れているようにも見えます。もし女性が男女平等に固執しておらず、自分たちの要求を主張していないとするならば、女性差別は、半分が女性自身に問題があるのではないでしょうか。

【答　え】　多くの女性が女性差別という問題の共犯者かという問いかけですね。答えは、「いいえ、違います」です。私たちはこの問題の半分ではありません。父権社会は、女性がそうあるべきと主張して生じたものではありません。父権社会だけが私たちの知っている唯一の現実なのですから、父権社会を真に「よく見る」こと、ましてやそれに抗議することは難しいことでしょう。

物理学者のフリチョフ・カプラが十年以上も前に記したように、「父権社会のパワーを理解するのは非常に困難です。なぜならばそれはあまねく浸透しているからです。人間の性質や、人間と宇宙との関わりといったもっとも基本的な考えにも、その父権社会は影響を及ぼしています……それは最近まで、有史以来一度も公然と挑戦を受けたことがなかったシステムであり、その教義はあたかも自然法則であるかのように全世界に受け入れられていたものなのです」。

歴史は、支配者集団がみずから権力を他へ譲渡したことは、これまで一度もないことを教えてくれます。そして下位集団が危険を冒したり懲罰を受けたりすることなしに、自分たちの地位に対し抗議したことも一度もないこと、このこともまた歴史は示しています。女性の選挙権が当たり前のものとして見なされるまでには半世紀以上かかりましたし、より淑女的な戦法が失敗したあと、ピケを張り、デモをし投獄され、ハンガーストライキをするといったことも含めて、何年にも渡る集団組織の闘争の経過を経てはじめて、女性の投票権は認められたのです。この時期に社会の主要な多くの知識人たちが、女性にこの局面で平等を与えることはアメリカ社会の屋台骨をも脅かし、神から与えられた女性の天分を損なってしまうだろう、と述べていました。

この秩序や重要性に対する制度化された抵抗は今日も残っており、それが個人としても集団としても女性が抗議をしたり、あるいは抗議を必要とするような不平等について、くまなく検討しようとすることすら難しくさせています。

それでも私たちは、あなたの疑問を最も難度の高い挑戦として真摯に受け止めるべきです。たとえ女性が不平等に対し、責任が二％あろうと九二％あろうとも、私たちは人口の五〇％以上を占めており、男性よりも七百万票も多く投票することができます。そして、男性による権力の独占に幕を引く責任が、私たち女性にはあるのです。なぜなら、私たち女性のためにそうしてくれる人は私たち以外にいない、という単純な理由からですが。

> 男性の権力独占を終わらせる責任が私たち女性にはあります。それは、私たち女性のためにそうしてくれる人は私たち以外にいない、という単純な理由からです。

## ☆被害者意識にはうんざりです

【相談6】　私はフェミニストが目指していることには賛成ですが、フェミニストの怒りや非難には賛同しかねます。もし女性が自分のことを男性の、もしくは社会のいけにえとして見ているのだとしたら、私たちは何を変えるにしても無力でしかないでしょう。非難するだけでは人びとを行き詰まらせるだけなのに、なぜそんなことをするのでしょうか。私個人としては、女性に当てはめられる「抑圧」とか「被害者である」といった言葉をもう聞き飽きました。私は受動的な被害者ではありません。そして男性もまた、非難されるべき存在ではないはずです。

【答　え】　もしあなたが「被害者」という言葉、あるいはそれから連想される女性のイメージが気に入らないのなら、その言葉を使わなければ良いのです。力を奪ったり、落胆させたりするだけの言葉は、個人の語彙から除外するべきです。私たちは皆、自分の想像力や行動力を高めてくれるような言葉を用いる必要があります。

しかしあまり性急に、「被害者」という言葉を無力や受動性と結びつけないでください。最も怒れるフェミニストでさえも、うずくまって、被害者の地位をただ受動的に嘆き悲しんでいるのではありません。それとは対照的に、被害者としての、抑圧されるものとしての、あるいは下位に置かれたものとして、自分自身や女性について現実的に評価するということは、もし女性が効果的に意見を述べたり、自分たちのために行動を起こすのならば、必要不可欠になることなのです。

現代のフェミニズムが始まった当初から、率直に怒りの声を発する女性は、社会変革の積極的な力でした。彼女たちは、言語や歴史や政治に女性を書き加え直し、先の世代に女性の源流を発見したり、女性の生活にとって中心をなす、無数のプログラムやサービスを打ち立てたりすることに精力的に活動してきました。実際に社会は、女性に怒りの声を出しにくいようにさせていますが、それはまさに、怒りこそ変化に向けての媒体だからです。

非難することは有効でしょうか。「非難」とは、フェミニストについて語られるとき、軽い調子で使われる言葉です。「小言を言う」という言葉と同様に、「非難」という言葉にも否定的な含意があり、それにはそれなりの正当な根拠があります。ほかの集団の間違いに対して過剰な焦点づけをしている場合、その問題において自分たちの関わっている部分や、自分たちの行動の違った選択肢には、十分に焦点が向かなくなってしまいます。非難は男性と女性の二極分解を増大させる可能性があり、全員の欲求を考慮するような効果的な問題解決を阻む危険性もあります。

しかしながら、非難が必要でもあり生産的なこともあります。従属集団のメンバーは、支配者集団によって定義された現実の向こうを見ることができるとき、自分自身の従属的な地位をはっきりと確認したとき、自然に強い怒りを覚えるものです。この怒りは、人間としての尊厳と自尊感情の現れであり、自由に向けてのプロセスの重要な一里塚です。

「でも、男が非難されるべきじゃない」とはよく言われるフレーズですが、たしかにある面ではそれは本当でしょう。女性をどれぐらい抑圧すればよいか、その答えを出すために男性が地図とピンを持って煙のくぐもった部屋で座りこんでいる、そんなわけはありません。しかし、男性への非難をタブーにすることは、女性の怒りの声を沈黙させ、現状保持に加担することになりかねません。権力を保持している人たちは何も非難されるべきでないとか、怒りの表現それ自体が明瞭さや判断力、成熟さを欠いているといった議論によって、従属集団の怒りや欲求不満が無効化されるならば、そのとき、従属集団の闘争はどんなものであっても弱体化してしまいます。自分たちの従属集団としての状態をきちんと把握することが、女性の怒りへの過度の恐怖と結びつけられてできなくなってしまうこと、その結果、変化を生み出せない無力なものとして自分たちをとどめてしまうこと、これらは女性にとって最もよく起こりやすい失敗ではないでしょうか。

「すべての」男性が悪人であり、「すべての」女性が被害者であるといったラベル張りが変化への生産的方法でないこと、これは疑いの余地ありません。そして特定のフェミニストの闘い方を嫌うのも、たしかにそれ相応の理由があるかもしれません。しかし、世界がこれまで知らなかった、最も人間的で無血の革命を通じて、フェミニストの怒りが最も深遠なる変化のひとつを私たちの意識に創造してきたということ、このことを忘れてならないと私は思うものです。

女性をどれぐらい抑圧すればよいか、その答えを出すために男性が地図とピンを持って煙のくぐもった部屋で座りこんでいるわけではありません。

## ☆誰の真実が重要か

【相談7】 私は中絶問題についてどの立場に立てばよいか、とても困っています。ある日には完全に中絶賛成と考えたり、また別の日には生まれてこられない胎児のことを考え、正反対の意見を持ったりします。私はこれまで望まない妊娠をしたことはありませんが、でもそういった経験がトラウマ的なのは分かります。あなたはこの問題に関して、個人的にどうお考えでしょうか。この問題の真実について、どのように見ておられますか。

【答 え】 次男の生まれたすぐ後に私は思いがけず妊娠をし、安全で合法的な妊娠中絶をしたことがあります。尊敬と配慮を伴って自分が対応されたこともあり、また予定していた家族計画を完了したところだったこともあり、その妊娠中絶はトラウマ的なものではありませんでした。トラウマ的なのは、私の意に反して子どもを強制的に妊娠させられ、かつ強制的に出産させられるといった考えです。つまり、私の身体と精神、意志、そして人生の方向づけがもはや自分自身のものではなくなるということです。選択によってでなく妊娠する自分を想像してみると、その想像の隅々にまで恐怖が放たれる思いがします。

むろん、これは私の個人的な気持ちです。でもこの問題の真実とは一体何なのでしょうか。真実なのは、全員が賛成できる真実などないということでしょう。このことは驚きではありません。妊娠中絶についての私見を考えるときには、自分たちの独自の家族の歴史や、倫理的な伝統から生まれる、個人の価値観や信念にもとづくものです。さらに生と死、誕生や喪失、犠牲と権利、女性、生殖作用、母性といった包括的な主題について抱いている、最深部にある無意識的な望みや切望、怖れなどにも、私たちは影響されています。ですから妊娠中絶というこの問題について、人びとが異なった見方をするのはなんら驚きではないのです。

私たちは他人を変えるのがどれだけ難しいかを知っています。そして自分たちが容易に意見を変えないことも知っています。中絶についての私の意見は根強いものです。自分のことを精神的に開かれた人間だと見なしていますが、中絶問題に関して私が意見を変える可能性は、エホバの証人が私の玄関をノックしたときに私がユダヤ教を捨てるのと同じくらいのものでしかないでしょう。

中絶問題に関して私たちは意見の違いを取り除けませんし、この違いが消え去ることもないでしょう。せいぜい私たちにできることは、複雑な感情的問題を同じフィルターを通して見るようにとすべての人びとに強制することではなく、反対の意見も公平に、また敬意を持って扱うことを学ぶことぐらいです。あなたの複雑な反応のどの部分をも沈黙させたり押さえつけたりしようとせず、この中絶の問題への、あなたのなかにある多様な声に耳を傾け続けること、私があなたに願うのはこのことです。

さて、結論をここで述べましょう。中絶論争によってもたらされた究極の挑戦です。各人各様の違いがあるなかで、私のために、そしてあなたのために、生殖を決める責任は誰が持つべきでしょうか。大臣かラビか、あるいは医者が最終決断すべきでしょうか。そのときの最も権力ある経済的かつ政治的勢力の専門家集団によって、その決定は行なわれるべきでしょうか。それとも近所で投票するのがいいのでしょうか。

私でしたらそういった代わりに、個々人の違いや選択を尊敬し合うという挑戦を掲げたく思います。そうした相互の尊敬は、私たちに謙虚さを育てること、つまり、自分自身の最良の専門家になるのは他人でなく私たちの仕事だと認識すること、そういったことを必要とするものです。

複雑な感情的問題について、同じフィルターを通して見るようにとすべての人びとに強制するのではなく、むしろお互いの違いを尊敬するようにしましょう。

### ☆良いセラピストを見つけるには

【相談8】　親しい友人が私にうつ病を克服させようとして、あるフェミニストのセラピストを紹介してくれました。でも、私を解放しようとしたり、彼女の価値観を押し付けようとするセラピストを、私は必要としていません。子どもが生まれたときに仕事を一時的にやめ、家にこもることを選んだのですが、こういった私の選択を尊重してくれるセラピストに会いたいのです。中立的な立場に立つ、伝統的なセラピストを見つけるべきでしょうか。フェミニストのセラピストは実際どのようにしてセラピーをするのでしょうか。彼女たちはどのぐらい考えが偏っているのか、それともどれぐらい有能な人たちなのでしょうか。

【答　え】「フェミニスト・セラピスト」というラベルは、セラピストが自分をフェミニストと呼んでいるという事実を表わすに過ぎません。セラピストの能力や教育、経験、知恵、あるいはそれらの欠如については、そのラベルは何も教えてくれません。またセラピストが実際どのようなセラピーを行なうのかも教えてくれません。

自分の選択を尊重してくれる女性のセラピストを見つけたいという、あなたの気遣いは重要なことです。しかし、フェミニストのセラピストだけが、フェミニストでないセラピストがする以上に、自分の価値観をクライエントに押し付けたりするかといえば、しないはずです。すべてのセラピストは、彼らの家族や文化の産物であり、たとえ意図していなくとも、クライエントに伝わるような価値観や信念をすべてのセラピストが持ってもいます。

本当のところ、価値観から完全に自由なセラピーなんて「ひとつもない」のです。セラピストが提示する、あるいは提示しない質問、セラピストが行なった、あるいは考えつきもしなかった介入、セラピストが何に焦点を当てて何を無視するかといったこと、これらすべてがセラピストの世界観や、ジェンダー問題の解決への仮説を反映しているのです。さらに一般の人と同じようにセラピストもまた、典型的には自分の偏りに気づかないものです。「こんにちは。私がスミス博士です。私は父権主義の見地からセラピーを行なうでしょう」。こんなことを言うセラピストは、なかなか見つけられるものではありません。

フェミニズムを真面目に受け止めていなかったり、フェミニズムによってなんら変化をこうむっていないようなセラピストには、私は個人的にはそのセラピストの客観性ということで疑問を感じます。ジェンダーとは、人種や階級と同じように、権力や将来性、世界のなかでの位置といったことへの個人の感覚に対し、主要な決定要素です。フェミニズムを無視したり軽視したりするセラピストは、黒人のクライエントに対し、あたかも人種差別主義など存在しない、もしくは問題でないように振る舞うのと同じくらいに、客観性を欠くことです。

見込みのありそうなセラピストに対し、用心しながら問いかけてごらんなさい。そして自分の気遣いや疑問をセラピストに面と向かって述べてみてください。否定的なものも含めて、自分自身の評価や直感的な受けとめを信じましょう。どれだけそのセラピストが周りで賞賛されていたとしても、あるいは人から勧められたとしても、あなたにとってしっくりこなければ、セラピーを始めては（あるいはそのセラピーにとどまり続けては）いけません。

自分にとってしっくりこなければ、セラピーを始め（あるいはそのセラピーにとどまり続け）ないこと。

### ☆人種的な偏見に傷つけられています

【相談9】 プエルトリコ系のシングルマザーとして、私はしばしば人種的な偏見に傷つけられています。私の疑問は「なぜ」そうなのかということ。人間にとってお互いを愛することが自然だと父は言いますが、でも私たちが実際に教えられているのは、人を憎むことです。私は父の意見に賛成できません。人びとは自然に自分の人種だけに凝り固まっていて、自分とは違う人びとを嫌っているように思えます。もし偏見が自然なものならば、どうして私たちはそれと闘ったり、あるいは気にかけたりするべきなのでしょう。人種差別に幕が引かれることは決してないでしょうに。

【答　え】 私は心理学者であり、進化論の生物学者ではありませんから、心理学者としてのレンズを通して、「生まれか育ちか」という疑問について考えようと思います。
どんなものに比べても、愛するという人間の能力以上に自然なものはありません。しかし一方で、ある状況下に置かれると人間が悪しき行動を取るということもまた、自然なことのようです。不安が高まり、資源がほとんど欠乏していると思えるようなとき、個人や集団のなかには他人を踏みにじるような人や集団が必ず出てきます。個人の尊厳と政治的なまとまりを求める闘争において、安住の場所はありません。

人間という私たちの種が、互いの違いをうまく扱うことに関してほとんど経験がないということ、これを否定できません。違いについて私たちは、憎むか美化するか、誇張するか無視するか、いずれにしてもこういったことしか身に付けてきていません。どちらの極端なありようも、私たちをトラブルに陥れるものです。違いに敬意を払い、違いを客観的に見つめ、全員の要求を配慮しながら問題解決する能力を維持するということ、こういったことはストレスにさらされている状況にいる人びとに、たぐい稀な成熟を求める難題なのです。

人間は、自分たちの恐怖や不幸に反応してほかの人間を消滅させるよう、生物学的にプログラムされた存在なのでしょうか。もちろん「すべての」人間がそうプログラムされているわけではありません。どんなに個人的な状況が悲惨であっても、情熱的に正義を望み、自分自身の統合性を決してないがしろにせず、他人に対する愛情深い関心を決して損なったりしない、そんな人びとも大勢います。

もっと大切なのは、ある行動が生まれつきか育ちのなかで学んだものかの論議は、さほど重大でないということです。人間の行動の多くは、両方の性質を不可分に持ったものです。ある特定の行動が九％、もしくは九〇％生まれつきのものだとしても、そのことが、私たちがその行動を受け入れるべきか、より育成すべきか、それに対して闘うべきかといったことを教えてくれるわけではありません。オグデン・ナッシュが端的に言ったように、「天然痘は自然なもの。ワクチンはそうでない」、です。

私たちは世界に影響を与えずには「いられ」ません。人びとを高め、招き入れ、尊重するやりかたによってか、またそれとは正反対の方法か、どちらにしても世界に影響を与え続けるのが人間です。差別と偏見の終焉を人間は決して見ないだろうというあなたの意見に私も同意します。しかし人種差別的態度に対して立ち上がらなければ、そして自分自身の態度について検討をしないのであれば、私たちは一体どうあるべきだというのでしょうか。

> 不安が高まり、資源がほとんど欠乏していると思えるようなとき、他人や他の集団を踏みにじるような人や集団が、必ず出てくるものです。

### ☆私は中毒？

【相談10】　私の友人には、さまざまな中毒から十二ステップで回復を図るグループに入っている人が多くいます。カウンセラーをしている友人がいますが、彼は私について「セックス中毒で人間関係中毒」があると診断し、この問題に取り組んでいる、ある十二ステップのプログラムに参加するべきだと言います。私はドラッグとかアルコールをやらないのに、自分を中毒とは呼びたくありません。彼は私が現実を否認していると言います。中毒からの回復の運動について、私は複雑な思いを抱いており、あなたの意見をお聞かせ願いたく思っています。

【答　え】　わたしもまた、回復の運動については複雑な思いを抱いています、多くの事柄と同じように、それには善悪の両面があるからです。

良い面としては、回復を図るグループによって、数え切れないほどの女性が自分自身をもっとよく世話するようになれたことでしょう。そのグループのなかの人間関係において、ならびにそれ以外の人間関係においても。回復の運動は、コミュニティや支持、正当化といった強力な感覚を女性にもたらし、自助グループの運動のなかで普通は見落とされがちな、レズビアンの関係にも尊敬の念を払ってきました。この回復の運動は、アルコール中毒や性的虐待といった経験が自分たちにどのような影響をもたらしたかについて、女性がおおっぴらに語ることを促しましたし、また、多くの生命を救った草の根運動を通じて、女性の癒しを促すものでもあったのです。これらはまさに大いなる業績でしょう。

悪い面としては、この回復の運動が、女性を政治的な活動から遠ざけ、自己懲罰や両親への非難に立ち戻らせたり、診断されたラベルや否定的な自己定義に女性をとどまらせたりすること、人間の問題や苦悩を狭義の疾病モデルに戻してしまう点です。回復という名のもとに前進することが、最も居心地良いと感じる女性もいるでしょう。というのは、私たちの社会は、(「怒れる女性たち」のことは絶対に好まないものの)病気の女性が回復を目指して集まることには何の脅威もおぼえないでしょうから。

さらに、回復という楽隊車に誰もが飛び乗ることによって、この「中毒」という言葉はずいぶんと一般化されており、人間が自分の不安を低めるために用いる、予測しうるパターン化された行動のありとあらゆるものを指すようにまでなっています。回復に関する文献では、セックス、食べ物、世話やき、人間関係、ロマンス、ファンタジー、仕事、危機、買い物、そして怠惰への中毒が盛り込まれています。「中毒」という言葉をこのように包括的なものとして使うことで、実際の生理的な中毒によって生活が荒廃している個々人や家族の苦悩について、私たちは無視したり軽視したりしがちではないでしょうか。

もしもあなたが、ある特定の十二ステップ回復グループは自分に何かを提供してくれるのではないかと考えているのでしたら、どうにかしてためしてみて、どんなものかを実際によく見てください。多くの女性が回復グループの活動は自分の生活を救ってくれたと言っています。しかし、ご自分を中毒者とは呼ばないでください。自分を落としめたり、病人扱いさせたり、落胆させてしまうと感じるような呼び方では、「何であっても」自分を呼ばないこと。そういったものとは私たちは単純に袂を分かっていていいのです。

「中毒」という言葉は、ほとんど何でも含み込むくらい一般化されてきています。

# 訳者あとがき

本書『人生の浮き輪——心理学者が答える98の人生相談』は、Harriet Lerner, Ph. D., *Life Preservers : Staying Afloat in Love and Life*, Harper Collins Publishers, New York, 1996 の訳書であり、エージェンシーの了解のもと、原著の約八割の問いと回答を載せたものです。原題をそのまま訳すと、「人生の浮き輪——愛と人生にあなたが漂っていられるための」とでもなりましょうか。なかなか粋なタイトルではないかと思いますが、本書の紹介に入る前にまずは著者をご紹介します。

著者のハリエット・レーナー博士は、大ベストセラーとなった *The Dance of Anger* (1985), *The Dance of Intimacy* (1989), ならびに *The Dance of Deception* (1993), *The Mother Dance* (1998) の、いわゆる「ダンス」シリーズで一躍名を馳せた女性の心理臨床家です(なお、これらのうち三冊は誠信書房より訳書が出版されていることを付記します。前の二冊は『怒りのダンス』園田雅代訳、一九九三年、『親密さのダンス』中釜洋子訳、一九九四年として、そして最新の *The Mother Dance* は『女性が母親になるとき』高石恭子訳、二〇〇一年という邦題となっています。ちなみにこの「ダンス」という言葉にレーナー博士は、ひとつに、人と人とが築く「関係性」の重要さを強調しており、もうひとつに、その関係性をより良いものに変えてゆくには、相手を一方的に変えようと躍起になったり、逆に、自分だけが変わらねばとあわてふためいたりするよりも、その関係性における自分のステップがどんなものであるかをよく見ること、そのうえで変えてゆけそうな自分のステップから徐々に変え、確かめ確かめ、そのダンスをより気持ち良いものにしてゆけばよい、といったメッセージを込めています)。著者は二十年以上にわたり、メニンガー・クリニックの臨床心理士として臨床実践をこなしながら、そのかたわら、女性心理学・家族心理学の専門家として数多くの講演・ワークショップも展開してきています。また専門誌の執筆だけでなく、たとえば本書が『ニュー・ウーマン』誌の人生相談コラムをもとにして生まれてきたように、一般誌においてもその筆の冴えに定評がある心理学者です。

訳者が本書と出会ったのは一九九七年初夏のこと。在外研究の機会に恵まれ、その年の春から滞米していたものの、一向に伸びない語学力、ついてゆけない超高速の討議の壁に暗澹たる思いをかかえ、本屋巡りがささやかな息抜きという時期でした。本書を初めて目にしたとき、私は「あっ、レーナー博士の新著。今度はタイトルがダンスではないのだな、えっ、なになに？　人生相談の本？ふーん、もしかして世俗的かも……」などと、若干の冷ややかな思いもかかえながら読み始めたものです。気が付くと、数時間読みふけっていたのでしたが。

本書の魅力は、ひとつに、タイトルの「人生の浮き輪」という言葉に象徴されているでしょう。著者はまえがきで、本書について次のように言っています。「人生が困難なときに、あなたが（沈み込んでしまわず）漂っていられるように、人生が予期しないような展開を迎えたときに、あなたを浮き上がらせるようにと手助けするための本」と。

たしかに、私たちが生きてゆくなかでは、思いがけない苦難や問題などで溺れそうになること、また、誰にも頼らず自力で泳ごうとすればするほど、余計に深みにはまったり足がもつれたりし、溺れそうになるときもあるでしょう。自分は浮かんでいたいと切に願っても、周りの波風があまりに強すぎる時もある。おそらくそういったときに欲しいのは、まずは沈み込まずに漂っていられるための「浮き輪」だということ、これは本当にそうだと感じます。一時的にでも浮かんでいられれば、著者言うところの、「古い問題を新しい角度から見つめ直す」力、そのための「柔軟性や想像力」「明確な方向性、計画、バランスの取れた見通し」などが自分のなかに生まれてくる可能性は高まるでしょう。浮いているなかで、どちらに泳いでゆけばよさそうか、次にどうしたらよさそうか、少しは見えてくるかもしれません。と同時に、この助けが「浮き輪」という、あまり頑強でなく素朴なものである点にもご留意ください。なぜなら、その「愛と人生」や、今かかえている問題のただなかを泳いでゆくのは、結局のところ、その人自身でしかないわけですから。

また、著者がこれまでの「ダンス」シリーズの本で一貫して述べていたように、「自分と、そして大切な誰かとがより良い関係を築いたり、より幸福になったりするためには、そのダンスのステップ（相互の関係パターン）をまず自分が勇気を持って踏み変え（その関係パターンで自分の取っている言動に変化を生みだし）、確かめてゆくこと」が大切でもあるのですから。超ハイテクなスイミングスーツ（もしもそういうのがあればですが）を着込んでいては、波風や潮流・水温の変化、泳ぎゆく自分の体の感じなどが、自分とはかけ離れたもの、わかりにくいものへと変質していってしまうかもしれませんものね。「浮き輪」がミソかもしれません。

人は適宜、浮き輪を求めてよい存在であること、人は互いに浮き輪を投げ合い助け合えるものであること、ただし人は結局、自分で人生を泳いでゆくしかないということ、これらのことが「人生の浮き輪」という言葉には、端的に集約されているように思えます。こう考えますと、著者は本書において、これまでの「ダンス」シリーズの主題をよりわかりやすく、かつ具体的に提示することに成功したと言えそうです。

本書の魅力の二つ目は、相談内容への共感のしやすさでしょう。異性関係、結婚、夫婦関係、夫や恋人の裏切り、女性の友情、両親との関係、わが子のこと、家族関係・親子関係、仕事、仕事と家庭のこと、セクシュアリティ、心身の健康上の問題、重要な誰かの喪失（死亡など）、人種問題・女性差別の問題、カウンセリング・自助グループの活用について、などなど。相談者の問いは多岐にわたるものですが、それらは国の違いを超えて、今を生きている同時代の女性として、私たち日本人にも身近な問いばかりだと思います。

読者の方は、どうぞためしに気の赴くまま、いくつかの問いを読んでみてください。「こんなの関係ない」「所詮、アメリカ女性の話」と思われるか、あるいは何かご自分と響き合うものがありそうか、ぜひ確かめていただけたらと願います。同時に、レーナー博士の回答についても、あなたがどう感じられるか、何か浮き輪を得られそうか、それともまったくピンとこないかなど、こちらについてもどうぞ、ご自分の実感を拠りどころとしながら確かめてください。

レーナー博士の回答は、著者が「簡潔に応えるというのはチャレンジだった」と述懐していますが、いずれも明快そのものです。回答の見事なまでの明快さ、私はこれを本書の三つ目の魅力としてあげたく思います。人の相談事に対し明快に答えようとするとき、下手をするとそれは一方的なご宣託や言いくるめになったり、一般論的な物言いに堕しがちになったりするのではないかと思います。が、彼女の回答はいずれも、明快かつ奥深いものとなっているように感じられます。それは、著者がひとつに、精神分析・家族システム論（特に、ボーエンを代表とする、多世代派の家族システム論）・コミュニケーション理論・フェミニズムなどの幅広い学識と、それにもとづいた長年の臨床実践の持ち主であり、個々の回答がそれらにしっかりと裏打ちされたところから発せられているからでしょう。

また、明快な回答を差し出しつつも、「あなたがそれをどう受け取るか、あなたの選択を私は尊重します」という基本的姿勢が確固として底流にあるからだとも思います。相談者の問いに対し、良かれと思う回答を明快に提示し、しかもその提示への反応は相談者各人にゆだねる、かといって、「あとは知らない、勝手におやり」ではない、あくまでもその回答は温かくユーモアに満ち、相談者へのさりげない励ましが込められている。著者のこういった回答のありようは、「個人の主体性」と「他者との関係性」について、そのどちらかひとつではなく、常に共々尊重しようとしてきた著者ならでは、という感がします。

むろん、著者の回答のなかには「そうかあ、私の考えはちょっと違うけれどな」「私だったら、こう考えるけれど……」というものもありますし、読者の方々も同じような思いをおそらく、いくつかいだかれるに違いありません。しかし、これは著者の未熟さを示すものではなく、むしろ、読み手に個々人の考えを促したり、各人各様の浮き輪を思いつくことを賦活したりするという、著者の特長と位置付けてよいと感じますが、いかがでしょうか。

クライエント中心療法をひとつの基盤としてカウンセリングの仕事を始めた訳者にとって、いわゆる人生相談は、他者を安易に方向付けたり、相談者を余計に依存的にさせたりしかねない、いわば良からぬものといったイメージがかつてはありました。今は、そういった人生相談なら論外、でももし相談者にとり、その相談が本当に役に立つものであり、自分への自信を育て、対人関係をより良くするものへと実際に使ってもらえるものであるならば、その人生相談もまた良し、という見方をしています。

お客さんが食べたいものを出せるのがプロの料理人なら、人生相談を求めているお客さんには、それを臨機応変に差し出せるのがプロのカウンセラーであり、有益な心理臨床家でしょう。漂っていられるための浮き輪を差し出すという、本物の人生相談はおいそれとできるものではなく、今後、「浮き輪道」にも精を出したいものと、私は本書からひとつの指標を得たように感じています。

本書に出会えた幸運に、また、本書の翻訳・出版に終始、ご尽力下さった誠信書房編集部、松山由理子さんに大いなる感謝を捧げます。そして普段、私の仕事を応援してくれている家族や友人たちにも改めて「ありがとう」を伝えたく思います。

先述したように英語コンプレックスになっていた当時の私にとり、考えてみますと、本書そのものが「浮き輪」だったのかもしれません。なぜなら大声で本書の原文を読んでいると、その文章の小気味良さに惹きこまれ、思わず膝を打ったり、ゲラゲラ笑ったり、屈託なく英語と遊べる自分をそこには再発見できたからです。その小気味良さをなるべく活かすように訳したつもりですが、もし訳などで何かお気づきのことがあればどうぞご一報ください。そして、読者の方々にとっても、本書との出会いが何らかの「浮き輪」になってくだされば、訳者としてそれは一番の喜びです。

二〇〇二年六月

園田雅代

訳　者

**園田　雅代**（そのだ　まさよ）

1955年　東京生まれ

1980年　東京大学大学院修士課程修了

現　在　創価大学教授　臨床心理士

共著書『子どものためのアサーショングループワーク』日本・精神技術研究所，『現代の臨床心理学』学術図書出版社，『入門臨床心理学』八千代出版，他

訳　書　H・レーナー『怒りのダンス』，S・フェルプス他『アサーティブ・ウーマン』（共訳），M・カーン『セラピストとクライエント』以上誠信書房，他

**人生の浮き輪——心理学者が答える98の人生相談**

2002年7月15日　第1刷発行

定価はカバーに
表示してあります

訳　者　園　田　雅　代
発行者　柴　田　淑　子
印刷者　西　澤　利　雄

発行所　株式会社　**誠　信　書　房**

〒112-0012　東京都文京区大塚3-20-6
電話　03（3946）5666
http://www.seishinshobo.co.jp/

あづま堂印刷　協栄製本
落丁・乱丁本はお取り替えいたします
検印省略

Printed in Japan
ISBN4-414-30414-8 C0011

## 怒りのダンス
わたしらしさの発見 3
H・レーナー著／園田雅代 訳

●**人間関係のパターンを変えるには**　従来タブーとされてきた女性の怒りを、心の痛みや空虚さ、何かが間違っていることを伝えるメッセージとして捕らえる。調和のとれた新しい人間関係をつくりだすための方法

## 親密さのダンス
わたしらしさの発見 4
H・レーナー著／中釜洋子 訳

●**身近な人間関係を変える**　本当の親密さが問われる母親・生まれ育った家族、夫との関係を取り上げ、日常性に埋没した人間関係を見直す。家族の歴史をひもとくことで自分を見直し、家族の問題点を明らかにする

## アサーティブ・ウーマン
わたしらしさの発見 5
S・フェルプス・N・オースティン著／園田雅代・中釜洋子 訳

●**自分も相手も大切にする自己表現**　職場や家庭で、恋人や両親、友人、上司や同僚に対して、正直に適切な形で自己を表現してゆくこと、いわゆるアサーティブな自己表現の方法を具体例を挙げてわかりやすく示す

## 父－娘近親姦
J・L・ハーマン著／斎藤 学 訳

●**「家族」の闇を照らす**　わが国でも児童虐待の法律が制定されつつあるが、中でも性的虐待についてはまだ実態を見ることに抵抗がある。本書は児童期性的虐待の発見者で被害女性の治療の先駆となった著者の書。

# 女性が母親になるとき

ハリエット・レーナー著
高石恭子訳

**●あなたの人生を子どもがどう変えるか**

ハリエット・レーナー博士は心理学者と母親という二重の視点から，女性が母親になるときどんな変化が起こるかにスポットライトを当てて書いている。

笑えるものから心痛むものまで，著者の個人的な物語や生き生きとした事例描写を織り込むことで，『女性が母親になるとき』は，家族が2人から3人，そして4人になるとき，女性に何が起こるかを明快に説明している。

なぜ彼女の新しい人生は彼のとそんなに違うのか，また子どもはどのように，私たちが自分自身やパートナーについて，子どもがいなければ決して知ることがなかったはずの部分に気づくよう必然的に促すかがわかる。

著者は，子どもがどんなに私たちの成長を要求するか，そしてまた，子どもは人生の最も深い霊的《スピリチュアル》なレッスンの最高の教師だということを示してくれている。

出産から空《から》の巣まで，著者は子育ての基本的レッスンを自身の体験から学んできた。めったに聞けない子育ての真実と素晴らしく機知に富んだ，感動的な書である。

**目　次**



**A5判上製364P　定価(本体2850円十税)**

**誠信書房**